本书受到国家自然科学基金（71372068）、国家社会科学基金（12CGL026）与教育部人文社科基金（13YJA790151）联合资助出版

会计准则变革对

企业投资行为的影响研究：

理论机理与实证检验

顾水彬　著

西南交通大学出版社
·成都·

图书在版编目（CIP）数据

会计准则变革对企业投资行为的影响研究：理论机理与实证检验 / 顾水彬著. —成都：西南交通大学出版社，2013.12

ISBN 978-7-5643-2808-5

Ⅰ. ①会… Ⅱ. ①顾… Ⅲ. ①会计准则-影响-企业-投资行为-研究-中国 Ⅳ. ①F233.2②F279.23

中国版本图书馆 CIP 数据核字（2013）第 313961 号

会计准则变革对企业投资行为的影响研究：理论机理与实证检验

顾水彬　著

责 任 编 辑	罗爱林
特 邀 编 辑	顾　飞
封 面 设 计	墨创文化
出 版 发 行	西南交通大学出版社
	（四川省成都市金牛区交大路 146 号）
发行部电话	028-87600564　028-87600533
邮 政 编 码	610031
网　　　址	http://press.swjtu.edu.cn
印　　　刷	成都蜀通印务有限责任公司
成 品 尺 寸	170 mm × 230 mm
印　　　张	15
字　　　数	268 千字
版　　　次	2013 年 12 月第 1 版
印　　　次	2013 年 12 月第 1 次
书　　　号	ISBN 978-7-5643-2808-5
定　　　价	45.00 元

图书如有印装质量问题　本社负责退换

版权所有　盗版必究　举报电话：028-87600562

序

顾水彬是我的博士生，他所著的《会计准则变革对企业投资行为的影响研究：理论机理与实证检验》一书是其博士阶段学习的一个重要结晶，也是我两个课题的重要阶段性成果。今得知他预将其博士论文予以公开出版，能够让更多的读者与学术爱好者分享，我倍感欣慰，也欣然答应为他作序。

顾水彬的这本书无论是在理论深度上，还在视角新颖度等方面均有很大的突破。我极力向读者推荐该书的缘由主要有三：首先，该书的选题、视角与思路等均不同于现有国内外学者对会计准则变革的研究，其思路设计与研究展开的新颖性是本人向读者推荐的第一个原因；其次，该书中大量利用制度经济学与信息经济学的理论来论证会计准则变革的影响，这种借助于其他学科来论证与研究会计问题的思想是我推荐的第二个原因；最后，该书中文献归纳与引证的规范性和严谨性值得读者借鉴，这是我推荐的第三个原因。

其实，无论是资深的学术研究者，还是正在踏上学术研究征途的在读博士生，都需要具备严谨的学术研究态度，勇于突破和创新的精神。唯有具备这些条件，才能在学术道路上走得更远。经过多年的博士生培养，我发现很多博士毕业时仍没有形成研究上的创新或突破，其原因主要在于他们不能摆脱传统观点和思维的桎梏，对前人成果过于崇拜，依赖强，研究视角狭隘。更缺乏从学科分析的角度来研究问题，以及借助于其他学科理论来研究问题。

本书主要研究了这样两个问题：① 会计准则变革通过何种路径来影响企业投资行为？② 我国会计准则变革是否如预期一样实现对企业投资行为的影响。本书先进行基础理论论证构建，后进行经验数据检验，有虚有实，有理有据。在具体论证会计准则变革影响时，该书又分别从信息与契约两个视角来解析会计准则变革对企业投资行为的影响。在研究思路与研究方法上，读者可以直接阅读该书，在此不便累述，我仅想从会计的本质来谈一些会计研究的看法。

会计因经济发展而产生，又因经济发展而发展。要正确认识会计及其影响，必须要用发展的眼光去看待会计。在计划经济时期，会计的主要职能在于监督国有资本使用的合规性；而到了市场经济时期，会计不仅需要提供相关利益者的监督支持，还需要提供决策支持。当前，会计在服务的对象与应用领域上早已超越政府和企业的服务边界，已渗透到经济社会的各个领域，是现代组织和社会各项交易的基础。然而，会计不仅可以通过信息影响交易效率，同时还是组织与社会各项交易的契约基础，交易各方通常为保证双方利益，都会采用以会计指标来拟定具有约束或者激励功能的契约。经济理性人一般也都会采取与契约利益一致的行为来实现自身利益最大化。因此，在研究会计影响时，需要从信息与契约两个视角共同考虑，遗漏任何一方均可能产生会计影响的外部性或非预期的影响。

会计准则作为规范财务会计报告的重要制度，当会计准则变革时，它会从信息与契约两个维度对依赖于会计的各项交易产生影响，该书则充分考虑了这两个层面的影响。另外，该书还由表入里、由浅入深地剖析了会计准则在体系结构方面的变化，以及在深层理念方面的变化。在理论论证上，该书突破了学科的界限，分别利用制度经济学与信息经济学理论构建了制度与行为的基础关系，并融合会计准则的具体变革研究了其在投资行为领域的影响。具体体现在，利用会计准则变革对信息质量改善，借助科斯交易费用理论，研究了会计准则变革在企业投资效率方面的改善。利用会计准则变革所引导的资产负债表观，借助信息经济学中的激励理论，研究了会计准则变革在企业投资导向上的改善。

整体而言，该书研究会计准则变革对企业投资行为影响，在一定程度上拓展了会计准则变革影响的研究范畴。另外，该书的研究还在一定程度上发展了企业投资行为的影响因素理论。我相信该书除了上述两大主要的贡献外，在研究视角和思路设计方面会对未来会计准则变革研究者，甚至其他制度变迁的研究者产生启示。

张先治

2013 年 9 月 20 日于东北财经大学烛光园

前　言

　　近年来，世界范围内掀起了会计准则变革的浪潮。2005 年欧盟开始强制实施"国际财务报告准则"（International Financial Reporting Standards，IFRS），2006 年我国会计准则体系开始与国际财务报告准则（IFRS）实现趋同，2007 年美国证券交易委员会（United States Securities and Exchange Commission，SEC）允许在美上市的境外公司使用 IFRS，2008 年美国财务会计准则委员会（Financial Accounting Standards Board，FASB）开始寻求与国际会计准则理事会（International Accounting Standards Board，IASB）合作，尝试拟定两者趋同的时限。目前，已有超过 100 个国家和地区完全采用了 IFRS 或者实现了实质趋同。理论而言，会计的应用面与使用面决定了它的影响面，会计是组织与社会各项交易和契约的基础，而会计准则又是会计工作的制度基础与行为指引，为此，会计准则变革必然对建立在会计基础之上的各项交易和契约以及相关行为产生影响。企业投资作为企业组织内部的一项重要经营管理活动，是企业创造价值的源泉，又是我国经济增长的重要驱动力，它的决策直接或间接地依赖于会计或受到会计的影响。因此，当会计准则发生变革时，企业投资行为也必然会受到该变革直接或间接的影响。

　　IFRS 在全球范围内的实施加上会计准则的经济后果属性，吸引了国内外众多学者的关注。然而就当前会计准则变革文献分析发现，学者们的研究扎堆于会计信息质量层面，关注会计准则变革是否实现了会计信息质量改善的预期，对会计准则变革可能在其他领域产生的影响缺乏关注与重视。2006 年的新会计准则不仅在准则内容上进行了大幅调整与完善，而且还在准则内涵上出现了深层转变，如概念基础由"损益表观"到"资产负债表观"、计量方式由"历史成本"到"公允价值"、准则导向由"规则导向"到"原则导向"、准则目标由"受托责任"到"决策有用"等深层转变，以及"科技创新"与"可持续发展"等政策性引导。这些内涵的转变不仅有助于提高会计信息的价值相关性，同时还会对企业经营理念与管理行为等产生影响。对于这点，现有研究缺乏关注。本书综合考虑了会计准则的形式与内涵转变，以会计准则变革对企业投资行为的影响为视角，分别从投资行为的效率与效益切入，研究我国会计准则变革对企业投资行为的影响。希望能够对延伸会计准则变革研究的范畴,启示未来会计准则变革的其他影响研究,为推动会计准则非预期效应研究与完善会计准则变革研究的系统性起到抛砖引玉的作用。

为有效实现研究目标,本书设计了三大关键命题:① 会计准则与企业投资行为建立联系的基础是什么?会计准则对企业投资行为产生影响的途径与路径是什么。② 我国会计准则发生了哪些重要变革?这些变革又与企业投资行为有何直接和间接的关系?对企业投资行为又会产生何种可能影响,以及影响的机理是什么?③ 在我国设计何种研究视角和借助于哪些模型能够对前述发现的机理进行实证检验。按照上述研究命题,本书借鉴了制度经济学、信息经济学、管理学与会计学等基础学科理论,借助于"制度与行为""会计与契约""会计与交易"等研究范式,采用了理论规范研究和经验实证研究相结合的思路,以"会计准则变革研究与企业投资行为研究综述—理论机理的推演—经验数据的检验—研究结论"作为研究路线逐层展开。

本书的具体章节设计如下:第 1 章绪论,引出了本书的选题背景与选题意义,勾勒出本书的思路与框架。第 2 章文献回顾,综述了国内外会计准则变革研究与企业投资行为研究的领域与方法。第 3 章和第 4 章属基础理论部分。第 3 章以制度、会计与行为等基本关系的梳理为基础,探讨了会计准则对企业投资行为影响的机理。第 4 章则具体剖析我国新会计准则的内容形式变革与内涵实质变革,并应用第 3 章的基础机理发现会计准则变革可能对企业投资行为产生的具体影响。第 5 章到第 8 章属影响机理的实证检验部分。第 5 章可视为后 3 章的研究基础,检验会计准则变革是否改善了会计信息质量。第 6 章检验了会计准则变革是否缓解了企业投资不足的行为,是否抑制了企业投资过度的行为。第 7 章在第 6 章基础上又进一步检验了会计准则变革对企业投资行为影响的路径,即会计准则变革是否会通过减轻信息不对称引起的逆向选择来缓解投资不足,以及是否通过减轻信息不对称引起的道德风险来抑制投资过度。第 8 章检验了新会计准则中提倡的价值计量和价值创造理念是否会渗透和影响企业投资行为,引导企业更注重价值的投资。第 9 章研究结论与政策建议,归纳总结了研究的主要结论,并提出了若干针对性的政策建议,还就存在的研究不足提出了展望。

按照上述研究思路与结构,本书得出如下结论:

结论一:会计准则变革能够改善企业投资不足行为与企业投资过度行为。利用 Richardson(2006)对投资不足与投资过度的估计作为因变量,在控制影响投资行为的相关变量后,加入会计准则变革时间哑变量构建模型,研究发现会计准则变革与投资不足成显著正相关,与投资过度成显著负相关,说明会计准则变革之后投资过度得到了有效抑制,而投资不足得到了有效缓解。

结论二：投资不足企业存在融资约束，会计准则变革能够通过改善信息不对称引起的逆向选择（融资环境）来缓解投资不足。信息不对称会导致外部融资市场的逆向选择，外部融资成本偏高会致使企业投资不足。本书利用Richardson（2006）对投资不足组的划分，利用修正的FHP（1988）模型检验了会计准则变革前后企业投资行为与企业内部现金的敏感性情况。研究发现，投资不足组企业存在投资现金流敏感性，会计准则变革之后，投资现金敏感系数显著减少，说明会计准则变革能够通过减轻信息不对称导致的逆向选择，缓解企业投资不足的问题。

结论三：投资过度企业存在投资现金流敏感性，会计准则变革能够通过减轻信息不对称引起的道德风险（治理环境），抑制企业投资过度的行为。企业现金流富余加上外部监督治理无效，引起企业投资过度。本书利用Richardson（2006）对投资过度组的划分，利用修正的FHP（1988）模型检验了会计准则变革前后企业投资与企业内部现金的敏感性情况。还发现投资过度组企业存在投资现金流敏感性，会计准则变革之后，企业投资现金流敏感度显著下降，说明会计准则变革可以通过减轻信息不对称引起的道德风险，从而改善外部监督治理来实现抑制管理层的过度投资行为。

结论四：企业投资行为对企业价值具有影响，会计准则变革能够引导公司更关注价值的投资。企业价值是未来现金流的折现，是投资的函数。新会计准则中提倡的以价值为基础的计量和价值为导向的损益确认，引导企业形成以价值为导向的资本经营管理与投资模式。本书修正利用Brio（2003）模型，探讨了会计准则变革前后企业价值对投资行为的反应情况。还发现会计准则变革前后，投资对企业价值都具有正的显著影响，而且准则变革之后企业投资对企业价值的影响显著超过会计准则变革之前的影响，证实会计准则变革能够引导进行价值的投资，更注重企业价值的创造。

本书创新之处主要体现在以下三个方面：

第一，借助于"制度与行为""会计与交易""会计与契约"等研究范式，形成了会计准则变革对企业投资行为影响的基础机理。本书具体从会计与制度、会计制度与会计行为、信息不对称与投资行为、委托代理与投资行为以及会计与投资行为等方面进行了理论探讨，并最终形成了会计准则对企业投资行为影响的基础机理。

第二，深刻剖析准则的内容形式与内涵实质的变革，从信息质量变革和准则理念变革两个视角，分别发现了会计准则变革对企业投资行为的具体影响。并分别从会计准则变革、逆向选择与投资不足的影响路径，会计准则变革、道德风险与投资过度的影响路径，以及会计准则理念变革、经营方式转变与企业投资行为的影响路径，发现了会计准则变革对企业投资行为可能产生的影响。

第三，区分了逆向选择与道德风险的差异，采用投资价值的关系间接呈现投资行为的价值情况。会计准则变革对企业投资行为的影响部分，利用Richardson（2006）模型，采用控制投资影响因素后进行检验，随后又进一步将投资过度与投资不足分组利用FHP（1988）模型进行逆向选择与道德风险的检验；会计准则变革对企业投资行为价值引导的检验，修正采用了Brio（2003）模型进行检验，以投资的价值结果来度量投资行为的价值，同时还利用Richardson（2006）五分组进行进一步检验。

顾水彬
2013年10月

目 录

1 绪 论 ·· 1
   1.1 选题背景与问题提出 ··· 1
   1.2 研究意义与研究目标 ··· 6
   1.3 研究思路与研究内容 ··· 8
   1.4 技术路线和研究方法 ··· 10
   1.5 研究创新与研究贡献 ··· 13

2 文献综述 ··· 15
   2.1 会计准则变革研究的文献综述 ································· 15
   2.2 企业投资行为研究的文献综述 ································· 24
   2.3 会计准则变革对投资行为影响的研究综述 ················ 31
   2.4 国内外会计准则变革研究方法综述 ·························· 33
   2.5 本章小结 ··· 41

3 会计准则对企业投资行为的影响机理研究 ····················· 42
   3.1 制度与会计制度 ··· 42
   3.2 信息不对称、委托代理与企业投资行为 ·················· 55
   3.3 会计准则对企业投资行为的影响路径与机理 ············ 67
   3.4 本章小结 ··· 78

4 会计准则变革对企业投资行为的具体影响研究 ·············· 79
   4.1 会计准则的变革研究 ··· 79
   4.2 会计准则变革对企业投资行为的影响 ······················ 94
   4.3 本章小结 ··· 98

5 会计准则变革对会计信息质量影响的实证检验：
   基于会计信息价值相关性视角 ······································· 100
   5.1 理论分析与假设建立 ··· 100

5.2　研究方法与模型设计 ………………………………………… 101
　　5.3　实证研究与分析 …………………………………………… 114
　　5.4　进一步检验：受会计准则变动影响与
　　　　不受会计准则变动影响项目的分类检验 …………………… 118
　　5.5　本章小结 ……………………………………………………… 123

6　会计准则变革对企业投资行为影响的实证检验：
　　基于信息质量变革视角 …………………………………………… 126
　　6.1　理论分析与研究假设 ………………………………………… 126
　　6.2　模型设计与变量选择 ………………………………………… 128
　　6.3　投资效率度量实证结果分析 ………………………………… 133
　　6.4　会计准则变革对投资不足影响实证研究 …………………… 138
　　6.5　会计准则变革对投资过度影响实证研究 …………………… 143
　　6.6　稳健性检验：变量替换稳健性检验 ………………………… 147
　　6.7　本章小结 ……………………………………………………… 152

7　会计准则变革对企业投资行为影响的实证检验：
　　基于信息质量变革视角的进一步研究 …………………………… 153
　　7.1　理论分析与研究假设 ………………………………………… 153
　　7.2　模型设计与变量选择 ………………………………………… 157
　　7.3　会计准则变革、融资环境（逆向选择）与投资不足实证研究 … 161
　　7.4　会计准则变革、治理环境（道德风险）与投资过度实证研究 … 165
　　7.5　进一步检验：剔除投资效率划分失误影响的检验 ………… 168
　　7.6　稳健性检验：变量替换稳健性检验 ………………………… 176
　　7.7　本章小结 ……………………………………………………… 179

8　会计准则变革对企业投资行为影响的实证检验：
　　基于准则理念变革视角 …………………………………………… 180
　　8.1　理论分析与研究假设 ………………………………………… 180
　　8.2　模型设计与变量选择 ………………………………………… 181
　　8.3　实证研究与分析 ……………………………………………… 186
　　8.4　进一步检验：剔除投资效率对价值影响后的检验 ………… 191
　　8.5　稳健性检验：基于时间区间调整的检验 …………………… 197

8.6 本章小结 ·· 204
9 研究结论与政策建议 ··· 205
   9.1 主要研究结论 ·· 205
   9.2 政策建议 ·· 207
   9.3 研究局限 ·· 209
附录1：各国会计准则变革的历程 ··· 211
参考文献 ··· 222

1 绪 论

本章主要针对本书的选题背景、研究目标、研究思路与创新之处等进行一一说明，展示了本书研究的基本框架、技术路线与研究方法，呈现了本书写作的构思与结构蓝图。本章的各节安排如下：1.1 节为选题背景和问题提出；1.2 节为研究意义与研究目标；1.3 节为研究思路与研究内容；1.4 节为技术路线与研究方法；1.5 节为研究创新与研究贡献。

1.1 选题背景与问题提出

1.1.1 选题背景

2002 年，欧盟宣布自 2005 年起所有欧盟成员国内的上市公司必须采用国际财务报告准则（International Financial Reporting Standards，IFRS）进行报表编制与披露。2007 年，美国证券交易委员会（United States Securities and Exchange Commission，SEC）宣布在美国上市的境外公司可以使用国际财务报告准则（IFRS）进行信息披露。2008 年，美国财务会计准则委员会（Financial Accounting Standards Board，FASB）开始寻求与国际会计准则理事会（International Accounting Standards Board，IASB）进行合作，尝试拟定趋同的时限。时至今日，已有 100 多个国家先后完成了国际财务报告准则（IFRS）的完全采用或实质趋同。可以说，会计准则变革不是特定国家的个别事件，而是当前世界很多国家的共性事件。

同样在我国，为解决国际化进程中会计所造成的制度瓶颈，降低国际间交易的成本和扩大交易的边界，2006 年 2 月 15 日，财政部发布了国际趋同的新会计准则体系（1 项基本准则和 38 项具体准则），要求我国上市公司于 2007 年年初开始执行（部分上市公司已在 2006 年选择执行）。2008 年年初又将实施对象扩大至中央国有企业、城市商业银行等非上市银行业金融机构，非上市保险公司，以及部分地方国有企业。2010年4月，财政部又出台《中国企业会计准则与国际财务报告准则持续趋同路线》，进一步明确了我国会计准则趋同的时间安排。

原财政部副部长王军（2010）指出，新会计准则（2006年颁布）与旧会计准则（1992—2005年陆续发布的会计准则）相比，在准则体系结构、内涵与理念上均发生了很大的变化。新会计准则不仅增加了大量新的具体准则，进一步对前期未规范的经济业务和事项进行了界定与规范，同时还对原有部分具体准则进行了修正与调整。此外，新会计准则还动摇了"历史成本法"的绝对地位，倡导"公允价值计量"模式，引导会计目标由"受托责任"主导转向"决策有用"主导，概念基础由以利润为核心的"损益表观"转向以资产和负债为核心的"资产负债表观"，准则制定模式由"规则导向"转向"原则导向"。1978年斯蒂芬·泽夫（Stephen Zeff）在《"经济后果"学说的兴起》一文中指出，会计准则存在经济后果。为此，本次会计准则变革的全面性与彻底性必然会对那些以会计为基础的交易和契约及相应的行为产生经济后果。

1.1.2 问题提出

会计的应用范畴与使用范畴决定着会计的影响范畴。①会计是企业内部管理交易与外部市场交易的基础，又是企业内部契约与外部契约制定与执行的基础。因此，作为会计工作指引的会计准则变革必然会对企业组织内部与组织外部的各项交易、契约以及相关的行为产生影响。具体而言，会计准则变革会改变基于会计的计划、组织、协调、控制与激励等内部管理活动，还会影响基于会计信息的资本市场与金融市场的交易行为。因而，会计准则变革影响的研究范畴也应涵盖企业内部、资本市场及其他领域。

然而，综合国内外会计准则变革研究发现，有关会计准则变革的研究集中于会计准则变革与价值相关性、会计准则变革与资本市场流动性、会计准则变革与股价反应、会计准则变革与资本成本、会计准则变革与盈余管理，及会计准则变革与分析师预测准确性等。归纳而言，会计准则变革研究扎堆于检验准则变革对会计信息与资本市场的影响，或者说检验会计准则变革预期目标的实现情况（Voulgaris，2011）。②何贤杰等（2012）指出，会计准则

---

① 应用范畴指需要应用到会计工作的领域，而使用范畴主要指以会计产品作为交易基础的领域。
② 我国会计准则体系的一次次变革提升了企业会计信息质量，促进了上市公司的可持续发展，加速了中国资本市场的完善，逐步实现了与国际财务报告准则的趋同，与那些实施国际财务报告准则国家和地区会计准则等效，推动了中国企业走向国际（刘玉廷，2007，2011）。

变化看似简单，实则不然。表面上，它只是改变了财务列报的方式，但实际上它还将通过一系列复杂的路径对经济效益产生影响，并且现实世界的复杂性还决定了其实施效果和经济后果不能先验地加以模拟。

财政部会计司杨海峰（2011）指出，新会计准则对企业而言是一项重要的管理制度，新会计准则变革必然对企业内部管理产生重要影响。Hall（2010）指出，会计是帮助管理者了解公司环境和把握未来决策的重要基础，当决策所依赖的会计基础变化时，管理者的行为必然会受到影响。Ernst 和 Young（2007）指出，采用新会计准则不仅仅意味着改变一些会计原则，不仅仅影响财务报表，还有可能影响其他方面如经营战略、风险管理和内部控制，特别是对盈利计算方式变化对于以后的分配方式是否会发生改变。Price Waterhouse（2010）在一份研究报告中指出，新企业会计准则带来的理念和冲击必然会对公司的内部管理、决策行为和理念带来挑战。Watts（2006）指出，会计准则制定机构不仅要关注 IFRS 的信息作用，更应关注相关各方，特别是管理层对 IFRS 的反应。周守华（2006）强调，新企业会计准则必将使财务管理理论和实践也随着新会计准则的实施而演化变迁。

投资与经济增长之间具有非常紧密的关系，新古典经济学一般将经济增长看作是资本投入及技术进步的函数。美国著名的中国经济研究专家尼古拉斯·拉迪（Nicholas R. Lardy）曾指出，中国经济是投资驱动型经济。中国经济学家张维迎（2012）也指出，中国经济的增长模式是投资驱动型。中国经济是一个重度依赖资源投入的经济发展模式，投资是拉动经济增长的主要原动力。一方面，表现在产业结构上，中国是一个制造业大国，绝大多数企业为制造业，劳动力密集型和资本密集型产业是我国主导产业，而这些产业依赖于投资。另一方面，中国为了更好地迎接国际化，需要大量基础性设施建设，创造良好的合作环境，以更好地吸引国际投资。

投资的重要性与我国经济快速发展的要求决定着投资在我国必然呈现稳健的增长趋势。2000—2011 年，我国全社会固定资产投资总额从 32 917.7 亿元发展到 311 021 亿元，翻了近 10 倍。全社会固定资产投资总额占 GDP 比重也由 2000 年的 33.59%，发展到 2011 年的 65.96%。其中，设备的投资稳定占据总固定资产投资的 20%左右，与固定资产投资总量同步上升（如表 1.1 和图 1.1 所示）。工业企业的固定资产投资从 2000 年的 78 646 亿元增加到 2011 年的 334 590 亿元，翻了近 5 倍。流动资产的投资从 2000 年的 54 328 亿元增加到 2011 年的 323 398 亿元，翻了近 6 倍。固定资产投资的增幅也呈现出逐年递增的增长趋势（如表 1.2 和图 1.2 所示）。

表 1.1 2000—2011 年我国全社会固定资产投资情况

年份	GDP（亿元）	全社会固定资产投资总额（亿元）	设备工器具购置的投资额（亿元）	全社会固定资产投资总额占GDP的比重（%）	设备工器具购置的投资额占投资总额的比重（%）	全社会固定资产投资总额增长率（%）	设备工器具购置的投资额增长率（%）
2000	98 001	32 917.70	7 785.60	33.59	23.7	10.26	10.39
2001	109 655	37 213.50	8 833.80	33.94	23.7	13.05	13.46
2002	120 333	43 499.90	9 884.50	36.15	22.7	16.89	11.89
2003	135 823	55 566.60	12 681.90	40.91	22.8	27.74	28.30
2004	159 878	70 477.40	16 527.0	44.08	23.5	26.83	30.32
2005	183 868	88 773.60	21 422.90	48.28	24.1	25.96	29.62
2006	210 871	109 998.20	25 563.90	52.16	23.2	23.91	19.33
2007	246 619	137 323.90	31 574.80	55.68	23.0	24.84	23.51
2008	200 670	172 828.40	40 594.10	86.13	23.5	25.85	28.56
2009	340 903	224 598.80	50 844.20	65.88	22.6	29.95	25.25
2010	401 202	278 121.90	61 681.50	69.32	22.2	23.83	21.31
2011	471 564	311 021.90	65 003.40	65.96	20.9	11.83	5.39

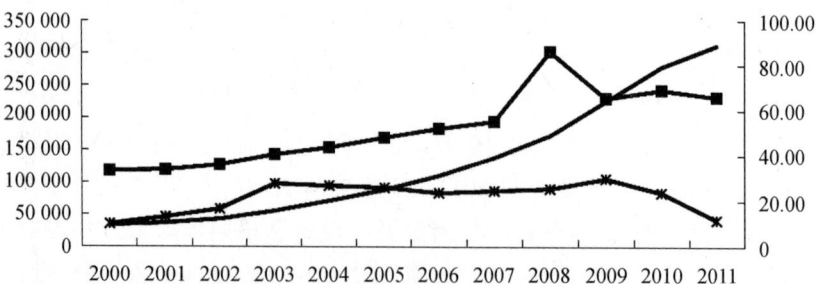

图 1.1 2000—2011 年我国全社会固定资产投资趋势

表 1.2 2000—2011 年我国工业投资情况

年份	工业企业固定资产原价（亿元）	工业企业流动资产合计（亿元）	工业企业资产合计（亿元）	固定资产占资产合计比重（%）	固定资产投资增幅（%）
2000	78 646.30	54 338.15	126 211.20	62.31	9.46
2001	86 293.10	57 804.97	135 402.50	63.73	9.72
2002	93 887.95	63 468.46	146 217.80	64.21	8.80
2003	105 557.10	76 163.74	168 807.70	62.53	12.43
2004	125 761.90	97 183.74	215 358	58.40	19.14
2005	143 143.60	111 031.40	244 784.30	58.48	13.82
2006	168 850.20	132 310.10	291 214.50	57.98	17.96
2007	198 739.30	163 259.60	353 037.40	56.29	17.70
2008	245 352.80	195 681.80	431 305.60	56.89	23.45
2009	278 541.10	223 038.70	493 692.90	56.42	13.53
2010	334 839.40	279 227.30	592 881.90	56.48	20.21
2011	334 590.10	323 398.30	657 988.40	50.85	−0.07

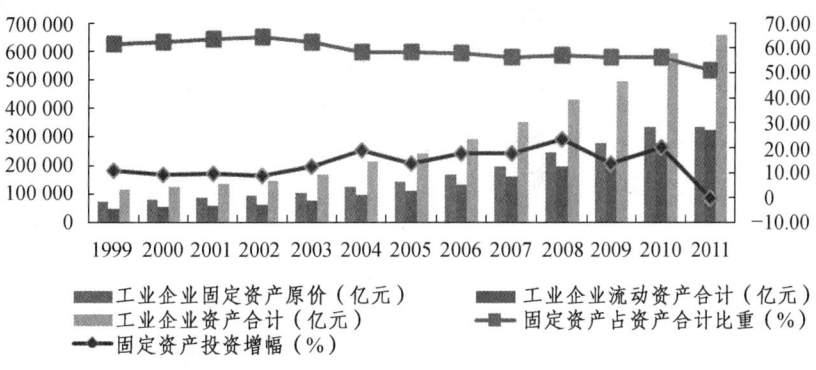

图 1.2 2000—2011 年我国工业投资趋势

注：以上数据来自中经网数据库。

从微观层面分析，投资是企业收益产生的基础与条件。从宏观层面看，高效率的企业投资行为是社会价值创造的保障。我国作为投资驱动型国家，投资不仅仅对公司资本价值具有重要影响（McConnell and Muscarella，1985），而且还对企业长期生存与整个社会经济发展具有重要影响（Harris and Raviv，1998）。合理而有效的投资对于国家和企业的长远发展都至关重要。企业投资行为作为企业重要的管理行为，受制于基于会计基础的企业内部管理与外部治理等。因此，新会计准则的变革会直接和间接地影响到企业的投资行为。

虽然企业投资行为一直是国内外研究的热点，但 Jenice（2010）在评论 Schleicher（2010）文章时指出，很多人研究国际财务报告准则（IFRS）的实施后果，但是很少有人研究国际财务报告准则（IFRS）对企业投资效率的影响。Reis（2007）指出，现有研究更多地讨论会计规则的适合性，而常常忽略这些规则对于公司经营管理和投资选择以及战略的影响。虽然会计准则经历了多次的变革，而本次会计准则变革的彻底性与重大性恰好为检验会计准则变革对企业投资行为的影响提供了难得的契机。会计作为投资决策的重要基础，也是影响投资行为的重要因素，会计准则变革是否会对企业投资行为产生影响，以及会计准则变革如何对企业投资行为产生影响，影响的方向、力度、原理、路径与效果等均有待挖掘与发现。

1.2 研究意义与研究目标

1.2.1 研究意义

学术研究是推动理论和实践发展的中坚力量，一个学术研究的价值取决于它对理论创新和实践指导的贡献。

从理论意义看，本书研究了会计准则变革对企业投资行为的影响，延伸了现有会计准则变革影响研究的范畴与企业投资行为研究的范畴。张先治（2012）指出，会计研究视角的局限性限制了会计学科的发展和会计作用的发挥。当前主流的会计准则变革研究集中于检验会计准则变革对资本市场效率和会计信息质量的影响，即关注会计准则变革的预期目标实现情况，而本书则研究会计准则变革对企业投资行为的影响，即选择会计准则变革的非直接影响（或者间接影响）作为研究视角，将会计准则变革研究领域与企业投资行为研究领域形成交叉，拓宽了当前会计准则变革影响研究与企业投资行为研究的范畴，丰富了会计准则变革研究与企业投资行为研究的各自研究主题，发展了会计理论与财务理论，增强了会计学与财务学学科间的融合。原财政部副部长王军（2008）指出，会计理论工作者注重会计准则理论基础研究的同时，要加强交叉学科的研究，与其他学科融合起来，做到相互促进、相得益彰。

从现实意义看，会计准则变革是当前各国（包括我国）的重要事件，具有很好的时效性与普遍性。任何一项制度的出台均需要对该项制度的有效性进行评价。制度经济学家指出，制度变迁存在路径依赖，旧的制度需要与新的制度经过一段时间的斗争后才会彻底消失，而一项新的制度出台也需要一段时间磨合、调整与消化，才会真正发挥其影响与效用。我国新企业会计准则实施至今（2007年年初上市公司执行）已有6年左右，正好是一个检验会计准则绩效的较好时间阶段。另外，投资活动是企业的重要理财活动，我国又是重度依赖投资驱动的国家，投资对于企业乃至社会的发展都具有至关重要的作用。而且现有大量研究指出，我国企业存在着严重的非效率投资现象，学者们也正在试图探索非效率投资产生的根源与治理的途径。本书迎合了投资驱动型经济发展现状，以及非效率投资治理的现实需求，时期的恰当性与事件的重要性体现出本书研究的重要实践意义。

从应用价值看，本书对会计准则内涵实质变革的发现，以及准则变革对企业投资行为影响机理的探索，有助于股东与管理层深度领悟会计准则变革对企业行为的影响原理，科学发挥会计准则引导企业经营管理决策，提升企业经营管理水平和投资绩效的重要作用。此外，本书的结论还为我国政府决策者利用会计准则来引导企业经营管理提供了有益的参考，丰富了政府社会治理的手段，有助于启发政府利用经济治理手段之余的会计制度治理方式治理社会；本书的思路与结论有利于启示会计制度制定者科学完善会计政策的制定，引导制定者全面考虑政策变革可能带来的直接与间接影响，预期与非预期效应等。Pope（2011）指出，学术研究能够提供给会计准则制定者（IASB）和政策制定者（欧盟）关于制度变迁会计的经济后果。本书在一定程度上能够提供评估 IFRS 成功与失败、成本与收益的途径。研究建议还可以改善制定者制度的科学性，也可以为它们建立配套环境，改善制度实施效果提供启示。此外，本书的研究思路与研究方法也可为探索会计准则变革的其他影响研究，起到抛砖引玉与演示示范作用，引导更多的学者把会计准则变革研究推向纵深。

综上所述，本书无论在理论价值、现实意义及应用价值等方面均具有重要的作用，充分体现了它的研究意义与价值。

1.2.2 研究目标

本书以会计准则变革和企业投资行为作为研究对象，以发现和检验会计准则变革对企业投资行为的影响为研究目标。为有效实现该目标，本书借助于一定的结构安排将总目标分解为三个具体目标：

（1）探索会计准则影响企业投资行为的基础机理。会计准则与企业投资行为相互建立联系的基础是什么？会计准则对企业投资行为产生影响的途径与路径是什么？基础机理为具体影响的发现奠定理论基础。

（2）研究我国会计准则变革对企业投资行为产生的具体影响。我国会计准则变革发生了哪些重要变革？这些变革又与企业投资行为有何直接和间接的关系？这些变革又对企业投资行为产生哪些影响？具体影响是基础机理与准则具体变革结合应用的结果。

（3）实证检验我国会计准则变革影响企业投资行为的机理。具体影响如何进行分割检验，设计何种研究视角能够实现有效检验？研究模型如何构建？研究方法如何选择？实证检验是对理论机理实际应用有效性的发现。

1.3 研究思路与研究内容

1.3.1 研究思路

在确定研究主题和研究目标之后，按照各部分的具体目标，本书设计了以下四个递进层次。

第一层次是研究基础，主要是文献回顾。在明确本书的主题和目标后，通过对会计准则变革和企业投资行为等两大主题的相关文献进行全面而系统的回顾和梳理，分析国内外研究的现状与研究存在的不足，同时还对国内外会计准则变革的研究方法进行了综述与评述。

第二层次是理论研究，主要是由基础理论形成基础机理，由具体准则形成具体影响。借助于"制度与行为""会计与交易""会计与契约"等研究范式及新制度经济学、信息经济学、管理学与会计学等基础理论，形成会计准则对企业投资行为影响的基础机理。具体分析会计准则的变革，结合会计准则的具体变革，特别是内涵实质变革，应用基础机理分析我国会计准则变革对企业投资行为的具体影响。

第三层次是实证检验，主要是具体影响的实证检验。根据研究发现的会计准则变革对企业投资行为的具体影响，分拆成若干关键部分，分别设计研究视角、构建模型、选择研究方法，结合我国会计准则变革前后的经验数据进行检验，分析具体影响在我国的实践效果情况。

第四层次是研究结论，主要对整个研究进行简要总结，并在研究结论基础之上提出若干政策建议。同时，还指出本书的不足之处及未来的研究方向。

1.3.2 研究内容

为有效实现研究目标，本书按照研究思路，设计了9个章节，具体如下：

第1章：绪论。本部分主要陈述本书的选题背景与研究意义、研究目标和研究内容、技术路线和研究方法。

第2章：文献综述。本部分按照规范的文献统计方法，就会计准则变革与企业投资行为两个领域的国内外研究文献进行了梳理，理清这两个领域的研究主题与研究视角状况。在评述这两个领域研究的基础上，引出本书的研究方向。此外，本部分还对国内外会计准则变革研究所采用的研究方法进行了综述。

第3章：会计准则对企业投资行为的影响机理研究。本部分借助于"制度与行为""会计与交易""会计与契约"等研究范式与经济学、管理学等基础理论，演绎了制度与行为、信息不对称与投资行为、委托代理与投资行为，以及会计准则与投资行为之间的基本关系，并在此基础上，确立会计准则对企业投资行为影响的机理。

第4章：会计准则变革对企业投资行为的具体影响研究。本部分立足我国最近一次会计准则变革，深入剖析会计准则实质的变革，从新会计准则变革所引起的信息质量变革与准则理念变革两方面分析会计准则变革对企业投资行为的具体影响。

第5章：会计准则变革对会计信息质量影响的实证检验：基于会计信息价值相关性视角。本部分是检验会计准则变革通过改善会计信息质量影响企业投资行为的基础。根据会计准则变革的特征和研究的需要，确立了基于会计信息价值相关性的研究视角。借助于修正的 Ohlson（1995）价格模型，以及区分受到会计准则变革影响的账户与不受到会计准则变革影响的账户，分别检验会计准则变革对会计信息质量的影响情况。

第6章：会计准则变革对企业投资行为影响的实证检验：基于信息质量变革视角。本部分是投资效率的检验，它以 Richardson（2006）模型度量投资过度与投资不足，在控制影响投资行为的相关因素后，分组检验会计准则变革能否抑制投资过度和缓解投资不足，并通过关键变量替换进行稳健性检验。

第 7 章：会计准则变革对企业投资行为影响的实证检验：基于信息质量变革视角的进一步检验。本部分是影响路径的检验，它利用上一章节 Richardson（2006）模型的度量结果对投资不足与投资过度进行分组，借助于修正的 FHP（1988）模型进一步检验会计准则是否通过减少逆向选择来缓解投资不足，以及是否通过减轻道德风险来约束投资过度；并通过投资不足与投资过度 5 分组剔除可能的分组失误，进行了进一步检验；最后借助于关键变量替换进行了稳健性检验。

第 8 章：会计准则变革对企业投资行为影响的实证检验：基于准则理念变革视角。本部分是有关投资导向或投资效益的检验，它以修正的 Brio（2003）模型为基础，检验会计准则中以价值为基础的计量和价值创造及可持续发展理念是否能引导企业更注重价值的投资。利用投资不足与投资过度 5 分组，剔除投资效率改进对企业价值的影响进行进一步研究，最后利用时间重分组去除价格波动的影响进行了稳健性检验。

第 9 章：研究结论与政策建议。简要总结研究结论，提出若干政策建议，指出研究的不足与未来的研究方向。

1.4 技术路线和研究方法

1.4.1 技术路线

根据设计的内容，本研究按照问题提出、研究基础、理论研究、实证检验和研究结论形成了五个层次。

第一层次包括第 1 章，主要在研究背景的基础上提出本书选题，阐述研究的目标、思路、内容与方法。

第二层次包括第 2 章，主要分别就会计准则变革研究与企业投资行为研究的国内外现状进行了梳理与述评，同时还对会计准则变革的研究方法进行了综述。

第三层次包括第 3 章和第 4 章，探讨了会计准则变革对企业投资行为影响的机理。

第四层次包括第 5 章、第 6 章、第 7 章和第 8 章，结合我国数据实现了对具体机理的实证检验。

第五层次包括第 9 章，总结了研究结论，提出了政策建议。

研究整体的技术路线如图 1.3 所示,第四层次实证检验部分的具体技术路线如图 1.4 所示。

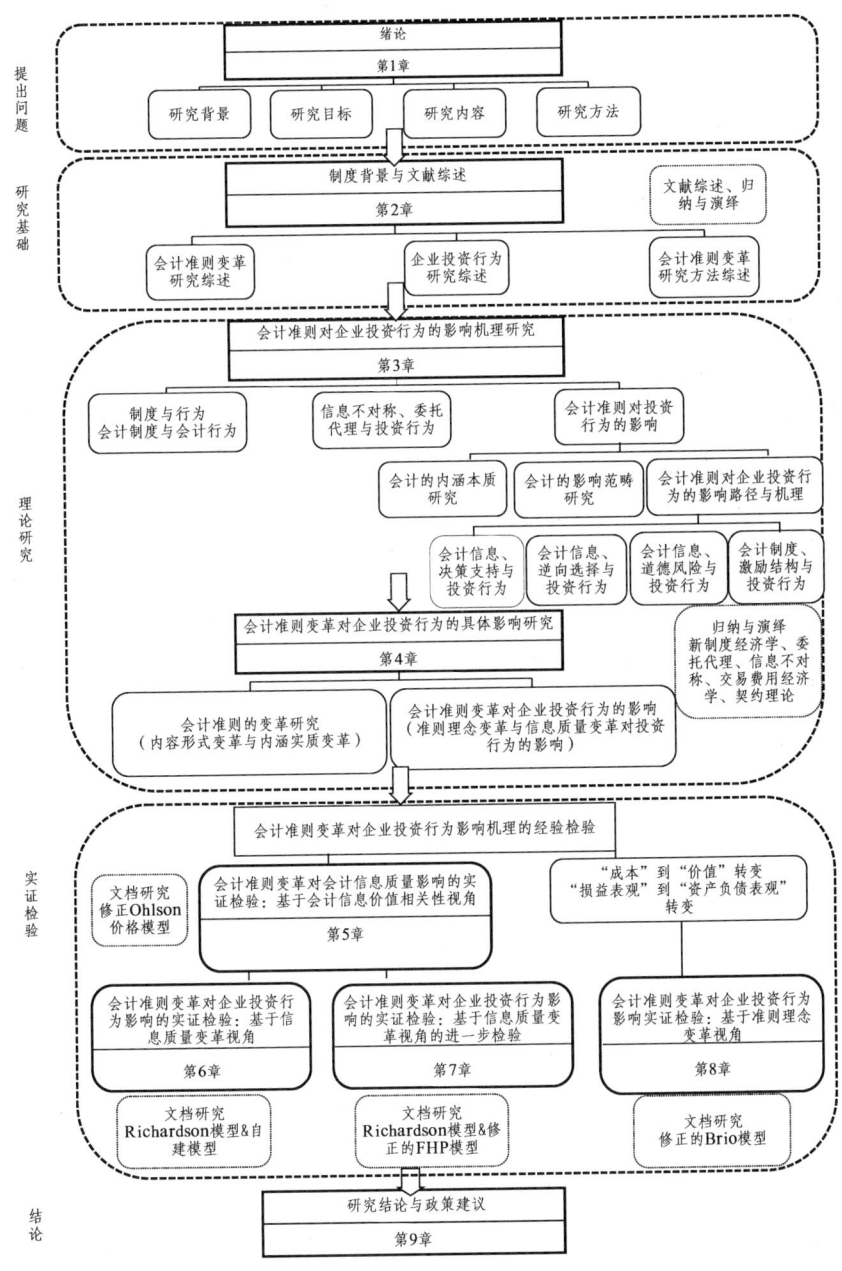

图 1.3　技术路线

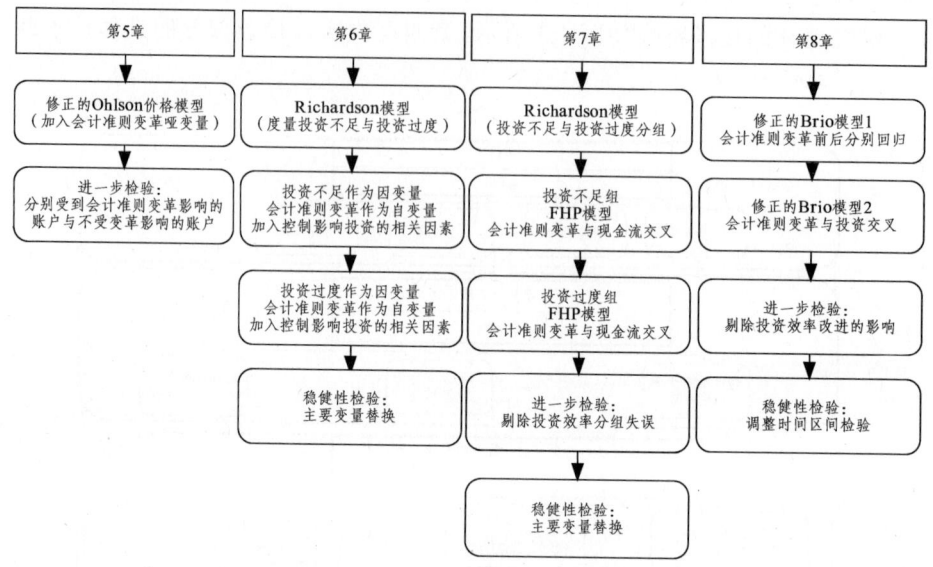

图 1.4　实证检验部分技术路线

1.4.2　研究方法

本书采用规范研究和经验研究相结合的方法，在规范研究会计准则变革对企业投资行为影响的机理基础之上，采用经验研究方法对机理进行了检验，并在结论后提出政策建议。

根据章节内容情况，本书具体使用了如下方法：

（1）在制度背景与文献综述部分，采用了严谨的文献收集方法，识别出国内外财务与会计研究领域的代表性期刊，对其中涉及会计准则变革和企业投资行为的文献进行梳理，并对相关的研究主题与研究方法进行归类、整理、分析与评述。

（2）在机理研究部分，主要采用归纳演绎方法，以新制度经济学的"制度与行为""会计与交易""会计与契约"等研究范式为机理研究基础，从会计的本质与职能出发，以公司治理等相关理论作为支撑，结合我国新会计准则的具体变革，推演出会计准则变革对企业投资行为影响的机理。

（3）在实证检验部分，采用大样本文档研究方法（Archive Research）。针对不同的检验主题，选择与设计合适的计量模型，筛选恰当的模型变量，采用合适的样本分组，对我国会计准则变革前后的企业投资行为进行了回归检验。

（4）在结论与建议部分，根据研究结论，以归纳演绎的方法进行了客观的总结与评价,并在此基础上提出了若干政策建议。

具体每部分的研究方法如图 1.3 和图 1.4 所示。

1.5 研究创新与研究贡献

1.5.1 研究创新

本书的创新之处主要体现在以下三个方面:

(1)借助于"制度与行为""会计与交易""会计与契约"等研究范式,形成了会计准则变革对企业投资行为影响的基础机理。具体从会计与制度、会计制度与会计行为、信息不对称与投资行为、委托代理与投资行为以及会计与投资行为等方面进行了理论探讨,并最终形成了会计准则对企业投资行为影响的基础机理。

(2)深刻剖析了会计准则的内容形式与内涵实质的变革,从信息质量变革和准则理念变革两个视角分别发现了会计准则变革对企业投资行为的具体影响。并分别从会计准则变革、逆向选择与投资不足的影响路径,会计准则变革、道德风险与投资过度的影响路径,以及会计准则理念变革、经营方式转变与企业投资行为的影响路径,发现了会计准则变革对企业投资行为可能产生的影响。

(3)区分了逆向选择(Adverse Selection)与道德风险(Moral Hazard)的差异,以及采用投资价值间接呈现投资行为的价值情况。会计准则变革对企业投资行为的影响部分,利用 Richardson(2006)模型后,采用控制投资影响因素后进行检验,随后又进一步将投资过度与投资不足分组,利用 FHP(1988)模型进行逆向选择与道德风险的检验;会计准则变革对企业投资行为价值引导的检验,修正采用了 Brio(2003)模型进行检验,以投资的价值结果来度量投资行为的价值,同时还利用 Richardson(2006)5 分组进行了进一步检验。

1.5.2 研究贡献

本书的可能贡献主要体现在以下四个方面:

(1)一定程度上延伸了会计准则变革影响的研究范畴,发展了会计准则变革的非预期效应研究。①现有研究会计准则变革研究主要从资本市场和会计信息视角，检验会计准则变革的预期目标实现情况，而本书从会计准则变革对企业投资行为影响的视角进行研究，一定程度上丰富了会计准则变革对组织内部管理行为影响的研究，丰富了会计准则变革研究的视角，发展了会计准则变革的非预期效应研究。

（2）一定程度上丰富了企业投资行为的研究主题，发展了企业投资行为影响因素理论。现有投资行为研究更多的是从公司治理视角去研究，而很少去发现第三方因素作用于公司治理（内部治理和外部治理）后对企业投资行为产生的影响。本书首先发现会计准则变革对公司治理的可能影响，然后再分析这些公司治理的影响会对企业投资行为产生何种作用。这种发现丰富了企业投资行为的研究主题，发展了投资行为影响因素理论，也一定程度上延伸了企业投资行为研究的范畴。

（3）系统地发现了会计准则变革对企业投资行为的影响机理，为研究会计准则变革的其他影响提供了示范。本书虽然仅仅研究会计准则变革对企业投资行为的影响，但会计准则变革对于企业融资行为、分配行为，以及其他制度变革对企业组织行为影响的研究，均可以按照本书的研究思路、视角和方法进行。

（4）对会计准则内涵实质变革的解析能够启示股东与管理层深刻领悟新会计准则的内涵，并真实有效地将准则应用与服务于企业经营管理（形成以价值为基础的契约，以价值创造为导向的资本经营理念与管理模式），更好地发挥会计准则变革引导企业变革和发挥会计准则的治理作用。

---

① 根据《我国企业会计准则——基本准则》第一条：为了规范企业会计确认、计量和报告行为，保证会计信息质量，根据《中华人民共和国会计法》和其他相关法律、行政法规，制定本准则。本书将会计准则变革提高会计信息质量视为预期目标，而视会计准则变革对其他领域的影响为非预期效应。特别是准则内容变革对组织管理与社会经济等产生的后果影响。

2 文献综述

研究一个主题首先需要弄清它的研究现状以便于发现未来研究的突破口。由于本书研究会计准则变革与企业投资行为，因此需要分别就会计准则变革和企业投资行为的研究进行综述，以更好地发现两者的联系。同时，现有会计准则变革研究中存在多种研究方法，各种方法的内容与使用的环境存在差异，因此需要对这些研究方法进行分析比较，以便于后文的科学选择。为此，2.1 节对国内外有关会计准则变革的研究文献进行了整体综述和具体综述；2.2 节对国内外有关企业投资行为的研究文献进行了整体综述与具体综述；2.3 节综合梳理了会计准则变革对企业投资行为影响的研究现状；2.4 节对国内外研究会计准则变革的方法进行了综述；2.5 节为本章总结。

2.1 会计准则变革研究的文献综述

任何一项研究都是在前人研究基础上的再研究，了解前人已有研究的捷径就是综述。研究综述一方面可以厘清某一领域已有的研究及现有研究存在的不足，呈现未来研究的方向与突破口；另外，结合未来研究的主题和内容，总结相关的文献观点与结论，又能为后续研究的展开提供理论支撑。

为更好地综述国内外学者的研究，本书综合使用了多个国内外著名的文献数据库，具体包括 Elsevier、Wiley、Springer、JSTOR、EBSCO、Google 学术以及中国知网（CNKI）等，期刊涉及 *The Accounting Review*，*Journal of Accounting Research*，*Accounting*，*Organizations and Society*，*Journal of Accounting and Economics* 等知名国际著名期刊 28 种，以及国内经济管理类重点期刊《中国软科学》《经济研究》《会计研究》《管理世界》《中国工业经济》等 115 种及相关国内外博士论文。

为有效厘清现有研究现状，本部分的文献综述将会计准则变革研究进行了两个层面的综述，首先对会计准则变革研究领域进行了整体现状概述，然后对与本书相关的具体主题进行了详细综述。

2.1.1　会计准则变革研究的整体现状

会计准则变革与其他相关会计制度变革的研究一直是国内外主流会计类学术期刊刊登的重点，特别是最近历史上的萨班斯-奥克斯利法案（SOX）与国际财务报告准则（IFRS）变革的研究。研究主题的分布比较广泛，有资本市场、金融市场，还有组织内部等，但就总体而言，资本市场方面的研究主题占据绝对主体，具体如表2.1所示。

表 2.1　会计准则变革研究主题分布

研究主题	作者
会计准则变革动因、目标与内容	夏冬林（2005），郝振平（2010），张蕊（2010）
会计准则变革对会计业务处理行为	张卓（2010）
会计准则变革与价值相关性	Landsman（2012），杨雄胜（2009），曲晓辉（2007）
会计准则变革与资本市场流动性	Daske（2008）
会计准则变革与股价反应	Armstrong（2009），Leuz（2007），许新霞（2010）
会计准则变革与资本成本	Dhaliwal（2011），Li（2010），汪祥耀（2011）
会计准则变革与盈余管理	Cohen（2008），Ewert（2005），戴德明（2009）
会计准则变革与分析师预测准确性	Hodder（2008），Byard（2011）
会计准则变革与借款条款设计	Christensen（2009），Costello（2011）
会计准则变革与借款利率	Beatty（2002）
会计准则变革与企业绩效	吕长江（2009）
会计准则变革与公司风险接受态度	Bargeron（2010），Dey（2010）
会计准则变革与企业下市行为	Engel（2007），Bushee（2005）
会计准则变革与股利分配行为	Gao（2009），Goncharov（2011）
会计准则变革与租赁行为	Arnold（1998）
会计准则变革与研发行为	Cooper（1991）
会计准则变革与公司治理	Lo 2003，Wang（2010）
会计准则变革与国际直接投资	De Fond（2011）
会计准则变革与国际贸易	Laura（2008）

2.1.2 相关研究主题的具体综述

1. 会计准则变革内容与动因

2006年2月15日，财政部颁布了包括1项基本准则和38项具体准则在内的新会计准则体系，标志着我国自1992年开始的会计准则建设发展到了一个新的阶段，并成为我国会计发展史上一个重要的里程碑。郑德亮、王玉刚、袁建华（2008）和刘成芳（2009）指出，新会计准则无论是在框架上，还是在具体内容上都实现了与国际财务报告准则体系的趋同。他们认为我国新企业会计准则主要发生了如下变革：公允价值的重视、存货管理方法的变革、无形资产确认方式的变革、所得税会计处理的变革、企业合并会计处理的变革、合并报表合并范围的变革、债务重组方法的变革、金融工具准则的变革、减值准备计提的变革，增加了投资性房产报表项目；与前几位学者不同，曲晓辉（2007）从会计准则变革的本质视角指出新会计准则体系在许多方面有着重大的变化和创新，特别是坚持资产负债观、坚持实质重于形式、积极而谨慎地推广公允价值计量，注重企业价值评价，强调公允价值和现值计量，突出决策有用观，重视管理者判断。另外，刘玉廷（2007）将我国具体会计准则条目与国际会计准则进行了一一对照，展示了我国会计准则体系无论是外在形式上，还是具体准则内容上都基本与国际财务报告准则保持了一致。

卢现祥（2007）将制度变革分成三类：自然演化论（哈耶克）、人为设计论（门格尔）、自然演变与人为设计的结合。诺思（1973）认为，相对价格是制度变迁的源泉，当相对价格变化打破原有的均衡移向下一个均衡，就产生了制度的变迁。林毅夫（1989），汪洪涛（2009）认为制度变革又分为"供给主导式"和"需求诱导式"，供给主导式往往是政府主导强制下，非正式制度则属于需求诱导。理论而言，会计准则的变革也属于制度变迁的一种，存在多种推动因素，既有自然演进的成分，也有强制推动的成分；既有政治的动因，也有市场的动因，还有文化的动因。①应该说，我国会计准则体系的变革是上述因素共同推动的结果。Shortridge（2009）发现每一阶段会计制度的变化实质上都响应了经济环境变化提出的要求，例如，工业革命时期社会关注成本，则会计采用历史成本计量就满足了精确、可靠的要求。随着石油与汇率等经常波动和信息经济的到来，决策者则更需要会计反映公允价值，以确保信息的决策相关性更强。杨丹等（2009）认为是中国经济催生了会计改革。

---

① Ashraf and Ghani（2005）研究了巴基斯坦的政治、法律、文化、教育对会计制度的发展影响；Akra et al.（2009）探讨了文化、经济、社会等因素对约旦会计制度发展的影响。

盖地（2010）认为会计准则变迁从根本上讲是一个自组织过程，内嵌于经济社会的演进之中，是顺应经济社会发展潮流自组织的结果。

Watts（1977）、Watts和Zimmerman（1986）指出会计受到经济和政治力量的影响。相对而言，经济因素推动存在一定的隐性，而政府推动表现得更直接与显性。Laughlin（2007）指出政府在会计制度的变迁和设计中占据绝对地位。诺思（1973）指出政治规则决定经济规则。弗里德曼（2004）认为政府既是"竞赛规则"的制定者，又是解释规则的裁断者，政府主导了会计政策的制定和变革。李连军（2007）指出我国会计制度变迁是一种由政府财政部门主导的强制性制度变迁行为，是政府财政部门为了履行法律所赋予的职责，是一种政府治理工具或手段。

2. 会计准则变革与会计信息

我国会计准则体系的一次次变革提升了企业会计信息的质量，促进了上市公司的可持续发展，加速了中国资本市场的完善，逐步实现了与国际财务报告准则的趋同，与那些实施国际财务报告准则的国家和地区会计准则等效，推动了中国企业走向国际（刘玉廷，2007，2011）。应该说，提高会计信息质量是会计准则变革的根本初衷，也是会计准则变革的预期目标。因而，关注会计准则变革与会计信息质量之间关系的研究也较多，但研究结论则并不一致。有的学者研究发现，采用IFRS后会计信息质量显著提升了，如Daske（2006）研究了匈牙利、德国和瑞士等国家实施IFRS后的信息披露情况，利用披露质量评分的方式，发现这些国家在IFRS实施后会计信息质量得到了显著提高。Barth（2008）研究了21个采用IFRS的国家实施之前与之后的比较发现，使用IFRS公司比没有使用IFRS的公司具有更高的会计质量，而且公司在使用IFRS之后会计信息质量显著提高了，具体表现为盈余管理减少了，价值相关性增加了。Liu（2011）检查了2005—2008年我国会计准则IFRS趋同所带来的会计信息质量变化，结果发现自2007年后会计信息质量提高了，盈余管理减少了，价值相关性增加了。Landsman（2012）运用路径分析法研究实施IFRS产生的直接与间接两个层面的影响。发现实施IFRS后公司盈余宣告的信息内容（非常收益波动，非正常交易量）在大部分国家增加了，报告的滞后降低了，分析师的追随和外资的利用均增加了。我国学者薛爽、赵立新等（2008）研究了新会计准则对会计信息质量的影响，结果也发现我国新会计准则实施后会计信息的含量增加了。

另外，也有一些学者的研究则发现实施IFRS并没有很好地实现改善会计信息的质量，还有些学者甚至发现采用IFRS导致了会计信息质量的下降。如Ahmed（2012）认为基于原则的IFRS仅提供很少的详细指引，管理层有动机去盈余管理和推迟损失的确认。他参照 Barth（2008）的研究方法采用没有实施 IFRS 的公司作为控制样本进行差异比较，以及利用样本组 IFRS 实施前后进行比较，结果发现采用 IFRS 导致了盈余平滑，应计操控增多，损失确认相对于收益确认更不及时。

由于对会计信息质量并不存在统一的界定和衡量标准，不同信息使用者对会计信息需求的差异决定了会计信息质量度量标准的多样性和多维性。有学者认为，公司盈余管理程度是度量会计信息质量的一个重要指标，盈余管理越少，公司的会计信息质量也就越高。与前述对会计质量研究结论相似，关于会计准则变革对盈余管理的影响研究也存在不同的研究结论。如 Ernstberger（2011）利用德国执行 IFRS 的资料，研究发现会计准则变迁导致了盈余管理减少，股票流动性增加。而 Van Tendeloo（2005）研究盈余管理是否在实施 IFRS 之后要比 GAAP（Generally Accepted Accounting Principle）之前更少时，则并没有发现显著差异。另外，Capkun（2011）指出 IFRS 与传统会计准则相比，有两方面的改进：一是引入了大量的公允价值；二是引入了更多的主观判断，更多的操纵空间。他认为 IFRS 更大的弹性会导致更大空间的盈余管理，最后研究发现强制执行者的盈余管理上升了。我国学者王虹、杨丹（2011）应用结构方程研究我国新会计准则对盈余管理的影响时，也发现上市公司的盈余质量有降低趋势。

除了盈余管理衡量，价值相关性也是一种度量会计信息质量的方式。财务会计的基本功能就是为外部相关利益者提供决策信息服务，如果会计信息与决策越相关，那么会计信息质量就越好。整体而言，学者们对 IFRS 与价值相关性的研究结论也存在不一致。Aharony（2010）研究了欧盟 14 个国家 IFRS 实施前一年和实施当年的会计信息相关性情况，分析了三个在国际财务报告准则（IFRS）和本国会计准则（GAAP）中不一致的会计事项：商誉、研发费用和资产重估，结果发现 IFRS 提高了会计信息的价值相关性。Clarkson（2011）研究了欧洲和澳大利亚采用 IFRS 后，账面价值和收益在股价估计中的影响，发现会计信息的价值相关度提高了。我国学者王建新（2010）研究我国会计准则变革对会计信息价值相关性影响时，发现会计准则变革后，资产负债表和利润表信息的价值相关性均有了显著改善。罗婷、薛健、张海燕（2008）也发现新会计准则对于会计信息总体的价值相关性显著提高了。而 Gastón（2010）利用 2004 年和 2005 年数据研究西班牙和英国实施 IFRS 是否提高投资者会计信息的相关性时，却发现结果呈现负相关，即 IFRS 的强制实施降低了相关性。还有学者没有发现 IFRS 能够改善价值相关性。如 Goodwin（2008）研究了澳大利亚实施 IFRS 后会计信息的价值相关性情况，但没有发现 IFRS

要比 GAAP 的相关性更高。Gjerde（2008）验证了挪威 GAAP 下公司会计数字和股价的相关性与 IFRS 下公司会计数字和股价的相关性，也没有发现实施 IFRS 后价值相关性提高。漆江娜、罗佳（2009）以 1993—2007 年的数据研究了我国会计准则变革对会计信息价值相关性的影响，研究发现会计信息的价值相关性并没有伴随会计准则变革而提高，指出新兴市场国家的会计信息质量更多地取决于执行机制而不是准则本身。

与价值相关性类似的还有分析师预测。分析师利用其专业知识对企业财务报告信息进行分析预测，一般认为分析师预测偏误越小和分析师意见分歧越小，会计信息质量就越高。Beuselinck（2010）研究 IFRS 实施后分析师预测情况时，发现强制性 IFRS 增加了分析师将公司信息吸收到股价中的能力，以及降低了私人信息在机构投资者中的优势。Byard（2011）利用控制组与测试组分析了实施 IFRS 前后两年分析师信息环境的改善情况，分别采用分析师预测错误、预测分散和分析师追随衡量信息环境，结果发现分析师的预测错误和预测分散性等对于那些强制实施 IFRS 的样本组有所下降。Cotter（2012）研究澳大利亚 IFRS 实施后对分析师预测的影响时，发现分析师预测的精确度在实施 IFRS 后显著提高了。但我国学者何贤杰、肖土盛、田野、陈信元（2012）研究我国会计准则变革对分析师预测错误影响时，却发现新会计准则实施后，分析师的盈利预测误差显著增加了，分析师的预测分歧也显著增加了。

综上所述，会计准则变革对会计信息质量的研究较多，学者们分别从盈余管理、价值相关性及分析师预测等多个视角展开研究，但研究结论存在分歧。有的学者发现会计准则变革能够改善会计信息质量，有的学者又发现会计准则变革会降低会计信息质量，还有学者认为会计准则变革对会计信息质量并没有产生显著影响。发生结论分歧的一个原因可能是样本对象、研究视角和时间窗口选择的不一致，还有一个原因可能是验证的方法和程序上存在差异。

3. 会计准则变革与资本成本

资本成本从不同的对象看，性质并不相同。从企业角度看，资本成本是企业为筹集和使用资金而付出的代价。从资金提供者视角分析，它是资金提供者放弃现时消费和承担一定损失风险而要求的补偿。资本成本通常是会计信息质量的一个减函数，会计信息质量越高，不确定性越小，资本成本中的风险溢价部分就越小，资本总成本也就越低。会计准则变革带动会计信息质量变动，也必然对企业融资成本产生影响。Lambert 等（2007）将会计信息对股权资本成本的影响分为直接和间接两个部分进行研究，发现高质量会计信息能够降低股权资本成本。Daske（2008）研究了实施 IFRS 对于企业资本成本的影响，发现市场流动性增加了，权益成本下降了。Kosi（2009）研究 IFRS

对于债券市场融资成本影响情况时，发现 IFRS 降低了债券的融资成本，还刺激了公共债券的发行。Li（2010）研究欧洲国家实施 IFRS 是否实现降低权益资本成本时，将欧洲样本公司按照实施 IFRS 之前与之后进行分组，并区分强制实施与自愿实施；研究发现资本成本与 IFRS 使用情况显著负相关，强制实施 IFRS 的权益成本降低了 47%，而自愿实施的则并没有显著变化。他认为 IFRS 能降低融资成本的原因：IFRS 要求更多的信息披露，因此会降低资本成本。Kim（2011）研究 IFRS 与贷款契约时，发现银行对自愿实施 IFRS 的公司要比没有采用 IFRS 的公司索取更低的贷款利率。对于采用 IFRS 的公司，银行采用更多的非价格性条款，更少的约束性条款。银行对于 IFRS 采用者采用了扩张信用，另外，作者还发现 IFRS 自愿采用者还吸引了大量的外国借款。我国学者汪祥耀（2011）考察了新会计准则实施对股权资本成本的影响，发现实施新会计准则后我国资本市场整体资本成本有所下降。闫华红，张明（2012）以我国 2003—2010 年的财务数据为基础，研究了会计准则变革、盈余质量与资本成本的关系，发现会计准则变革之后，会计信息质量显著上升，资本成本显著下降。高芳，傅仁辉（2012）以我国 A 股上市公司为样本，发现会计准则变革之后股票市场流动性增加，权益资本成本降低。但也有学者得出不同的结论，如 Daske（2006）研究了德国上市公司实施 IFRS 对资本成本的影响情况，研究发现 IFRS 实施后并没有带来权益资本成本的显著下降。

4. 会计准则变革与投资行为

关于会计准则变革对投资行为的研究更多地体现在国际投资领域。会计准则的国际趋同减少了国际间会计信息的转换成本，也相应减少了国际间合作的交易成本。Amiram（2009）研究发现使用 IFRS 的国家，外国投资者数量显著增加，投资总量的增加也非常显著。他认为，外资增幅改善的一个主要原因在于外国投资者认为实施 IFRS 比当地国会计准则（GAAP）具有更高的信息质量，可信度增强了，因而吸引了那些寻找更高质量报告的投资者。另外，制度环境的相似性也是吸引外国投资者的一个原因。Laura（2008）使用引力账户模型，研究 IFRS 趋同对国际贸易和国际直接投资的影响时发现，IFRS 的实施对国际贸易和国际投资具有正向影响。她指出，各国由于存在信息加工的瓶颈或者信息处理与供给不足等问题，很难实现资本的国际流动，因此很多组织，诸如联合国、世界银行、世界贸易组织等都赞同统一会计制度。但 Beneish（2008）研究 IFRS 采用是否会减少投资者对于外国公司股票的投资不足时，并没有发现 IFRS 对于投资不足具有改善作用。

相对于国际投资方面的文献，研究会计准则变革对企业投资行为的文献显得严重不足。Schleicher（2010）利用 FHP 模型，分 IFRS 变革之前和之后，并按照 Leuz（2003）的分类法，分内部经济企业和外部经济企业研究了 IFRS 对企业投资效率的影响，发现 IFRS 通过改善会计信息质量有助于提高投资效率，减少投资现金敏感系数。他指出，采用 IFRS 有助于缓解融资约束，而且这种现象在信息质量不高的国家更加明显。Kang（2010）利用欧拉方程，借助于 GMM 方法，利用观察折现率的变化来估计投资行为的变化，结果发现在 SOX 之后经理所使用的折现率有明显上升，表现出对投资更加敏感与谨慎。

5. 会计准则变革与公司治理

所谓公司治理是指所有者对一个企业经营管理和绩效进行监督和控制的一整套制度安排（林毅夫，1997）。这套机制的基础是会计信息与会计指标，当会计准则变革时，公司治理机制也会发生相应的调整与修正。Marra（2011）研究 IFRS 实施前后董事会对于盈余管理的约束影响时，发现董事会的独立性和审计委员会在 IFRS 实施后对盈余管理约束作用更加显著，会计准则变革对两种公司治理机制的有效性具有积极而显著的贡献。Carter（2007）研究会计准则变迁对经理股权激励方案变更影响时发现，会计政策调整后薪酬设计方案也发生了相应的调整，特别是期权的使用增加，限制性股票的使用减少。Ozkan（2012）研究欧洲采用 IFRS 对管理层薪酬契约影响时发现，采用 IFRS 后，很多公司都采用会计盈余作为薪酬契约的主要部分，因为他们认为 IFRS 提高了会计信息的质量和可比性。与西方学者不同，我国学者对于会计准则变革与管理层薪酬的研究，并不是直接研究会计准则变革对薪酬方案变更的影响，而是研究会计准则变革与高管薪酬之间的关系。如邹海峰、辛清泉、张金若（2010）研究企业财务业绩中公允价值变动损益与高管薪酬契约的关系时发现，非金融行业上市公司总经理、董事长的货币薪酬与公允价值变动损益之间不存在显著相关关系，而财务总监的货币薪酬与公允价值变动损益存在显著正相关。周晖，杨静（2012）研究会计准则变革对高管薪酬影响时，以"公允价值变动损益"作为公允价值的一个替代变量，研究发现公允价值变动损益与高管薪酬成显著正相关。Wu 和 Zhang（2009）研究发现，IFRS 影响会计信息质量，进而会影响会计信息在契约（如 CEO 薪酬契约）变更中所起的作用。候青川（2011）研究我国新会计准则对管理层薪酬影响时发现，会计准则变革后薪酬业绩敏感度上升了，新会计准则增强了高管薪酬对会计业绩的敏感性。

2.1.3 文献评述

从会计准则变革的研究主题分布来看，可以发现以下几个特征：第一，会计准则变革研究主要集中于会计信息质量与股票市场效率领域。Kosi（2009）等指出现存会计准则变革研究绝大部分是对资本市场的影响，特别是股票市场，对其他领域及其他市场（如债券市场等）的研究存在忽视。第二，会计准则变革研究重在检验准则变革预期目标的实现情况（即提高信息相关性与资本市场效率），而轻视可能在其他领域的非预期效应研究。Brüggemann（2012）指出会计准则变革的非预期效应还处于萌芽状态，对于会计准则变革研究需要从预期与非预期综合视角权衡。第三，会计准则变革研究重在经济后果，而忽略非经济后果研究。如对企业经营管理理念或文化等影响的研究不足。第四，会计准则变革研究与经济社会宏观研究存在脱节，会计研究缺乏宏观层面的变革影响分析，特别在政治、宏观经济与社会进步等领域（Cooper，1984；姜国华，2011）。Brüggemann（2012）指出至今学术界关于会计准则变革的宏观影响研究仍很少。Arnold（2009）提出在20世纪初国际主流期刊中公允价值会计研究充足，但都集中关注公允价值是否对资本市场提供增量信息，而没有去关注它的宏观经济后果。第五，会计准则变革直接与最终资本市场影响构成因果，忽略中间变量——微观企业行为的影响，很多时候企业在其中为重要媒介（温忠麟，2004）。

从相关研究文献看，检验会计准则变革对于会计信息质量改善的效果，检验会计准则对资本市场效率的提高情况，以及检验会计准则变革提高会计信息质量之后企业融资成本是否会下降等主题占据主导。至于会计信息质量改善可能会带来的其他影响缺乏关注。会计准则变革研究更多地关注会计准则变革对外部交易契约所产生的影响，而忽视会计准则变革对企业内部交易或契约的影响。企业内部管理机制、治理机制以及企业内部各项管理与治理活动都是以会计作为基础。当这些会计基础变化时，企业管理行为必然也会受到影响（Hall等，2010）。造成上述"短视"现象的原因是忽视会计准则变革影响的传导性，以及企业内部管理的观测成本高等。会计准则变革对企业投资行为影响的研究集中于检验会计准则变革是否带来国际间交易费用的下降，是否影响跨国投资，而关于会计准则变革对企业投资行为影响的研究缺乏。会计准则变革对于公司治理的研究主要关注会计准则变革对薪酬契约的影响，而对于薪酬设计因准则变革而变化后产生何种影响，特别是对企业管理行为产生何种影响缺乏研究。

再者，会计准则的变革定格于会计准则整体的变革，着眼于会计准则变革对会计信息质量的影响，而对于会计准则深层理念变革的发现，以及这些理念变革可能产生的深层影响缺乏关注。会计准则理念的变革会影响决策者参照的标准和引导决策者的价值判断基础发生变化，进而影响企业管理决策与行为。

从研究文献所使用的研究方法看,绝大部分研究采用的是基于检验式的经验研究,将会计准则变革之前与之后的变化进行比较,或者利用参照组或控制组进行对比研究,常见的是将会计准则变革视为一个重要事件,但对于会计准则具体产生哪些变革,这些变革又如何实现对其他对象的影响理论研究欠缺。

2.2 企业投资行为研究的文献综述

投资是个人或组织为了在未来获取收益而进行的资金投入及相应的资本形成过程。在宏观层面,投资是拉动经济增长的重要因素之一;在微观层面,投资是企业的重要活动之一,是企业生存与发展的基础。投资在实践中的重要性也注定着它必成为国内外学者研究的热点。为了清晰展示现有投资行为的研究领域,了解投资行为的研究状况,本章按照上文会计准则变革研究综述的思路,综合利用了国内外著名的文献数据库(同会计准则变革研究综述)对企业投资行为的研究主题进行了整体总结与具体梳理。

2.2.1 企业投资行为研究的整体现状

投资一直是财务金融领域研究的重要主题。1958年MM理论(Modigliani and Miller)提出了投融资无关论,1974年Myers又指出市场存在摩擦,企业投融存在相关性,但真正将投资行为推向热点的是1988年Fazzari, Hubbard and Petersen(简称FHP)发表的 *Financing Constraints and Corporate Investment* 一文。该文引起学者们对融资约束下投资行为的关注,提出了投资现金流敏感系数的概念。到了2006年,Richardson发表 *Over-investment of Free Cash Flow*,提出如何度量投资效率的方法,引起学者们对投资不足和投资过度的关注,而且该研究主题在今天仍被广大学者所青睐。

有关投资行为的研究,国内与国外均有大量文献。从文献搜集与整理情况看,研究主题主要集中于公司治理对投资行为的影响,企业融资对投资行为的影响,资本市场对投资行为的影响,以及社会环境对投资行为的影响。但整体而言,公司治理对企业投资行为影响的研究占据绝对主体,具体主题如表2.2所示。

表 2.2　企业投资行为研究主题分布

主题	作者
融资约束（包括内部现金流主题）与投资行为	Fazzari(1988)、Vogt(1994)、Bushman(2005)、Kaplan(1997)、Richardson(2006)、Chen(2011)、Hirth(2011)、连玉君(2009)
股权结构与投资行为	Billett(2011)、Pindado(2011)、俞红海(2010)
管理层特征与投资行为	姜付秀(2009)、覃家琦(2010)、李焰(2011)
管理层激励与投资行为	Aggarwal(2006)、辛清泉(2007)、李燕萍(2008)
管理者情绪和判断与投资行为	Sawers(2005)、Malmendier(2005)、叶蓓(2007)
委托代理问题（信息不对称）与投资行为	Morellec(2011)、Jiang(2011)
股利分配与投资行为	Wang(2010)、魏明海(2007)、肖珉(2010)
环境（包括制度变化、市场环境、金融环境、政府治理环境等）与投资行为	Madsen(2009)、Kang(2010)、朱红军(2006)、叶建芳(2009)、王少飞(2011)
审计与投资行为	李青原(2009)、翟华云(2010)
会计信息质量与投资行为	Biddle(2009)、张纯(2009)、刘斌(2011)
融资（包括融资方式、融资结构、融资期限）与投资行为	Myers(1974,1977)、Williamson(1988)、Ahn(2006)、Hirth(2010)、陆正飞(2006)、王善平(2011)
资本市场（包括投资者情绪与股价等主题）与投资行为	Polk(2009)、Bakke(2010)、Grundy(2010)、刘志远(2009)、花贵如(2010)、顾乃康(2010)
政府干预与投资行为	Athey(2000)、Shimin(2011)

2.2.2　相关研究主题的具体综述

1. 公司治理与投资行为

良好的公司治理机制可以有效约束经理人追求私利的"败德"行为（刘昌国，2006；魏明海等，2007）。有关公司治理与投资行为关系的研究主要体现在股权结构、管理层激励、管理层自信、委托代理以及信息不对称与投资行为的关系等方面。

股权结构作为一种重要的治理机制，对企业投资行为具有重要的影响。张冀、李辰（2005）研究发现在地方政府或一般国企控制的公司，随着第一大股东持股比例的增加,投资现金流敏感性下降了,说明大股东能够提高企业投资效率。汪平、孙士霞(2009)发现第一大股东的持股比例与股权集中度水平在一定程度上能够抑制企业投资过度行为。饶育蕾、汪玉英(2006)利用投资现金流敏感性模型研究时发现,我国上市公司投资现金流敏感性是由投资过度引起的,而且还发现第一大股东持股比例与投资现金流敏感性成显著负相关,大股东持股比例越高,非效率投资相应就越小。然而也有学者得出不同的结论,如 La Port 等(2000)的研究发现,放松股权同质性假定后,在股权集中条件下,由于公司现金流权和控制权分离,控股大股东将会有强烈的动机使公司的投资行为与股东利益最大化目标发生偏移,借助于企业的非效率投资来获取控制权的私人收益,侵害中小股东利益。俞红海(2010)利用 2004—2007 年我国上市公司样本数据,发现股权集中度、控股股东的存在导致公司过度投资行为,而且控股股东控制权与现金流权的分离会加剧这一行为。杨清香(2010)研究我国国有控股与民营企业投资效率问题时发现,控股股东持股比例与非效率投资成正相关,而且在国有控股的上市公司中更为显著。

除了股权结构,董事会结构特别是独立董事的比例对企业投资行为也具有重要影响。Tirole(2006)、Becht(2003)与 Chen(2011)指出,董事会人数对于管理层决策的质量具有重要影响,小董事会能够减少搭便车行为,能有效规范管理者行为,提高投资效率。董事会的独立性、外部董事增加、机构投资者及高审计质量等对于制约管理层的过度投资行为具有积极影响。然而,唐雪松、周晓苏和马如静(2007)利用我国制造行业上市公司 2000—2002 年数据发现,公司治理机制在制约过度投资行为中基本有效,但是独立董事制度并没有发挥对过度投资的制约作用。同样,刘昌国(2006)研究发现我国上市公司治理机制中独立董事制度抑制自由现金流量引起的过度投资行为功能较弱。覃家琦(2010)以 2006—2008 年我国制造业上市公司为样本,发现设立战略委员会的公司过度投资水平更高。战略委员会规模、独立董事比例、平均任期,以及董事长是否担任战略委员会负责人与过度投资水平显著正相关。综合而言,相对于国外独立董事的治理作用,我国上市公司董事会结构对非效率投资的制约作用并不是很显著,特别是独立董事制度基本没有起到制约过度投资的作用,主要原因可能在于独立董事制度的运作表面化,没有真正起到实现政策要求的效果。

激励机制是提高企业投资效率的重要手段。罗富碧等(2008)研究了我国上市公司高管人员股权激励和投资决策之间的内生与交互关系,发现高管激励对投资具有显著正影响,上市公司投资也对高管股权激励具有显著正影响。吕长江（2011）以 2006 年《上市公司股权激励管理办法（试行）》为背景，以 2006—2009 年推出股权激励计划的公司为样本，利用 Richardson（2006）投资模型，研究分析了股权激励对公司投资行为的影响。发现相比于非股权激励公司，推出股权激励方案的公司投资过度行为得到了抑制，投资不足也得到了缓解。强国令（2012）研究股权分置改革对管理层股权激励与投资行为之间关系的影响时发现，股权分置改革后，管理层股权激励降低投资过度行为的效果更加显著。而辛清泉（2007）研究经理薪酬的企业投资决策治理效应时发现，薪酬契约的失效更多地导致了投资过度现象。同时，仅有微弱的证据表明，经理薪酬失效导致了投资不足。美国学者 Lundstrum（2002）研究经理激励与投资行为问题时发现，经理激励合同导致投资短期性的流行，并不是采用最优投资策略，而呈现"近视"现象。

管理者过度自信是基于行为学和心理学基础上发展起来的，研究者发现管理者的过度自信与过分乐观会造成企业过度投资。Heaton（2002）研究发现，当乐观的经理发现资本市场股价存在低估时，则会拒绝外部融资，放弃 NPV 为正的项目。当经理对于项目评估过度乐观时，即使项目可能 NPV 为负，也会选择投资，这些投资过度或者投资不足并不是直接由信息不对称和对于投资者不忠而引起的，而是由管理层的过度乐观所造成的。郝颖和刘星（2005）对我国上市公司高管人员过度自信的现实表现及其与企业投资决策的关系进行了研究，发现在实施股权激励的上市公司中，四分之一左右的高管人员具有过度自信的行为特征。同适度自信行为相比，高管人员过度自信行为不仅与投资水平显著正相关，而且投资的现金流敏感性更高。他们认为，在我国上市公司特有的股权安排和治理结构下，过度自信高管人员在公司投资决策中更有可能引发配置效率低下的过度投资行为。马润平（2009）从行为金融学视角出发，研究了我国上市公司管理者过度自信对公司过度投资行为的影响，发现我国上市公司的管理者过度自信与公司过度投资行为之间存在显著正相关关系。Malmendier 等（2005）利用投资现金流敏感性来分析管理者过度自信与企业投资行为之间的关系，发现管理者的过度自信程度越大，投资和现金流之间的敏感性就越高，说明在现金流充足的情况下，管理者过度自信会造成过度投资，而且在现金流缺乏的情况下，又会造成投资不足。

大量研究表明，信息不对称会产生道德风险和逆向选择问题，进而使企业实际投资偏离最优水平。道德风险理论表明，如果存在委托代理问题，管理者可能投资于净现值为负的项目，产生过度投资行为。Jensen 和 Meckling（1976）认为，经营者努力经营的成果由股东和管理者双方分享，而成本（风险）却由管理者独自承担，这种利益的不对称必然引起管理者努力水平的降低，所以管理者会选择那些能最大化个人利益，而并非最大化股东利益的投资项目，借助于过度投资来扩大非生产性消费，提升自身的福利水平。Jensen（1986）指出，经理们往往有"帝国建设"（Empire Building）的冲动，管理者的私人收益来自对公司资源的控制，当公司规模越大时，处于管理者控制之下的资源就越多，管理者的私人收益就越丰厚。因此，希望管理层把所有可支配的资金都进行投资，产生投资过度。Conyon 和 Murphy（2001）发现，经理收益是企业规模的增函数，大规模企业管理层的货币或非货币收益远高于小规模企业，经理层可通过扩大企业规模增加个人收益。Richardson（2006）通过实证研究发现自由现金流是过度投资资金的最重要来源，是过度投资行为的催化剂。

逆向选择模型表明，相对于外部投资者而言，内部人了解更多有关公司价值的信息，内部人有可能利用时机在市场中卖出过高定价的资产。如果市场本身不能辨别这一点，那么融资市场上的逆向选择便会导致外部融资高成本，形成企业投资不足的问题（Baker，Stein and Wurgler，2003）。Fazzari，Hubbard 和 Petersen（1988）（简称FHP）认为企业内部与外部存在信息不对称，形成了外部融资的"柠檬市场"。外部投资者需要更高的回报来补偿监督成本与潜在的道德风险，导致外部资金提供者的资本成本产生溢价，导致外部资金成本高于内部资金成本（Jensen and Meckling，1976）。管理层不愿意进行高成本外部融资，由此产生的融资约束便会使管理层放弃具有正净现值的项目，导致企业投资不足。

综上可见，公司治理在企业投资决策中占据重要地位，无论是股权结构，还是董事会结构、激励机制，以及信息不对称与委托代理问题，均对企业投资行为具有重要影响。

2. 企业融资与投资行为

企业投资行为除了是投资机会的函数外，还受制于企业融资水平、融资成本、融资结构与融资期限。融资结构与投资行为研究始于1958年的MM理论（Modigliani 和 Miller，1958）。Modigliani 和 Miller 在新古典经济学的思想下，借助于一系列严格的假设，指出公司投资与公司融资是独立的。此后，Myers（1974）又指出，现实的不完善与摩擦使得企业投资行为与融资行为之间具有相关性。Williamson（1988）认为投资资产的性质需要与资金的性质匹配。他认为，高风险的资产投资应该由享受高收益的股东来提供，而低风险的资产应该由低收益的债权人提供。童盼（2005）认为负债融资对企业投资行为影响有两种解释。一种解释认为，负债融资引起了股东与债权人之间的利益冲突。在假设股东与经理利益一致的前提下，股东/经理为使股东财富最大化,在投资决策时会选择那些能够增加股权价值但会减少整个企业价值的项目,或放弃那些能够增加企业价值但会减少股权价值的项目,从而产生过度投资或投资不足,损害债权人及企业整体利益。按照这一理论,负债融资既可能导致企业投资增加(即过度投资),也可能导致企业投资减少(即投资不足)。另一种解释认为,负债融资能够抑制股东/经理冲突,即将负债视为一种公司治理的工具。经理人员为了寻求高于市场水平的薪金和津贴,有扩大企业规模的冲动。所以,当企业拥有过多的剩余现金流时,经理可能会将其投资到能够扩大企业规模但未必具有良好盈利性的项目,而负债融资能够减少这种股东/经理冲突所导致的过度投资行为。童盼(2005)研究发现,在我国上市公司中,负债融资影响企业投资行为,负债比例与企业投资规模之间呈现负相关关系。曾春华、杨兴全(2012)研究发现,财务杠杆能够实现抑制我国上市公司的投资过度行为,具有治理效应。王鲁平、毛伟平(2010)研究发现财务杠杆与企业投资水平总体上呈负相关,即杠杆水平越高,投资越小,说明财务杠杆既可以抑制投资过度,同样也可能抑制投资不足。然而伍利娜和陆正飞(2005)利用EMBA学生作为实验对象研究时,却发现资产负债率与投资不足及过度投资行为均成正相关,而且企业盈利状况越差,越会加剧投资不足和过度投资行为。同样,徐玉德、周玮(2011)研究不同所有权安排的上市公司中资本结构对投资效率影响时发现,在地方国有企业和非国有企业中,财务杠杆越高投资效率越低,而在中央国有企业这种现象则并不明显。张利兵、吴冲锋(2008)利用仿真方法研究发现,企业初始债务对企业投资具有较强的推动作用,而股权融资则具有抑制企业投资的作用,这两方面的共同作用会导致投资不足或投资过度。

除了融资结构对投资行为产生影响外,负债的期限结构对企业投资行为也有影响。陈建勇(2009)从项目风险的视角研究发现,债务期限结构与投资效率之间并不是简单的线性关系,两者间的关系在很大程度上依赖于投资的项目风险水平。投资非效率"程度"与短期债务比例成类U形关系。我国上市公司短期债务主导型期限结构使公司在面对较高和中等风险项目时,表现出过度投资倾向,而面对低风险项目时,则又表现出投资不足倾向。并且,短期债务比例与投资非效率程度成正相关,较高的短期债务比例会引起较大的投资扭曲。朱磊、潘爱玲(2009)采用面板数据对我国制造业上市公司研究时发现,负债期限结构并不能有效抑制企业的非效率投资,原因在于债务的"硬约束"不能很好地发挥作用。

3. 会计信息与投资行为

投资决策依赖于有效的信息支持,特别是会计信息。Bushman 和 Smith

(2001)以及Lanbert、Leuz和Verrecchia（2007）研究发现，提高财务报告质量具有比较重要的经济意义，因为信息提供了资本分配效率的信号。Biddle和Hilary（2006）利用34个国家的数据研究发现，会计信息质量与企业投资效率成正相关，高信息质量降低了公司投资对于内部现金的敏感性，提高了投资效率。李青原（2009）对我国上市公司研究发现，高质量会计信息能显著缓解投资不足和抑制过度投资。Healy和Palepu（2001），Biddle et al.（2009）指出，高质量会计信息能通过改善契约效率和监督质量，降低道德风险和逆向选择，从而提高公司投资效率。Verdi（2006）和Biddle，Hillary和Verdi（2009）发现，会计信息质量与倾向于投资不足的企业正相关而与倾向于投资过度的企业负相关，并指出会计信息质量影响投资效率，可能是因为给予外部投资者更多的内部信息更有效地控制与监督管理者。张纯（2009）在探索信息披露、信息中介与企业过度投资之间的关系时发现，信息披露水平的提高和信息中介的发展有助于减轻信息不对称程度，进而改善企业的投资效率，抑制企业的过度投资行为。研究还发现，上述机制之间存在着互补关系，信息中介作用的发挥依赖于信息披露机制，而更多的信息中介参与营造了较好的信息传播环境，增强了信息披露机制的抑制效果。Lang和Lundholm（1996）提出，公司披露程度越高，证券分析师和投资者对公司收益预测就越精确。同样，分析师作为企业外部市场的信息中介之一，在企业和市场之间扮演着非常重要的信息传递角色，其分析也对管理层起着间接的约束作用。

盈余质量是度量会计信息质量的另一重要变量，也是度量管理层机会主义空间与行为的一个重要指标。McNichols（2008）研究公司财务报告操纵是否会使公司进行次优投资时，检查了那些被SEC处分的公司，结果发现盈余管理会影响内部投资决策，盈余管理会导致过度投资。张琦（2007）借鉴Biddle和Hilary（2006）的投资现金流敏感性方法，发现盈余管理程度与非效率投资间存在正相关关系。随着盈余质量的提高，内部现金流与企业投资之间的关系在减弱，高质量的会计信息降低了企业投资现金流敏感度。她还指出，在我国当前对投资者法律保护较弱的制度环境下，提高企业的盈余质量能够提高企业的投资决策水平，提高企业的投资效率。

2.2.3 文献评述

总结来看，融资约束、公司治理、融资结构与投资行为的研究既是国内外研究的热点，也是研究的重点。融资约束与投资行为的研究焦点集中于内部现金流是否对投资行为具有重要影响，融资约束是否是投资现金流敏感性的决定因素等；公司治理与投资行为研究的文献占据绝对数量，说明公司治理因素（包括公司管理层激励、管理层背景与特征、管理层判断、管理层过度自信、经理层与董事会结构、信息不对称与委托代理问题以及股权分布情况）对于企业投资行为具有重要影响；融资结构与投资行为的研究重点集中于不同融资结构、不同融资期限是否会对企业投资产生影响。其中，深受我国学者关注的是负债融资是否具有治理功能，能否对投资行为产生影响；会计信息与投资行为的研究主要有会计盈余质量、会计稳健性及会计信息披露对企业投资行为的影响，研究结果均发现会计信息对投资行为具有重要影响。

从现有投资行为研究文献的研究方法看，基本都是大样本文档研究（Archive Research），基本思路是将要研究的主题，寻找合适代理变量，利用 FHP（1988）、Vogt（1994）和 Richardson（2006）等模型，将研究变量与现金流进行交叉，或者按照融资约束进行分组展开研究。

2.3 会计准则变革对投资行为影响的研究综述

应该说，这两个研究主题的研究文献数量与主题分布均较为丰富，但是缺乏将两个主题联合的研究。无论是从会计准则变革视角来研究企业投资行为，还是从企业投资行为影响因素视角来发现会计准则变革的影响研究均较为缺乏。然而，从上述两个主题综述又可以发现，两个研究主题中又存在共同交叉点，这暗示着会计准则变革对投资行为存在影响。根据前文综述，会计准则变革对企业投资行为的影响，可分别从融资环境、治理环境与经营管理中归纳三条途径。

2.3.1 会计准则变革、融资环境与投资行为研究综述

Fazzari，Hubbard 和 Petersen（1988）认为，企业内部与外部存在着信息不对称，融资市场的逆向选择会导致外部融资成本偏高，融资约束产生企业投资不足。Daske（2008）研究实施 IFRS 对企业资本成本的影响时发现，IFRS 实施后市场流动性增加了，权益成本下降了。汪祥耀（2011）、闫华红（2012）、高芳（2012）等研究也发现我国会计准则变革后，股权和债权融资成本下降了。Healy（2001）与 Biddle（2009）指出，高质量会计信息能够减少企业外部相关利益者间的信息不对称，提高外部资金供给方正确评估公司证券价格与项目收益，进而降低因逆向选择所造成的过高融资成本，缓解公司投资不

足的问题。同样，Biddle 和 Hilary（2006）利用 34 个国家的数据研究发现，会计信息质量与企业投资效率正相关，高信息质量降低了公司投资对内部现金的敏感性，提高了投资效率。李青原（2009）对我国上市公司的研究也发现，高质量会计信息能显著减轻上市公司投资不足。

可见，现有研究关注会计准则变革与融资成本，关注融资约束与投资行为，很少关注会计准则变革、融资环境与企业投资行为间的影响传导，以及传导的路径与机理，而研究显示这三者之间存在影响传导。

2.3.2 会计准则变革、治理环境与投资行为研究综述

Jensen（1986）认为，经理们往往有"帝国建设"的冲动，管理者的私人收益来自对公司资源的控制。McNichols（2008）研究发现，盈余管理会影响内部投资决策，盈余管理会导致过度投资。张纯（2009）研究发现，信息披露水平的提高将减轻信息不对称程度，进而提高企业的投资效率，抑制过度投资行为。李青原（2009）对我国上市公司的研究也发现，高质量会计信息能显著降低上市公司的过度投资。Marra（2011）研究发现，在 IFRS 实施后，董事会的独立性和审计委员会对盈余管理约束具有重要作用，会计准则变革对两种公司治理机制的有效性具有积极而显著的贡献。

可见，现有研究关注会计准则变革与公司治理，关注公司治理与投资行为，而会计准则变革、治理环境与投资行为间影响的研究存在脱节，而研究证据表明三者之间存在影响传导。

2.3.3 会计准则变革、经营管理与投资行为研究综述

财政部会计司杨海峰（2011）指出，新会计准则对企业而言是一项重要的管理制度，新会计准则变革必然对企业内部管理产生重要影响。Ernst 和 Young（2007）指出，新会计准则不仅仅意味着改变一些会计原则，影响不仅局限于财务报表，还有可能在其他方面，如经营战略、风险管理和内部控制。Price Waterhouse（2010）也指出，新企业会计准则带来的理念和冲击必然会对公司的内部管理、决策行为以及理念带来挑战。Barlev 和 Haddad（2003）指出，与历史成本计量相比，公允价值更强化管理的效率和引起管理层对股东价值的关注，重视价值的创造，致使管理层对他们职责概念以及管理哲学的认识产生根本性变化。经济后果观认为，公司的会计政策及其变化是有影响的，由于会计政策的变化，管理者会改变公司的实际经营策略（Scott, 2006）。

会计准则是管理层激励契约的基础，会计准则变革必然对激励契约的利益结构产生调整，影响管理层行为（Voulgaris，2011）。Carter（2007）研究发现，会计政策调整后薪酬设计方案发生了相应的调整。罗富碧等（2008）研究发现，高管人员股权激励对投资有显著的正影响。吕长江（2011）发现，股权激励方案能抑制投资过度行为与缓解投资不足。

可见，现有研究关注会计准则变革与激励契约，关注管理层激励与投资行为，目前缺乏遵循会计准则变革、经营管理与企业投资行为的研究。

上述三个综述可用图 2.1 予以表示。

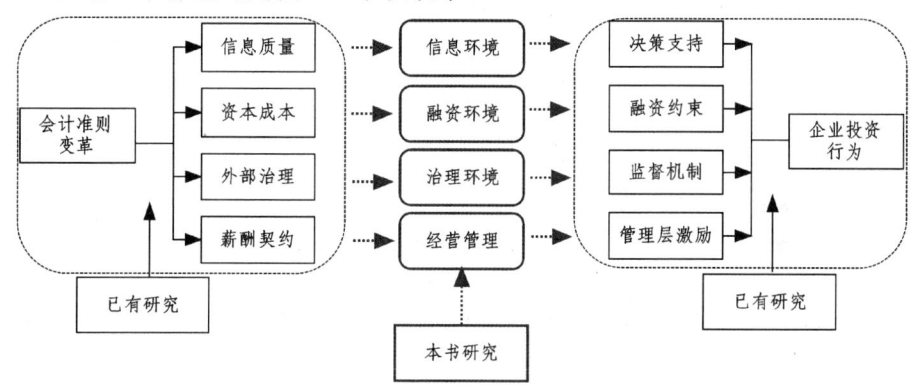

图 2.1　会计准则变革研究与企业投资行为研究的联系

2.4　国内外会计准则变革研究方法综述

2.4.1　会计准则变革研究方法概况

科学的研究需要根据研究选题的需要来选择合适的研究方法。本书的经验检验部分需要结合我国的经验数据来检验会计准则变革能否像理论假说一样产生预期的影响，需要分别观察相关变量在会计准则变革之前与会计准则变革之后的状况，并比较分析会计准则变革是否能对该变量产生显著影响，以及产生了何种影响。

关于研究会计准则变革影响的研究很多，归纳这些研究中的研究方法，发现主要有以下几种：

（1）哑变量法（Dummy Variable）。这是最为主流的研究方法，其原理就是在模型中控制尽可能多的影响因变量的因素之后，加入会计准则变革事件哑变量，来发现会计准则变革前后因变量的均值变化，以及利用会计准则变革哑变量与相关变量的交叉来综合发现会计准则变革与另一影响因素共同对因变量的影响情况。

（2）邹至庄检验（Chow Test）。研究利用邹至庄检验发现模型是否存在趋势变化，借此来检验和说明会计准则变革的影响。

（3）会计准则变革之前与会计准则变革之后分别回归。研究设计一个模型，选择会计准则变革之前与变革之后的样本分两段各自进行回归，然后通过回归系数的显著性和回归系数大小来进行比较研究。

（4）双重差分法（Difference in Differences）。双重差分法是利用样本组与对照组在准则变革之后的差异与两者在准则变革之前的差异进行差分比较。

为了更清晰地呈现上述四种研究方法的使用状况，表2.3 选择了国内外一些著名期刊中使用上述四种研究方法的代表性文献进行了列示。

表2.3　国内外代表期刊会计准则变革影响研究的方法综述

作者	文章名	主题内容	方法	样本窗口	期刊名
Khurana（2011）	Mandatory IFRS Adoption and the U.S. Home Bias	IFRS变革与国际投资	模型中加入事件哑变量	2003—2004　2006—2007	Accounting Horizons
Horton（2010）	Does mandatory IFRS adoption improve the information environment?	IFRS变革与信息环境改善	模型中加入事件哑变量	2002—2004　2005—2007	Contemporary Accounting Research
Bargeron（2010）	Sarbanes-Oxley and corporate risk-taking	SOX变革与风险态度	模型中加入事件哑变量	1994—1997　2003—2006	Journal of Accounting and Economics
何贤杰（2012）	新会计准则对资本市场信息环境的影响研究	准则变革与资本市场环境	模型中加入事件哑变量	2004—2006　2007—2009	中国会计与财务研究
Cohen（2008）	Real and accrual-based earnings management in the pre-and post-Sarbanes Oxley periods	SOX变革与盈余管理	模型中加入事件哑变量，事件哑变量交叉	1987—2001　2002—2005	The Accounting Review
Tan（2011）	Analyst Following and Forecast Accuracy After Mandated IFRS Adoptions	IFRS变革与外国分析师追随	模型中加入事件哑变量和事件哑变量交叉	1988—2004　2005—2007	Journal of Accounting Research

续表 2.3

作者	文章名	主题内容	方法	样本窗口	期刊名
Kang（2010）	The Sarbanes-Oxley act and corporate investment: A structural assessment	SOX变革与投资行为	模型中加入事件哑变量和事件哑变量交叉	1998—2002 2003—2005	Journal of Financial Economics
金智（2010）	新会计准则、会计信息质量与股价同步性	准则变革与股价同步性	模型中加入事件哑变量和事件哑变量交叉	2004—2006 2007—2008	会计研究
罗婷（2008）	解析新会计准则对会计信息价值相关性的影响	准则变革与价值相关性	模型中加入事件哑变量和事件哑变量交叉	2004—2005 2007	中国会计评论
Devalle（2010）	Assessing the Value Relevance of Accounting Data After the Introduction of IFRS in Europe	准则变革与信息相关性	邹至庄检验（Chow Test）	2002—2004 2005—2007	Journal of International Financial Management & Accounting
王虹（2011）	会计准则变迁、公司治理对盈余管理的影响分析	准则变革与盈余管理	事件前后分别回归分析	2004—2006 2007—2009	财经科学
Daske（2008）	Mandatory IFRS Reporting around the World: Early Evidence on the Economic Consequences	会计准则变革与市场流动性	双重差分法	2001—2004 2005—2005	Accounting and business research
Florou（2012）	Mandatory IFRS Adoption and Institutional Investment Decisions	会计准则变革与机构投资者持股	双重差分法	2003—2004 2005—2006	The Accounting Review

2.4.2 哑变量法

哑变量法（Dummy Variable）一般采用会计准则变革之前几年与会计准

则变革之后几年作为时间窗口。研究方法的基础原理类似于事件研究法（Event Study）。从经济计量的视角看，它主要利用了哑变量回归的原理。

1. 事件研究法

事件研究法是由 Fama，Fisher，Jensen 和 Roll（FFJR）（1969）开创的一种方法。它研究当市场上某一事件发生前后样本股票收益率的变化，进而解释特定事件对样本公司股票价格是否存在影响。基本原理是假设事件具有影响并通过某些表现予以体现。模型借助于估计平均非正常报酬率（AAR）与累积非正常报酬率（CAR）来予以反映事件的影响。[①]

（1）估计非正常股票收益率。

$$R_{i,t} = \alpha_i + \beta_i R_{m,t} + u_{i,t} \tag{2-1}$$

式中：$R_{i,t}$ 为 i 公司股票 t 期收益率；$R_{m,t}$ 为股票指数 t 期收益率；$u_{i,t}$ 代表 t 期 i 公司股票的非正常收益率。

（2）计算平均非正常股票收益率。

$$AAR_S = \sum_{i=1}^{N_S} \frac{AR_{is}}{N_S} \tag{2-2}$$

式中：AR_{is} 代表 i 公司股票 S 月的非正常收益率（$u_{i,t}$ 的变形）；N_S 为 S 月样本公司数；AAR_S 为 S 月平均非正常收益率。

（3）计算累计平均非正常收益率。

$$CAAR_{S_1,S_2} = \sum_{S=S_1}^{S_2} AAR_s \tag{2-3}$$

式中：$CAAR_{S_1,S_2}$ 为从 S_1 月到 S_2 月的累计非正常收益。

$$\hat{\sigma}(CAAR_{S_1,S_2}) = [\sum_{s=S_1}^{S_2} \hat{\sigma}^2(ARR_s)]^{\frac{1}{2}} \tag{2-4}$$

（4）检验累计平均非正常收益率是否显著异于零。

$$t_{cs} = \frac{CAAR(\tau_1,\tau_2)}{[\sigma^2(\tau_1,\tau_2)]^{\frac{1}{2}}} \sim N(0,1) \tag{2-5}$$

如果累计异常报酬率显著异于"零"，则可以推论事件对股价具有影响，或"正"的影响或"负"的影响。

[①] John J. Binder. *The Event Study Methodology Since 1969*, Review of Quantitative Finance and Accounting, 1998（11），P111～137.

2. 添加虚拟变量

虚拟变量（Dummy Variable）又称名义变量或哑变量，是用以反映质的属性的一个人工变量，通常取 0 或 1。

当模型仅在常数项中引入一个单独的虚拟变量时，该变量系数度量了不同类型的平均水平差异，即可以实现改变样本截距的目标；当不仅在常数项引入，还引入虚拟变量与其他变量相乘时，则可以同时实现改变方程截距与斜率的作用。虚拟变量与相关变量相乘常用于比较两个回归模型的差异，特别是模型结构的变化。

模型推导如下：[①]

（1）允许截距变化的模型。

设定一个虚拟变量 D。设

$$D_i = \begin{cases} 0, & if\ i = 1, \cdots, n_1 \\ 1, & if\ i = n_1 + 1, \cdots, n \end{cases} \tag{2-6}$$

则回归模型可表示为：

$$Y_i = \beta_0 + D_i\delta + \beta_1 x_{1,i} + \cdots + \beta_k x_{k,i} + \varepsilon_i, \qquad i = 1, \cdots, n \tag{2-7}$$

按照经典回归则有：

$$E(Y_i) = \begin{cases} \beta_0 + \beta_1 x_{1,i} + \cdots + \beta_k x_{k,i} + \varepsilon_i, & i = 1, \cdots, n_1 \\ (\beta_0 + \delta) + \beta_1 x_{1,i} + \cdots + \beta_k x_{k,i} + \varepsilon_i, & i = 1 + n_1, \cdots, n \end{cases} \tag{2-8}$$

可见，i 取不同时段时，模型的截距是不一样的。

（2）截距和参数系数同时变化的模型。

在截距与变量上同时添加虚拟变量，形成如下回归模型：

$$\begin{aligned} Y_i &= \beta_0 + D_i\delta_1 + \beta_1 x_{1,i} + D_i\delta_1 x_{1,i} + \cdots + \beta_{p+1} x_{p+1,i} + D_i\delta_{p+1} x_{p+1,i} \\ &\quad + \beta_{p+2} x_{p+2,i} + \cdots + \beta_k x_{k,i} + \varepsilon_i, \qquad i = 1, \cdots, n \end{aligned} \tag{2-9}$$

$$D_i = \begin{cases} 0, & if\ i = 1, \cdots, n_1 \\ 1, & if\ i = n_1 + 1, \cdots, n \end{cases} \tag{2-10}$$

按照经典回归则有：

---

① 朱建平，胡朝霞：《王艺明高级计量经济学导论》，北京大学出版社 2009 年版。

$$E(Y_i) = \begin{cases} \beta_0 + \beta_1 x_{1,i} + \cdots + \beta_k x_{k,i} + \varepsilon_i, & i = 1, \cdots, n_1 \\ (\beta_0 + \delta_0) + (\beta_1 + \delta_1) x_{1,i} + \cdots + (\beta_{p+1} + \delta_{p+1}) x_{1,i} \\ + \beta_{p+2} x_{p+2,i} \cdots + \beta_k x_{k,i} + \varepsilon_i, & i = n_1 + 1, \cdots, n \end{cases} \quad (2-11)$$

可见，i 取不同时段时，模型的截距与模型的斜率均发生了变化。

上述两种情况用图 2.2 来表示。

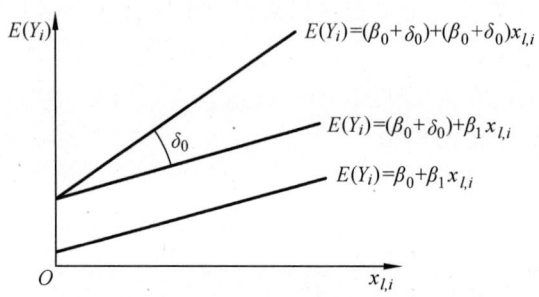

图 2.2　虚拟变量原理

2.4.3　邹至庄检验

邹至庄检验（Chow Test）是普林斯顿大学的名誉政治经济学教授与经济学教授邹至庄所提出的。该方法常用于检验样本的结构稳定性，检验样本期的不同子期间（或子样本），外生事件或冲击是否对样本产生变化情况。主要原理如下：①

1. 假　定

（1）$u_{1t} \sim N(0, \sigma^2)$，$u_{2t} \sim N(0, \sigma^2)$ 两个方程回归误差项有相同的方差 σ^2，且服从正态分布。

（2）u_{1t}，u_{2t} 两个服从独立同分布。

2. 计算机制

（1）事件前后总方程的回归估计出残差平方和 RRS_T，该方程自由度为 $n_1 + n_2 - 2k$，（k 为解释变量的个数）。

（2）估计出事件前的残差平方和 RRS_B，该方程自由度为 $n_1 - k$。

（3）估计出事件后的残差平方和 RRS_A，该方程自由度为 $n_2 - k$。

邹至庄检验的理念在于，若样本在样本期内不存在结构变动，RRS_T 与 RRS_A 和 RRS_B 之和并不存在显著差异。

---

① 达摩达尔 N 古扎拉蒂：《计量经济学基础》，中国人民大学出版社 2010 年版。

$$F = \frac{(RSS_T - RRS_B - RRS_A)/k}{(RRS_B + RRS_A)/(n_1 + n_2 - 2k)} \sim F_{[k,(n_1+n_2-2k)]} \qquad (2\text{-}12)$$

若 F 值没有超过 F 表中选定显著性水平下的临界值，则不能拒绝原假设，即不能认为存在结构变化。若 F 值超过 F 表中选定显著性水平下的临界值，则可以认为存在结构变化。

2.4.4 事件前后分开回归

该方法将数据分成事件前后，然后分别利用同一模型进行回归，观察事件前后各个方程变量的显著性和系数。如果方程中所关注的变量在一个回归中系数是显著的，而在另一个回归中的系数并不显著，或者两个回归所观察到的变量系数符号相反且统计显著，则可以推断事件的影响。如果两个回归中该变量系数与符号均一致，且均统计显著，则可推断事件未发生影响。有的学者直接采用系数大小比较，也有学者采用标准化后的系数进行比较，还有学者采用组间系数比较。

2.4.5 双重差分法

双重差分法（Difference in Differences，DID 或 DD）是一种准实验研究方法，它度量外生事件或冲击对样本组与参照组之间在一段时间产生影响的差异。

1. 原　理

双重差分法的原理：分别估算两组在事件之前与之后的差异，然后发现差异在事件前后的显著性情况，具体如表 2.4，图 2.3 所示。

表 2.4　双重差分的原理

	变革之前变化	变革之后变化	
样本组	Y_{t1}	Y_{t2}	$\Delta Y_t = Y_{t2} - Y_{t1}$
差异			$\Delta\Delta Y = \Delta Y_t - \Delta Y_c$

操作步骤上，首先需要选择样本组与参照组，参照组为不受事件影响的样本组（Untreated or Unintervened Group），能控制事件以外的其他共同因素，假设参照组能够鉴别出事件以外时间趋势的影响。其次需要事件前后有完整数据（包括样本组与参照组），面板数据（需要截面与时间序列数据，发现截面与时间固定效应 Cross Section and Time Fixed Effects）。最后需要用到双向固定效用模型（Two-way Fixed Effects Model）。

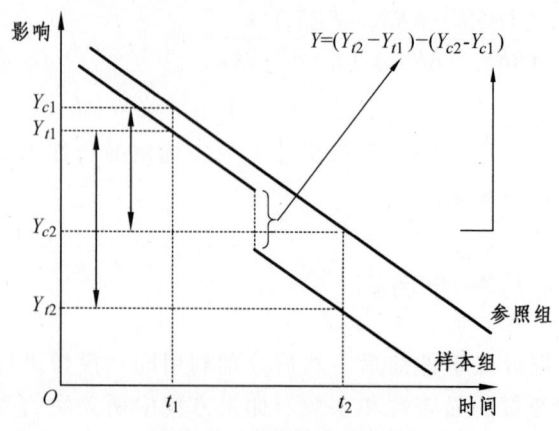

图 2.3 双重差分的原理

2. 模 型

$T_{it}=1$，如果样本 i 属于样本组。

$A_{it}=1$，如果事件已经发生，即事件发生之后。

$T_{it}A_{it}$，为上述两项交叉，指事件发生后的样本组。

$$Y_{it} = \beta_0 + \beta_1 T_{it} + \beta_2 A_{it} + \beta_3 T_{it}A_{it} + \varepsilon_{it} \qquad (2-13)①$$

表 2.5 双重差分方程系数比较

	变革之前变化	变革之后变化	
样本组	$\beta_0+\beta_1$	$\beta_0+\beta_1+\beta_2+\beta_3$	$\Delta Y_t = \beta_2+\beta_3$
参照组	β_0	$\beta_0+\beta_2$	$\Delta Y_c = \beta_2$
差异			$\Delta\Delta Y = \beta_3$

考虑到双向固定效应，模型最后可变成：

$$Y_{it} = \beta_0 + \beta_1 T_{it} + \beta_2 A_{it} + \beta_3 T_{it}A_{it} + u_i + \lambda_t + \varepsilon_{it} \qquad (2-14)$$

焦点关注 β_3 的符号以及统计显著性。

2.4.6 研究方法评述

哑变量法的优点在于：比较简便，用一个方程表示多个方程，可以实现分析模型结构的变化，而且合并回归可以提高自由度。

邹至庄检验方法使用也比较简便，但是它有一些明显的缺点就是：要求

---

① 从计量经济学的角度看，双重差分是上述哑变量的一种特殊类型，即交叉变量为两个哑变量的交叉：一个是事件哑变量，是一个是分组哑变量。

事件前后误差项方差一致（否则要采用修正的邹至庄检验）。另外，邹至庄检验没有说明差异来自截距、斜率，还是两者均有；邹至庄检验假定我们事先知道转折点。

关于分事件前后回归比较系数的方法，有的学者认为这是不科学的，因为两个方程不具有可比性，即使有学者改进后采用标准化的系数进行比较，但同样存在可比性问题。有计量专家提倡采用组间系数比较法来进行完善。

双重差分法虽然可以通过控制样本减少同期其他变化产生差异的影响，以及进行样本差异比较，但是它仍不能保证两组样本的其他因素都是一致的。它只能保证在一个事件后某个变量在两组样本中的产出是有差异的，但是不能确定保证或确信说明是由于事件引起的，不能保证控制样本是否也会发生一致的趋势。

上述四种方法各有优缺点，应用环境也不尽相同，但是从现有会计准则变革研究文献的方法应用统计来看，哑变量方法应用最为广泛。

2.5 本章小结

有关会计准则变革的研究与企业投资行为的研究较多，会计准则变革的研究集中于会计信息与资本市场，而企业投资行为的研究集中于公司治理、企业融资与会计信息。无论是国内还是国际，这两个研究领域都具有重要的研究地位，也是当前研究的热点和重点。然而，将两个领域交叉结合的研究比较缺乏，直接研究会计准则变革对企业投资行为影响的文献甚少，两个领域向前和向后延伸型的拓展研究不够。借助于两个领域的综述发现，这两个研究领域存在交叉点（会计信息、融资与公司治理等），将两个领域构建联系进行研究具有很高的可行性。

关于会计准则变革的研究方法，有哑变量法，邹至庄检验，准则变革前后分别回归，以及双重差分法。各种方法各有特征，使用中所需的环境与技术条件差异也较大，而从方法使用的文献数量看，哑变量法使用得最为广泛。

3 会计准则对企业投资行为的影响机理研究

理论是由变量与变量之间关系所组成的一个系统逻辑。研究会计准则变革对企业投资行为的影响机理，需要理清这两个变量之间的基础关系。会计准则是制度学和会计学的结合，而投资行为则属财务学的范畴，两者分属不同学科。会计准则对企业投资行为影响的研究需要从制度、会计和投资三个方面进行研究与分析。为此，本章 3.1 节首先分析了制度与行为、会计制度与会计行为之间的基础关系；3.2 节研究了信息不对称和委托代理与投资行为之间的关系；3.3 节研究了会计准则对投资行为的影响原理。本章基础机理的形成为后文会计准则变革对企业投资行为具体影响的发现奠定了理论基础。

3.1 制度与会计制度

会计准则属于制度与会计的交合范畴，具备制度的属性，因此分析会计准则需要从制度的属性与功能两方面进行分析。制度的一个主要功能就是规范和约束人的行为，会计制度的一个主要功能在于规范会计行为。刘丽娜（2008）指出，目前会计理论研究正处于转轨时期，以新制度经济学为理论基础研究我国会计的市场化道路，无疑在评价和引导我国会计制度改革方面有着重要的意义。为此本节参照了新制度经济学中的"制度与行为"研究范式，分析了制度与行为、会计制度与会计行为之间的关系，该分析为会计准则对企业投资行为的影响研究奠定了理论基础。

3.1.1 制度与行为

1. 制度的界定

制度是人类社会的一个重要现象，也是人类社会的特有现象。一直以来，资源的稀缺性驱使人们争夺资源，社会的复杂性加上人类社会需求的多重性又引发人与人、人与社会之间关系的冲突。这些争夺与冲突需要一定的秩序来加以维护以实现配置与协调的效率与效果,因此,就产生了制度。应该说,制度对社会的有序发展具有举足轻重和不可或缺的作用。

对于制度的界定,学者们从不同的视角提出了各自的观点,但我们仍可以从旧制度经济学、新制度经济学以及博弈论视角对这些观点进行总结与归纳。

旧制度经济学家托斯丹·凡勃伦(Thorstein B. Veblen)是最早给制度下一般定义的人,他在《有闲阶级论》中提出制度是人们的心理动机和生理本能所决定的思想和习惯,是一种流行的精神状态或者一种流行的生活伦理;另一位旧制度经济学家约翰·康芒斯(John R. Commons)在《制度经济学》中指出:"制度的实质就是集体行动制约个人行动,是理性经济人有意识的集体行动的表达。"实质上,康芒斯的制度就是集体行动控制个人行动的一系列行为准则或规则。

虽然科斯批判旧制度经济学是"一堆只能一把火烧掉的描述性材料,没有任何东西流传下来",但对于制度的定义,新制度学家舒尔茨、诺思、柯武刚等都基本传承了康芒斯的观点。西奥多·舒尔茨(Theodore W. Schultz)在《制度与人的经济价值的不断提高》一文中将制度定义为"一种行为的规则,这些规则涉及社会、政治及经济行为",与康芒斯制度的定义本质一致。道格拉斯·诺思(Douglass C. North)在《经济史中的结构与变迁》中指出"制度是一系列被设计出来的规则、守法秩序和行为道德、伦理规范,它旨在约束福利或效用最大化利益个人的行为"。在《制度、制度变迁与经济绩效》一书中,他又指出"制度是一个社会的游戏规则。更规范地说,它们是为了决定人们相互关系而人为设定的一些制约"。与诺思类似的还有柯武刚和史曼飞的观点,他们认为制度是广为人知的、由人创立的规则,旨在抑制人的机会主义行为。埃瑞克·菲吕博顿(Eirik G. Furubotn)在《新制度经济学》中指出,制度旨在为个人行为沿特定方向提供一种指引。阿兰·斯密德(Allan A. schmid)在《制度与行为经济学》中认为,制度是人们确定其权利、对他人所承担的风险、义务和责任具有约束力的关系束。奥利弗·威廉姆森(Oliver Wiiliamson)认为,制度就是治理的机制。

博弈论是一门与制度经济学联系非常紧密的学科,很多博弈论理论常被应用到制度经济学领域。安德鲁·肖特(Andrew Schotter)在《社会制度的经济理论》中指出,制度等同于社会风俗或惯例,是一种无意识的社会重复互动博弈的均衡结果,是重复进行的策略博弈解。青木昌彦(Masahi ko Aoki)在《比较制度分析》中提出,"制度是关于博弈如何进行的共有信念的一个自我维系系统，制度的本质是对均衡博弈路径显著和固定特征的一种浓缩性表征，该表征被相关域几乎所有参与人所感知，认为是与他们策略相关的，这样制度就以一种自我实施的方式制约着参与人的策略互动，并反过来又被他们在连续不断环境下的实际决策不断在生产出来"。卢现祥指出，制度代表了整个时期，重复参与博弈行为人的战略互动过程的一种稳定状态，也是一种博弈的规则。

虽然对于制度的界定存在新旧制度学派以及博弈论之分，而且各学派又有不同的学者观点，但是这些学者们所要表达的核心观点却存在着共性。这些共性主要体现在制度是一种约束人们行为的规范，一种游戏的规则，决定着活动展开的框架。

2. 制度的功能

（1）增加交易合作的确定性。

经济活动具有高度复杂性和相互关联性，而人类的认知又具有有限性，这使他人的行为往往难以确定，而唯有在一定的制度框架内，人的行为才具有可预知性。制度作为行为人责、权、利的明确划分和强制规范，界定并限制着人们的选择集合，使每个行为人的目的、手段与后果之间形成了一定的因果关系，使每个人的行为都具有可预知性。制度建立了一个人们相互作用的稳定结构，最终减少了不确定性，减少人们为不确定性信息搜寻的成本，减少资源损耗，因此经济学家形象地把制度称为"拴狗的绳子"。哈罗德·德姆塞茨（Harold Demsetz）（1967）指出，制度可以帮助他与其他人的交易形成合理预期。人们为了减少不确定性，也更喜欢依赖于制度，制度是对不确定性的反应（Loasby，1999）。制度还可以补足人的有限理性，帮助人缓解知识的"不完备性"，引导决策人增加未来可预见性。制度为实现合作创造了条件，制度使得复杂的人际关系变得更易理解和更可预见，从而使不同个人之间的协调更易发生。

（2）抑制机会主义行为。

诺思在《经济史中的结构与变迁》中指出，制度能够抑制行为人的机会主义行为。奥利弗·威廉姆森（Oliver Williamson）（1985）在《资本主义经济制度》中指出，制度具有约束人的机会主义行为和减少交易费用的功能。人具有随机应变，投机取巧，为自己谋取更大利益的行为倾向。许多合约安排和治理结构都是为减少人的机会主义行为和降低交易费用的需要而产生的。制度规定了人们行动的范围与人们操作层面的选择集，在集合内活动，人们可以获得自由，而超过集合的边界则会受到惩罚或付出代价。换言之，人之所以出现遵循规则的行为，因为理性经济人总是希望实现利益最大化。由于存在信息和决策成本、认知及信息处理约束、尝试调整等出错风险，个人行为被规则决定而会得到某种权利或好处。何增科（1996）指出，个人正是在制度限定的范围内，参照制度提供的相关信息，做出从事何种经济活动的选择。综合可见，制度有助于抑制人们固有的本能，增加逃避义务的风险和增强互利合作的习惯，达到抑制本能性机会主义的目的。

（3）外部性内部化。

外部性也称为溢出效应，指一个人或一群人的行为和决策使另一个人或另一群人受损或受益。在交易费用大于零的情况下，双方不可能通过自愿的交易将外部性内部化，只能通过制度（或政府干预）提高外部性的实现成本（负外部性）或降低外部性的实现成本（正外部性），将外部性内部化，从而使私人收益接近社会收益。

（4）内含激励治理作用。

激励是一种有效的治理机制，诺思在《西方世界的兴起》中指出制度具有激励功能。所谓激励就是创造合适的条件，激发人产生动机，使之产生实现动机目标的行为过程。制度的激励作用有正激励和负激励之分。美国心理学家伯尔赫斯·斯金纳（Burrhus F. Skinner）指出，所谓正激励就是对符合预期目标的行为予以奖励。所谓负激励，就是对违背预期目标行为的惩罚。制度的激励主要表现在：它改变了人的偏好，规定了行为激励的方向，影响人们的选择（North，1994）。经济人的自利性使得成本与收益原则成为他们的基本行为原则。一个人做的每件事情都涉及利益与代价，制度对人的影响就体现在行为的成本与收益上，只要利益与代价不相等，人们就会产生不同的激励反应。制度的激励功能通过制度提倡什么，鼓励什么或压抑什么予以传达，借助于奖励或惩罚的强制执行力得以实现，即制度通过提高某项行为的收益或减低某项行为的成本就会产生激励作用。诺思表示，制度能引导人们从事合乎社会需求活动的激励。①在《制度、制度变迁与经济绩效》中，诺思再次强调了制度的激励功能，他指出"制度构造了人们在政治、社会或者经济方面发生交互的激励结构"。

（5）降低交易成本。

所谓交易成本，也称为交易费用，是科斯（Coase）1937年提出的，它是指一定社会关系中，为达成一笔交易所需花费的成本，包括时间成本与货币

---

① 正外部性的内部化，必然会提高经济人的供给；负外部性的内部化，则会在一定程度上抑制经济人的积极性。

成本。具体如获取信息、谈判、协调、签约以及合约执行监督等活动所需花费的成本。科斯在《企业的性质》一文中指出制度的作用在于降低交易费用。应该说，制度对交易费用的节省是通过上述几个功能实现的，制度通过减少机会主义，降低不确定性和形成确定预期等降低信息获取的成本，减少交易的摩擦，实现交易费用的降低。

除了上述共性的制度功能外，还有学者提出制度应具备更多的功能。如舒尔茨（1968）指出制度的五大功能：提供便利、降低交易费用、提供信息、共担风险和提供公共品。袁庆明（2005）把制度的功能总结为十个：降低交易费用、帮助人们形成合理预期、外部性内部化、提供便利、提供信息、共担风险、激励、抑制人的机会主义行为、减少不确定性和安全。

3. 制度与行为关系分析

制度是一种博弈规则，是设计出来制约人们行为的规则，所有的资源交易都是在某个制度下完成的，资源最具价值的使用方式依赖于制度环境，制度安排将直接影响企业行为（布坎南，1989）。为此，要了解制度与行为之间的关系，首先需要了解制度产生与作用的基础，以及制度作用的对象等。而这可以从新古典经济学派和制度经济学派的区别分析入手，因为新古典经济学和制度经济学派的本质差异在于揭示和解释制度与人、制度与行为之间的关系。

（1）制度对行为影响的经济学分析。

新古典经济学认为，市场是唯一的资源配置机制，它依赖于价格这个无形的手。它强调竞争和市场信息的对称性和完备性，假设人是完全经济理性（人是自私的，极大化原则），人的行为与决策无需考虑对其他人的影响，也无需考虑他人决策对自己的影响。Kreps（1996）认为，完全理性是指理性个人有能力预测每件可能发生的事情，进行估计和行为选择。新古典经济学派重视个人主体方法论，认为社会是无数个人的集合，他们把个人的有目的性放在首位。个人仅仅被看作是遵循一个设计好了的最优化模式，忽略社会和制度对人行为的影响，忽视考察与人偏好、意图形成过程有关的制度或者其他力量的作用。或者说，在新古典经济中，制度、偏好和文化等一些因素都视为既定的、外生的、可忽视的。然而，现实是制度和社会规范，文化等这些因素不仅影响人的行为，而且还影响人对世界的看法及追求的目标。人的偏好会变，且会受到制度的影响。另外，从发展中国家和转型国家的大量实践可以看出，新古典的核心价格理论也依赖于有效制度的支撑。

新制度经济学是在批判与继承新古典经济学的基础上形成的。它修正了新古典经济学中关于市场无摩擦、信息完备、无逆向选择和道德风险、忽视产权和交易成本等问题，引入了信息和交易成本以及产权等概念。新古典经济学假定人是理性的，然而现实中的人做出选择的依据是主观的，个人之间又是分散的，人们接触到的信息是不完全的。新制度经济学指出，人的理性具有有限性，人在制度约束下追求效用最大化，提出人具有机会主义倾向（复杂的协议或契约，加上未来的不可预知性，契约不可避免会产生不完备性，奠定了有限性）。

总的来看，新制度经济学强调人的理性存在有限性，需要借助于信息来补足。而信息加工、交换与获取都存在交易成本，信息具有成本性与不完全性。另外，信息是价格和市场机制有效发挥的前提。新古典经济学认为，偏好与制度等是外生的，而新制度经济学将制度视为内生，认为制度是新古典价格和市场运作的基石与保障。此外，制度不是既定不变的，人的偏好也是变化的。

（2）制度对行为影响的理论分析。

① 制度框定了人行为的边界。

制度是人们结成的各种经济、社会、政治等组织或体制，它决定了一些经济活动和各种经济关系展开的框架。制度作为人类社会中人行为的准则，它决定了社会主体在社会生活中可以选择的行动方式，它定义和限制了个人的决策集合（Bromley，1996；North，1990）。罗纳德·海纳（Ronald Heiner）指出，制度起因于人们在不确定性时所做的努力，通过限制人们的有效选择并因此使得行为可预测，从而减少不确定性。英国经济学家哈耶克（Hayek）指出"人是追求目的的动物，也是遵循规则的动物"。由于人的有限理性，人们倾向于依赖制度扩大自己的理性，遵循制度可大大节约交易成本和决策成本。制度可以被看作人行为的参照点。制度使人的行为变得更加可见，为社会交往提供一种确定的结构，也为人的行为提供了一个边界。

② 制度具有约束与引导行为的功能。

制度具有塑造人的功能，具有引导和改变人行为的作用。制度具有塑造人行为的功能是因为长期的制度与惯例在人心中沉淀，并告诉人应该采取什么样的行为。赫伯特·西蒙（Herbert A. Simon）指出，人面临的环境是复杂的和不确定的，人处理信息的能力是有限的，不可能无所不知，人们只能在行动之前进行有限的计算，其余更多地取决于已有的认知（如经验、习惯与标准程序等）。即人不可能完全列举所有可能的未来状况，人受到信息的不完全和不确定等外部约束的限制，另外人脑处理信息的能力是有限的（Simon，

1982）。人们需要利用制度、组织、秩序等来增加预期的可预见性，扩展有限理性。制度一方面可以补足人的有限理性，很多时候还可直接通过利益引导经济人不得不去遵守制度。因为人的有限理性决定了人的行为需要在理性与非理性之间进行权衡。理性表现在人的自利性，追求个人欲望，极大化原则，追求约束条件下的幸福最大化或者痛苦最小化（新古典经济学中以"财富最大化"，行为经济学中"幸福最大化"）。制度之所以能发挥对人行为的约束是因为理性的经济个体都会按照社会已经形成的习俗和规则行事，这样可以降低为追求自身利益最大化而需要的信息搜寻成本，以及减少违反制度所产生的内心不安。在一定的约束条件下，接受制度的收益高于拒绝制度的收益时，制度就会被自动执行。另外，制度规范与信念，以及人行为之间的选择关系一旦形成，就会产生自增强效应。

另外，经济人总是在制度中寻找机会谋求利益，这种利益包括经济利益与声誉利益等其他利益。阿尔弗雷德·马歇尔（Alfred Marshall）认为，制度结构对人的行为激励产生重要影响。每个人做事情都有其利益或者代价，只要利益与代价不相等，就会产生不同的激励反应。制度就像博弈的规则，确定了参与人如何交易和创新的激励机制。制度通过激励结构影响人对各种选择的激励报酬，实现对人行为的引导和改变人的行为。

总结上述，可以用图 3.1 和图 3.2 来解释制度对行为的影响。

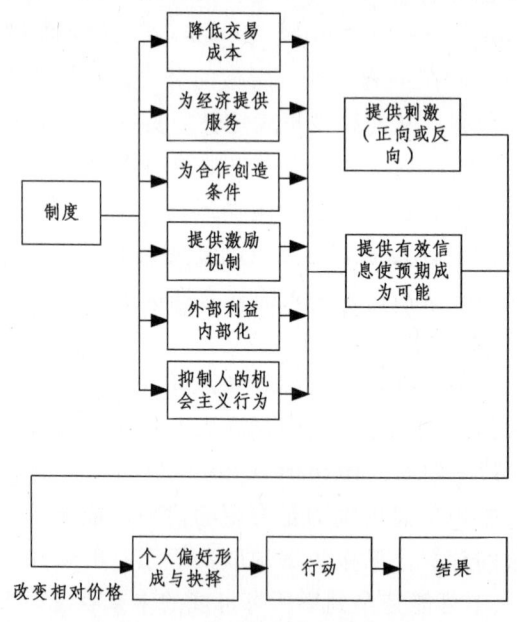

图 3.1　卢现祥制度功能结构图

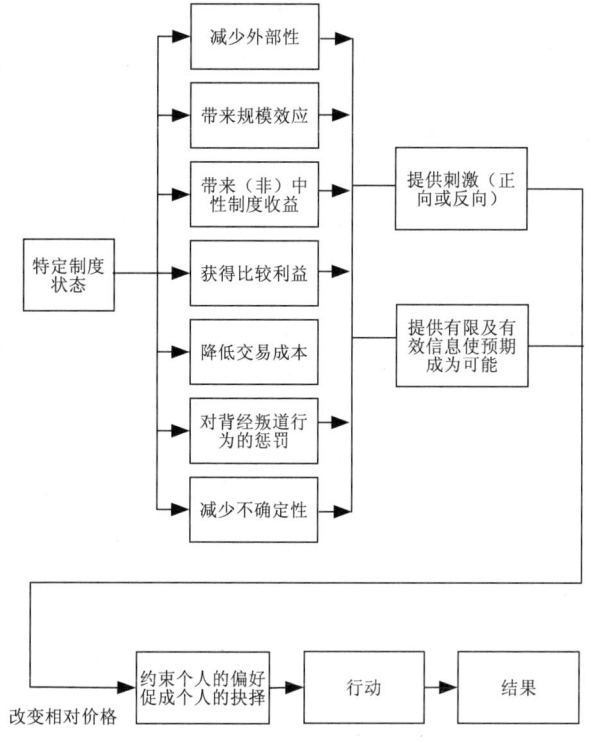

图 3.2 张宇燕制度功能结构图

3.1.2 制度变迁与行为

1. 制度变迁的界定

所谓制度变迁就是新制度（制度结构）产生、替代或改变旧制度的动态过程，是一种相对静止的制度均衡。在该均衡点上，改变现存制度的边际成本正好等于边际收益。从契约视角来理解，制度变迁就是新的契约代替旧的契约。

从横向看，制度变迁可划分为：经济制度变迁、政治制度变迁和社会文化制度变迁；从纵向结构划分，制度变迁可划分为宪法秩序变迁、制度安排变迁和规范性行为制度变迁；从变迁方式看，可划分为：渐变式变迁与突变式变迁；从变迁主体看，可划分为：诱致性制度变迁和强制性制度变迁；从变迁诱导模式看，可分为供给主导式变迁和需求诱导式变迁。

对于制度变迁的原因，存在很多不同的解释：

阿兰·斯密德（Allan A. Schmid）认为制度变迁是随着偏好的学习所引起

共识不断变化的过程。弗里德里希·哈耶克（Friedrich A. V. Hayek）认为制度变迁是冲突协调的结果。它是个体社会成员之间相互互动和特定组织间互动演化出来的，冲突和协调是构成制度变迁的主线。青木昌彦（Masahi Ko Aoki）认为制度变迁是优势策略的胜出导致博弈规则的变化。环境变化带来了新的获利机会，成员需要调整策略以求得利益最大化，通过反复博弈，形成一个新的纳什均衡，这种均衡结果慢慢沉淀，逐渐形成了新的共同信念，于是新的制度就慢慢产生了。道格拉斯·诺思（Douglass C. North）认为制度变迁是相对价格变动与潜在机会挖掘的结果。他指出，制度变迁的起源在于决策者所洞察到的机会，这些机会或者外部环境的变化，或者来自决策者在给定心智结构下的各种制度框架。在"成本—收益"的判断下，只要制度变迁的预期收入超过预期成本，制度就会发生变迁。相对价格改变了个人在互动中的激励，改变了偏好，相对价格经由先存的心智构成过滤，并影响对相对价格的理解。拉坦（V. W. Ratan）1978在《诱致性制度变迁理论》中指出技术进步是制度变迁的一个主要动因。类似的，卡尔·马克思（Carl Marx）认为，制度变迁是物质生产力发展的结果。生产力既是一种不以人们意志为转移的客观物质力量，又是社会结构中最活跃、不断变化发展的因素。生产力的发展引起与旧生产关系的矛盾，这种矛盾和冲突必然导致生产关系的变革，各种与之相适应的政治制度和意识形态也必然发生相应的变化。林毅夫在《关于制度变迁的经济学理论》指出"由于某个制度结构中制度安排的实施是彼此的，因此某个特定的制度发生变迁，可能引起对其他制度安排的服务要求"。另外，还有偏好的变化（群体偏好的变迁），以及偶然事件（战争）等也会促使制度发生变迁。从制度均衡视角看，制度变迁本质上是从一个制度均衡到非均衡，再到一个制度均衡的循环过程。制度变迁还可以视为"帕累托（Pareto）改进"，或者说当出现外部性时，制度的改进将外部性转化为内部。从现实角度看，环境变迁是导致制度变迁的主要推动力。制度需要适应环境，环境的多变性决定了制度的权变性（Contingency）。

如果借助于经济学中的"供需理论"来分析制度变迁，将制度视为人类消费的"产品"。如此，制度"消费"过程也存在"边际效应递减"规律，人们会更青睐具有"新鲜感"的"产品"，因此产生制度变迁。黄少安（2000）利用"同一轨迹上制度变迁的边际收益先增后减"的假说解释了制度效率递减规律。所谓"同一轨迹上制度变迁"指重大的制度变迁发生后，在这个大的变革框架内具有完善、修补等持续的变迁过程。变迁收益可理解为每投入一个单元制度变迁成本所带来的制度收益。一般而言，制度变迁过程的总收益和总成本都是递增的,而制度变迁的总收益一般要高于变迁的总成本,否则就不会产生变迁的动力,所以一般 *TR*(Total Revenue)要大于 *TC*(Total Cost),即 *TR* 线位于 *TC* 线的上方。总收益 *TP*(Total Profit),*TP*=*TR*-*TC*。边际收益曲线 *MP*(Margin Profit),在 *A* 点正好为零,即在 *A* 点改革,此时为收益大于成本的最高点,如图 3.3 所示。

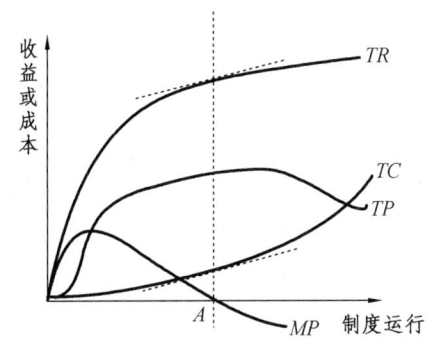

图 3.3 黄少安制度成本与制度收益变化图

2. 制度变迁与行为

(1)制度变迁导致行为的边界发生变化。

由于制度规定了行为人可以做什么,不可以做什么。它框定了行为人的行为范围,超过制度范畴的行为需要行为人付出成本与代价,会导致行为人收益变小。因此,当制度将经济人行为边界扩大和缩小时,人的行为也将相应调整。过去有些不能进行的行为,在现有制度下变成可能;同样过去有一些行为是可以进行的,而现在则不允许。从交易费用观点来分析,制度变迁可以通过减少业务的交易成本,实现扩大业务的交易量和交易边界。当然,如果制度提高了某项业务的交易成本,则又会缩小业务的交易量和交易边界。综合可见,制度变迁可以实现人行为边界的变化,引导人的行为发生变化。

(2)制度变迁引起行为结构变化。

制度变迁实质上是一个利益的重新分配与配置过程。制度变迁改变了行为的选择环境和选择条件,经济人必须改变行为结构或模式以适应新的制度环境。从机会结构视角看,哈罗德·德姆塞茨(Harold Demsetz)指出,制度决定了决策者所能得到的机会集,一个社会所面对的机会部分地由它的制度决定,制度的变化能够产生新的机会组合。制度发生变迁意味着原先的机会集(结构)也随之发生了变迁,机会结构的改变会导致潜在利益结构的变革,引导经济人在新机会集下进行利益追逐与租金发现。从激励结构视角看,制度经济学的两个基本假设:人的有限理性和资源的稀缺性。在有限理性下,人会产生对制度的依赖。在不同的制度下,同一行为的成本和收益可能不尽相同。当制度变迁后,行为成本降低和收益上升时,则会对该行为产生正激励;相反,行为的成本在上升而收益下降时,则会产生负激励。不同的激励结构会诱致行为人不同的行为结构或模式。按照诺思制度变迁的相对价格变动理论观点,人的经济理性会导致相对于旧制度而言的潜在利益挖掘,行为人会尽快地适应新制度,并根据新的制度选择恰当的行为。制度变迁还可理解为由于利益分配规则变迁所引起的正或负的"收入效应"。

(3) 制度变迁引导人的心智与理念变化。

由于制度执行与规范的主体涉及人,而人又是具有能动性的动物,具有学习能力(Learning Ability)和归因动机(Attribution Motivation),善于对信息和事件加以分析。当制度所决定的决策依据或者标准发生变更时,就会改变人的心智以及相应的行为。从制度变迁对人的理念渗透视角看,很多时候大家看到或感知到的制度变化多为正式制度变迁,而非正式制度变迁由于制度本身的隐性特征,一般不易察觉,而且很多情况下非正式制度变迁是无意识的学习过程。行为是制度的体现,随着行为人对正式制度长时间的遵守与执行,逐渐将制度变成默认的规则,深入行为人的日常生活习惯或者思维模式中,逐渐转变成为非正式制度,而且制度规范、信念与人的行为之间这种选择关系一旦形成就会产生自增强效应。

3.1.3 会计制度与会计行为

从制度的定义看,会计制度就是对会计人员会计行为规范的制度。而从会计实践看,会计准则承担着现实中会计制度的主要职能。由于本书主要研究会计准则,因此本节集中对会计准则进行了界定。相比于美国会计准则的历史,我国会计学界从 20 世纪 70 年代末才开始明确提出会计准则的概念,并将其作为一个重要的会计理论来进行研究。

1. 会计准则的界定

葛家澍(2001)认为,会计准则是以特定的经济业务或特别的报表项目为对象,他详细分析了各种业务或项目的特点,规定所必须运用的概念定义,然后以确认与计量为中心并兼顾披露,对围绕该业务或项目有可能发生的各种会计问题作出处理的规范。杨纪琬(1992)认为,会计准则一般是指财务会计准则,是会计人员从事会计核算必须遵循的基本原则,或者说是会计核算工作的规矩,是会计行为的规范化要求,也是会计工作法制化的重要组成部分。娄尔行（1989）将会计准则理解为，会计实务在理论上的概括或者说是会计实践的经验总结，是会计工作所应遵循的规则或指南。刘峰（1996）认为，所谓会计准则是会计人员执行会计活动所应遵循的规范和标准，是对会计工作进行评价、鉴定的依据。陈毓圭（1998）认为，会计准则就是会计核算工作的规范，即就各项经济业务的会计处理方法和会计核算程序做出规定，为各企业的会计核算行为提供规范。还有学者认为，会计准则是一种行为规则，是一个社会关于会计的游戏规则，它是特定社会范围内统一的对单个社会成员（企业）的各种会计行为起约束作用的一系列规则，各种各样的会计准则实质上是各种会计关系的制度化和规则化。

林钟高、徐虹（2007）认为，现代社会的会计准则是一种社会公共品，是一种公共规则。所谓公共品按照萨缪尔森的定义就是一个人消费这些物品或服务并不会影响其他任何人的消费。财政部会计司在《企业会计准则讲解》（2010）指出，会计准则是反映经济活动、确定产权关系、规范收益分配的会计技术标准，是生成和提供会计信息的重要依据，是资本市场的一种重要游戏规则和实现资源优化配置的重要依据，是政府规范经济秩序和从事国际经济交往的重要手段。会计准则作为广义契约的组成部分，是会计经济活动中各种经济利益相互冲突，相互制约而达成的"契约条款"。有学者指出，会计准则是关于一般通用的会计规则的公共合约。

应该说，虽然对于会计准则的界定观点各异，但学者们的共性在于认为会计准则是规范会计行为的一项制度。

2. 会计制度与会计准则的关系

关于"会计准则"和"会计制度"之间的关系一直以来都存在争议。对会计准则和会计制度及其关系的认识需要从广义和狭义两个角度进行理解，广义的会计制度需要从制度的范畴去概括，因此它包含会计准则，因为准则是制度的一种形式。而广义的会计准则应从会计实践视角分析，因此它包含会计制度。狭义的会计制度与广义的会计准则则相互独立，分属于两种不同的模式。

一个比较广为接受的观念是，会计制度一般由政府财政部门或主管部门制定，是政府财政法规的组成部分，以政府的名义公布实施，具有强制性的会计规范，是一种法律性文件。而且一般以某一特定行业、特定部门或特定所有制形式的企业作为对象，具有一定的统一性。而会计准则既可由政府制定（称为法规型），也可以授权民间会计组织制定（称为社会公认型），还可以由民间性质的会计职业团体制定后向会计界推荐，取得公认（称为准法规型），但不具有强制性，以指导性为主。会计准则是用来规范企业的会计实务，但它以特定的经济业务（交易或事项）或特别的报表项目为对象，考虑业务或项目的特点后，确定有关概念的含义，对业务或项目有可能发生的各种确认和计量以及披露问题做出处理的规范。

一般而言，会计制度中规定的某些核算方法或是没有选择的余地，或是只能在规定的办法中很有限度地选择，刚性较强，满足不了新兴行业与新业务的需要。而会计准则一般允许有较大容量的灵活性与可选择性，能充分满足企业经济管理的特点和需要，并能对新兴行业及新业务予以指导。

罗勇（2007）认为，会计准则与会计制度也可能仅仅是名称上的差异，是由不同国家的历史原因造成了概念上使用的差异。如美国、英国、加拿大、澳大利亚等国家的会计规范属于会计准则模式，而法国、俄罗斯的会计规范属于会计制度模式。在我国，2012年及之前既有会计准则，也有会计制度。2013年小企业会计准则出台标志着会计准则完全取代了会计制度。

3. 会计制度与会计行为的关系分析

（1）会计制度框定了会计行为的边界。

会计制度是会计工作的前提与基础，会计行为受到会计制度的约束与指引。只有会计制度中所规定的内容才能按照会计程序进行确认、计量、记录与报告，形成规定的会计数据与会计信息。概言之，会计准则是会计工作的基础、标准与指引。

（2）会计制度规定了会计行为的方向。

会计按照会计制度对经济业务或事项进行确认、计量、记录与报告，会计制度规定了业务的确认方式和记录方向。换言之，与制度规定不一致的，是不被允许的，会受到会计制度的约束与惩罚。因此，会计制度确定会计行为的方向。

（3）会计制度与会计行为的关系需要由会计准则的执行机制来保证。

会计准则的执行可以分为两种：一种是强制执行，另一种是自我执行。强制执行是因为会计准则属于财政部颁发的部门法令，是中国法律体系的一部分，因此法院的裁决与国家的暴力潜能强制各主体遵守与执行。会计准则的法律性质背景为会计准则的执行提供了保证。自我执行是由执行主体在考虑不执行所产生的代价后，或者执行主体在考虑执行可能带来的潜在收益后，所采取的主动执行的行为，典型的如声誉资本。当不执行会计准则导致声誉价值的损失足以威慑到利益体时，特别是影响到以后交易的开展时，就会出现制度的自动执行。理查德·波斯纳（Richard A. Posner）指出"那些已被识破不能履行其应尽交易义务的人……会发现将来无人愿意与之进行交易，这是一种很高成本的惩罚"。

3.2 信息不对称、委托代理与企业投资行为

分析企业投资行为首先需要了解影响企业投资的决定因素有哪些。投资除了受到投资机会与投资成本等影响外，从前一章企业投资行为的综述还可以发现信息不对称、委托代理也是影响企业投资行为的重要因素。因此分析会计准则对企业投资行为影响之前，需要分析投资的一些基本要素与模型，以及信息不对称、委托代理对企业投资行为的影响机理。

3.2.1 投资行为的基本理论

关于投资的界定在不同的学科中存在着不同的定义。《金融学》中的投资指为获得未来预期回报而预先进行的一定资金的投入。在《经济学》中，投资指购买一些物品，并不是为了消费，而是为了生产。[①] 杜格尔和科里根在《投资学》认为，从投资者或资本供给者的观点来看，投资是投入现在的资金以便利用利息、股息、租金或退休金等形式取得将来的收入，或使资本增值。在我国《辞海》中，投资是企业或个人以获得未来收益为目的，投放一定量的货币或实物，以经营某项事业的行为。在《不列颠百科全书》中，投资是在一定时期内期望在未来能产生收益而将收入变换为资产的过程。综上可知，投资实质上是现时的支出，旨在获得未来预期更高的收益。

投资行为是投资主体在一定的投资动机驱使下为达到既定目标做出的具体投资活动。投资行为按照不同的标准可以有多种分类。① 按照投资的方向可以分为对内投资与对外投资。对内投资主要是对企业经营所需资产的投资，直接形成生产经营活动能力，而对外投资主要是投资于企业外部，不直接形成生产经营能力。② 按照投资的时间长短可以分为长期投资与短期投资。短期投资是那些能够随时变现或者比较容易变现，流动性强，持有时间不超过一年的投资，具有投资风险小、变现能力强、收益率低等特点。长期投资是不准备随时变现、持有时间超过一年的投资，具有投资风险大、变现能力差、收益率高等特点。③ 按照投资的产权特征可以分为股权投资和债权投资。股权投资是企业向另一企业或机构进行投资的行为，投资企业将拥有被投资企业或机构的股权。债权投资是企业购买另一家企业或机构的债券或者直接提供借款等形式的投资，投资企业是被投资企业或机构的债权人。④ 按照投

---

① 维基百科，http://en.wikipedia.org/wiki/Investment。

实体对象的不同，企业投资又可以分为实物资产投资和金融资产投资。实物资产投资是指企业为了获取、维持、改善企业经营所必须的长期资产而发生的支出行为，如建设厂房、购置设备，购买材料等。金融资产投资指企业购买股票、债券及其他金融衍生品等形成金融资产的投资。

除了上述分类，投资行为按照偏离期望投资的情况，又可以分为投资不足与投资过度。MM 理论指出，企业的投资行为完全取决于投资回报率，即投资直到边际收益等于边际成本。这时企业投资项目的取舍只依赖于投资项目所能获得净现值（Net Present Value，NPV）为正的投资机会（NPV 为零时，投资的边际收益正好等于边际成本）。由于企业可以随时无限地筹集资金，因此所有 NPV 为正的项目都会得到投资。然而，现实中的摩擦降低了 MM 理论的适用性，也因此产生了投资行为的异象，即企业实际投资达不到 MM 所设定的最佳投资点（即资本的边际成本正好等于边际收益时），实际投资行为与最佳投资行为会发生偏移。按照投资实际量与最优投资量之间的差异可以分为投资过度与投资不足。当企业实际投资量超过企业最优投资量，则为投资过度（Overinvestment），即企业投资决策者投资于净现值（NPV）小于零的项目。相反，当企业实际投资量小于企业最优投资量，则为投资不足（Underinvestment），即企业投资决策者在投资项目的净现值（NPV）大于或等于零的情况下，放弃投资的现象。投资不足与投资过度都是相对于最佳投资点而言的。

正如产权具有不完全性，投资行为也是一个极为广泛与模糊的概念。它可以按照投资的对象、属性、形式、种类与结果等维度进行界定。研究中，为了清晰呈现预期所研究的具体主题，学者们通常都会根据研究对象或问题的需要，选择一定的视角进行界定，因此对投资行为的界定呈现出不一致性。本书根据研究的需要，将投资行为由投资的结果进行切入，即将投资行为视为投资效率与效益的综合。投资的效率表现为实际投资与期望投资之间的差异，差异越小，效率越高，投资行为就越好；投资的效益表现为投资创造价值的表现，投资作为现时投入为获取预期收益的重要方式，创造更多的投资价值是投资效益的重要衡量标准，因此投资的价值创造效应越好，投资效益就越好，投资行为也就越好。

3.2.2 投资模型

理论上，最佳投资是指在公司某一特定的投资水平上，资本的边际成本正好等于边际收益。实践中，在估算最优投资时，更多的是在综合考虑影响投资因素的基础上决定的。有关投资估计模型较多，按照不同的阶段和观点可以整理为以下几个经典模型：Clark 投资加速模型、Jorgenson 新古典投资模型和 Tobin Q 值投资模型。

1. Clark 投资加速模型

1917 年 Clark 在《经济加速与需求规律：经济周期中的技术性因素》一文中提出了投资加速模型。投资加速模型是关于预期产出与投资数量之间关系的投资模型。1917 年，Clark 将产品的市场需求纳入投资函数，认为企业投资依赖于产品的市场需求，投资支出应该与产品市场需求相对应。Clark 的投资加速模型假设固定资产与产出之间存在一个固定比率，每一时期资本存量总是瞬时自动调整到最优规模（Clark，1917）。

在这些假设下，公司的投资行为可表述为：

$$K_t^* = v \times Y_t \tag{3.1}$$

式中：K_t^* 为最佳资本存量；Y_t 为第 t 年的产量；v 为资本产量比。

如果每一期的实际资本存量都是最佳资本存量，那么

$$I_t = K_t - K_{t-1} = K_t^* - K_{t-1}^* = v \times (Y_t - Y_{t-1}) \tag{3.2}$$

式中：I_t 为本期投资额；K_t 为 t 期资本存量；K_{t-1} 为 $t-1$ 期资本存量。

该模型忽略了很多现实因素，它要求每一期 $K_t = K_t^*$，然而实际不能实现资本存量随时调整为最佳存量，资本供给也不可能实现完全弹性。模型还假设固定资产与产出之间存在一个固定比率，要求投资不存在时滞问题，即当期投资，当期见效，要求资产满负荷运转，这也很难满足；另外模型还忽略了资本和劳动之间的替代性。

2. Jorgenson 新古典投资模型

Jorgenson（1963）克服了 Clark 投资加速模型中仅从宏观视角进行分析的缺憾，而更注重企业这个微观经济主体，更多地考虑了现实的因素。他在《资本理论与投资行为》一文中假定，产品和要素市场完全竞争，承认劳动与资本之间存在可替代性，并将生产函数引入到投资理论中，借助于连续时间的动态最优模型来刻画企业投资行为，利用生产函数的现值最大化来确定投资水平。Jorgenson 认为，在新古典生产函数约束下，最优投资是最大化未来预期收益的贴现与成本、劳动力投入支出之差。Jorgenson 新古典投资模型假设：企业资本存量调整到最优资本存量的速度不影响资本的价格；市场完全竞争；变量实际值与期望值之间没有不确定性，两者始终相等；生产函数具有一般新古典生产函数的性质。

在这些假设下，公司的投资行为可表述为：

$$Q = F(L, K), \quad \frac{\partial Q}{\partial K} > 0 \quad \frac{\partial Q}{\partial L} > 0 \tag{3.3}$$

式中：Q 表示产出水平；K 表示资本投入；L 表示劳动投入。

该公式表示一定时期内，企业产出是投入劳动与资本的生产函数结果。

$$K_{t+1} = K_t + I_t - \delta K_t = (1-\delta)K_t + I_t \tag{3.4}$$

式中：K_{t+1} 表示 $t+1$ 期资本投入存量；K_t 表示 t 期投资投入存量；I_t 表示 t 期投资额；δ 表示折旧率。

该公式表示企业必须进行重置投资以弥补资产的折旧。

$$R_t = p_t Q_t - w_t L_t - r_t K_t \tag{3.5}$$

式中：R_t 表示 t 期的利润；p 表示商品销售价格；w 为工资；r 为利率。

该公式表示企业的收益函数。

$$V_t = \int_0^\infty R_t e^{-rt} dt \tag{3.6}$$

式中：V_t 表示 t 期的企业价值；e^{-rt} 为折现函数。

该公式表示企业价值等于未来收益的折现。

将式（3.5）代入式（3.6）求最大值：

$$\max V = \int_0^\infty R_t e^{-rt} dt = \int_0^\infty [p_t Q_t - w_t L_t - r_t K_t] e^{-rt} dt \tag{3.7}$$

$$\text{s.t. } Q = F(L, K) \tag{3.8}$$

$$K_{t+1} = (1-\delta)K_t + I_t \tag{3.9}$$

拉格朗日函数求导最优解。

$$\frac{\partial Q_t}{\partial K_t} = \frac{r}{p} \tag{3.10}$$

$$\frac{\partial Q_t}{\partial L_t} = \frac{w}{p} \tag{3.11}$$

式（3.11）实际上是厂商的劳动需求函数，即各期劳动的边际产出等于当期的实际工资。

假设 q_t 为资本品价格，$\dot{q}_t$ 为价格变化率，则公司 t 期资本存量的成本为：

$$C_t = r_t q_t + \delta q_t - \dot{q}_t \tag{3.12}$$

C 被定义为影子价格或被称为单位时间单位资本的隐含租金（Implicit

Rental），也称为资金的使用成本，且必须等于 r，上述公式可变更为：

$$\frac{\partial Q_t}{\partial K_t} = \frac{C}{p} \tag{3.13}$$

$$\frac{\partial Q_t}{\partial L_t} = \frac{w}{p} \tag{3.14}$$

在借用柯布-道格拉斯生产函数：

$$Q = \alpha K^\alpha L^{1-\alpha}, 0 < \alpha < 1 \ (a\text{ 为资本的产出弹性}) \tag{3.15}$$

于是：

$$\frac{\partial Q_t}{\partial K_t} = \alpha \cdot \alpha K_t^{\alpha-1} L_t^{1-\alpha} = \frac{\alpha \cdot Q_t}{K_t} \tag{3.16}$$

在资本存量处于均衡时，资本的边际产出必须等于资本的使用成本与产出价格之比，即：

$$\frac{\partial Q_t}{\partial K_t} = \frac{\alpha \cdot Q_t}{K_t} = \frac{C}{p} \tag{3.17}$$

$$K_t^* = \frac{\alpha \cdot p \cdot Q}{C} = \frac{\alpha Q}{C/p} \tag{3.18}$$

Jorgenson 认为预期产出的增加和资本成本是决定公司投资的主要因素。因此，企业资本最优存量是实际产出、资本使用成本和产出价格的函数。在不存在不确定性情况下，当单位资本边际收益等于资本边际成本时，公司利润最大化。如果公司边际资本收益大于边际成本，说明投资不足；反之，则投资过度。

Jorgenson 投资模型对于环境假设严格，认为公司能随时无成本地调整以适应新的环境，忽略实现资本存量调整存在时间和成本。卢卡斯（Lucas）指出资本存量调整需要支付成本。另外，企业所处的外部环境可能存在跳跃式变化，企业的反应不能瞬时做出且短时间内难以完成调整。

3. Tobin Q 值投资模型

詹姆斯·托宾（Jamas Tobin）于 1969 年提出了全新的厂商投资理论，即著名的 Q 理论。该理论是基于资本市场完全性假设基础之上建立的。托宾认为，企业投资将取决于新增资本市场价值与要素成本（有人也称其为资本的重置成本）之间的比率（通常情况下两者并不一致），也即 Q 值，并以 Q 值大小来判定企业投资。如果 Q 值大于 1，则企业应当扩大投资；如果 Q 值小于 1，则应当减少投资（现在 Q 值更多地用来表示投资机会）。

在长期的动态经济体系中，托宾 Q 值与投资的关系表示为

$$\frac{\Delta K}{K}=\varphi(Q-\bar{Q})+g \tag{3.19}$$

式中：$\frac{\Delta K}{K}$ 为资本增长率，即投资速度；g 为自然增长率，$\bar{Q}$ 为 Q 值平均，$\bar{Q}=1$。

$$\varphi(x)\begin{cases}<0, x<0\\=0, x=0\\>0, x>0\end{cases} \tag{3.20}$$

因此，当 Q 大于 $\bar{Q}$ 时，$\frac{\Delta K}{K}$ 大于 g，说明企业投资速度大于自然增长速度，存在过度投资；当 Q 小于 $\bar{Q}$ 时，$\frac{\Delta K}{K}$ 小于 g，说明企业投资速度小于自然增长速度，存在投资不足；当 Q 等于 $\bar{Q}$ 时，$\frac{\Delta K}{K}$ 等于 g，说明企业投资速度等于自然增长速度，存在投资最优。

4. 模型评述

Clark 投资加速模型认为，投资是产品市场需求的函数，要求投资与宏观市场需求一致。Jorgenson 新古典投资模型不仅关注产品市场，还关注企业内部及其他市场，认为预期产出的增加和资本成本是决定公司投资的主要因素。Tobin Q 值投资模型则认为企业投资取决于企业的投资机会 Q 值。上述模型各有特征，但它们之间存在一个共同点，就是都把企业投资行为完全归结为客观条件决定的结果，公司治理层面与企业投资决策无关。而在实践中，企业投资决策受到公司治理等因素的影响。

3.2.3 信息不对称与企业投资行为

1. 信息不对称理论

信息不对称（Information Asymmetry）指在一个交易中，某些参与人不具备或不完全具备另一些人所拥有的信息，信息拥有和认识上呈现出非对称分布。信息不对称最早是由肯尼思·阿罗（Kenneth J. Arrow, 1963）针对医疗服务市场上的信息不对称所提出的，后来乔治·阿克尔洛夫（George A. Akerlof）对信息不对称做了进一步阐述。1970 年阿克尔洛夫发表了《柠檬市场：质量不确定性与市场机制》一书，在书中他对旧车市场上"柠檬问题"进行了研究。他指出，由于买主与卖主对产品质量信息存在不对称，因此可

能会产生逆向选择，买主为交易提供的任何商品的价格一般都会低于其实质价格，平均价格驱使内涵价值高者离开，产生所谓的"劣币驱除良币"，从而使市场失效，出现"柠檬市场"。基础原理可以表示如下：

如在人力市场上，假设人的才能分为两种类型，且数量各占一半，分别用 H（高才能）和 L（低才能）表示，每类人都知晓自己属于哪一类。如果在人才市场上，应聘与招聘双方信息完全且一致，那么最后招聘方对于人才的评价与应聘者对自身的评价将会是一致的。

但如果存在信息不对称时，招聘方无法分辨哪些是高能力者 H，哪些是低能力者 L，但是他知晓能力高 H 与能力低 L 的人各占一半。因此他的期望便成为：

$$E=50\% \cdot H+50\% \cdot L \tag{3.21}$$

招聘者的期望 E 即他愿意所提供的最高金额，一般会低于高能力人 H 的预期，高能力人 H 会因为招聘方所支付的金额太低而退出市场，相反能力低的人 L 则愿意且积极涌现市场，这种信息不对称可导致市场资源配置功能的丧失。

信息不对称按照发生的时间不同可以分为逆向选择（Adverse Selection）与道德风险（Moral Hazard）。发生在当事人签约之前（Exante）称为逆向选择，而发生在当事人签约之后（Expost）则称为道德风险。逆向选择指代理人知道自己的类型，委托人由于信息不对称不知道代理人的类型，代理人可以采用欺骗等机会主义行为损害委托人利益。这种情况下，市场配置是缺乏效率的，也称为事前的机会主义行为。道德风险指契约签订之后，代理人知道自己的行动，而委托人由于信息不对称而无法观察代理人的行动。在这种情况下，代理人可能采取满足个人利益最大化而有害委托人利益的行为，这称为事后机会主义行为。奥利弗·威廉姆森（Oliver Williamson）将事前的信息不对称与事后的信息不对称合并为一般的信息阻塞范畴，他认为信息阻塞是机会主义（opportunism）的基础（Williamson，1985）。Arrow（1985）还将信息不对称从内容上进一步划分为隐藏行动（Hidden Actions）和隐藏信息（Hidden Information）。隐藏行动指当事人的行动只被自己知道，其他外人不能观察到；隐藏信息是指自己对本人的知识知道得要比其他人多。

信息不对称按照生成因素可分为外生的信息不对称与内生的信息不对称。"外生性"信息不对称是指人类信息接收与处理能力存在有限性，而信息却又具有无限性，两者矛盾所产生的信息不对称。或者可以理解为，客观事物本身所具有的一些属性无法被完全知晓和穷尽，具有一定的客观性。为此，这种认知上的有限性与客观的无限性之间的矛盾导致人们所拥有的信息呈现出不对称性与不完全性;"内生性"信息不对称由于信息搜寻需要付出一定成本,完全信息的搜集不现实且不经济导致的信息不对称。人们的机会主义倾向导致信息拥有者对信息的垄断,造成无法监督或者监督成本过高,有时虽然信息可以获取,但获取信息的成本相比于获得那部分信息所产生的收益呈现出不经济,使获取信息的欲望下降。另外,有时信息不对称还可能是由于信息传输的技术手段欠缺或根本无法获取和测量而引起,如经理人工作内容和目标,有时不可以程序化,不易测度。

2. 信息不对称与投资行为

在 MM 理想环境下,投资可以实现最优投资,即投资的均衡点为投资的边际成本正好等于投资的边际收入,用数学推理可表示如下:

假设一家企业在 T_1 时的投资为 I,则它在 T_2 时会产生 $f(I)$ 的投资收益,f 函数是一个凹的递增函数,其中,I 投资所需资金有 w 是来自企业内部融资,而另外 e 需要企业进行外部融资,即 $I=w+e$。在最优理念下,企业的最大化投资行为可表示为:

$$\max f(I)/(1+r) - I \tag{3.22}$$

一阶最优化求导:

$$\frac{\partial f(I)}{\partial I} \times \frac{1}{(1+r)} - 1 = 0 \tag{3.23}$$

$$\frac{\partial f(I)}{\partial I} = (1+r) \tag{3.24}$$

式中:r 为风险调整后的折现率。

在这种情况下,只要资本的边际产出等于边际投入资本成本,也即只要投资边际收益能够达到 $1+r$ 即可投资。

然而,现实存在摩擦,特别是信息不对称的存在,使得投资不能实现 MM 最优。Myers(1977)假设外部资金供给者与企业经营者之间存在信息不对称,经营者拥有企业现有资产和投资机会的信息优势,以及假设企业经营者与股东利益一致。在这些假设基础上,他发现信息不对称的存在使外部资金供给者要求更高的资本溢价,或者项目没有被外部人士得到同等的认可,致使外源融资成本显著高于内源融资成本,过高的外部融资成本形成融资约束致使企业被迫放弃一些原本很好的投资项目,从而产生投资不足。因为 Myers 等假设管理层站在股东角度,所以管理层认为很好的项目,很少会发行股票来融资,会选择利用债权进行融资。当公司以债务方式获得投资所需的资金时,债权人无法对企业进行全面的监督与了解,担心企业可能发生资产替代或欺骗行为，债权人合理预期到自己在企业投资项目上处于信息不利地位时，则会要求更高的利息，从而导致外部融资成本增加。[①]受制于高成本的外部融资，再加上企业内部资金有限，迫使企业不得不放弃部分净现值为正的项目，从而出现投资不足的现象。按照前述信息不对称的分类，这类信息不对称与投资不足之间的关系其实质是由于信息不对称而引起的逆向选择问题。

一般地讲，由于资本市场存在"柠檬"现象，资本市场供求双方信息不对称造成资金提供者无法正确辨别企业质量，只能按照平均质量定价，并按由此确定的价格签订融资契约，因此便会出现类似于"劣币驱逐良币的逆向选择问题"。对于质量较好的企业来说，融资逆向选择导致外部融资成本过高，造成融资不经济，产生投资不足的问题。[②]

这种现象用数学公式可表示如下：

$\theta C(e)$ 表示外部融资摩擦所产生的成本，其中 C 是增凸函数，θ 是度量外部融资摩擦程度的变量。这时最优投资可表示为：

$$\max f(I)/(1+r) - I - \theta C(e) \quad (3.25)$$

$$\frac{\partial f(I)}{\partial I} \times \frac{1}{(1+r)} - 1 - \frac{\partial(\theta C(e))}{\partial I} = 0 \quad (3.26)$$

$$\frac{\partial f(I)}{\partial I} = (1 + \frac{\partial(\theta C(e))}{\partial I}) \times (1+r) \quad (3.27)$$

这时要求投资边际收益必须达到 $(1+\frac{\partial(\theta C(e))}{\partial I}) \times (1+r)$，而不是 $1+r$，才能投资。由此可见，I 一般都会小于最优规模，即会出现投资不足现象。

3.2.4 委托代理与企业投资行为

1. 委托代理理论

20 世纪 60 年代末至 70 年代初，当时的经济学家不满企业的"黑箱"假

[①] 所谓资产替代，股东获得债权融资后可能会从事一些伤害债权人利益的投资行为，特别是从事一些高风险的项目（可以多写一点）。资产替代指企业用高风险的投资项目取代低风险的投资项目，导致股票的价值上升而债券的价值降低的投资行为（Smith and Whmer, 1979）。而信息不对称导致的道德风险则主要体现了现有股东和债权人的利益冲突。由于在投资项目中各自有着不同的收益和成本函数，相对于投资成功获得的收益，债权人有更大的概率去承担投资失败的风险，因此股东有着强烈的动机实施高风险的项目，以牺牲债权人利益的代价获取更高的收益，理性的债权人对此已有预期，会要求更高的利率来保证自己的利益，造成公司的债务融资成本的上升并高于内部融资成本。

[②] 这里指企业内部资金不充裕，而形成融资约束情况，企业资金充裕就不会涉及外部融资问题，更不会直接受到资本市场"柠檬"问题的影响。

设，开始深入研究企业内部，发现了企业信息不对称和激励问题，也因此形成了现在的"委托代理理论"（Principal-agency Theory）。

委托代理产生的直接根源是两权分离与专业化分工。专业化分工与协作的扩大，企业规模膨胀与企业层级的增多，生产资料所有者管理能力的欠缺日益显现，所有者需要借助于其他专业人员来弥补自身能力的不足和实现"分工效果"，这就要求所有者必须授权经营者来代理管理企业。[①]这种所有权与经营权的逐步分离与权利的委托代理使得企业产生了委托代理关系。应该说，所有权与经营权两权分离是公司制发展的结果，也是金钱资本和人力资本专业化分工的结果。

虽然所有权和经营权两权分离促进了现代公司的蓬勃发展，但同时也加剧了公司内部代理人与外部股东之间的信息不对称，导致委托代理问题的出现（Berle and Means，1932；Fama and Jensen，1983）。产生委托代理问题的基本原因是信息不对称下的道德风险。信息不对称加上监督成本高，企业所有者无法观察内部代理人的行为，滋生了内部管理人机会主义行为的空间，因此产生了委托与代理问题。

委托代理问题产生的直接原因是由于所有者与经营者目标函数的不一致，在追求各自自身效用最大化的过程中存在着利益冲突。由于企业家既追求货币报酬又追求非货币报酬（如个人声誉和在职消费），而投资者只追求货币报酬，所以双方的利益目标存在潜在的冲突。除了双方利益函数不一致外，代理问题的产生还源于经营者不能获得企业剩余收益。Berle 和 Means（1932）指出，只要当经理层不是拥有企业剩余索取权的全部，管理层就有可能为了自身的收益而做出损害股东利益的行为。Jensen 和 Meckling（1976）指出，由于股东承担的是有限责任，却获得了全部的剩余收益索取权，经理人拥有公司的控制权，但不能享有剩余索取权。管理层的努力成果由股东和管理层共享，而成本却由管理层来独自承担，因此管理层经常选择有利于自己而不是股东的行为来提高自身福利。如管理者增加在职消费和偷懒，可获得全部收益，却只承担部分成本。

用契约理论来解释，代理人与委托人之间的代理问题是因为两者间契约的不完全性，加上完全契约的执行存在高额交易成本，因此滋生了代理人机会主义空间。Jensen 和 Meckling（1986）指出，所谓"委托代理关系"其实就是一种契约关系，在这种契约下，一个人或更多人（即委托人）聘用另一

[①] 所谓分工效果指具有不同天赋或技能的两个或者两个以上的经济主体通过分工而获得超额效用（或福利）。

个人(即代理人)来提供某些服务,包括把若干决策权托付给代理人。由于存在有限性、交易费用、非对称信息以及语言使用的模糊性,因此契约呈现出不完全性,即契约不可能详细和穷尽地表明与契约行为所有有关的情况,特别是未来不可预测的情况,总会留有未被指派的权利和未被列明的事项。契约的不完全性产生了剩余控制权,也给管理层机会主义空间产生了机会。Stiglitz(1980)指出,如果信息不对称,但是信息获取无成本,即使代理人与委托人的目标函数不一致,也可以通过签约一个完全契约来解决代理问题。在新古典经济下,契约是完备的,且不存在交易费用,因此也不存在激励与约束问题。而在现实中,由于信息不对称且信息获取存在成本,导致了契约不完全。另外,契约的执行监督也存在成本,如果信息不对称所导致的预期损失很小时,行为人不会花费较大精力去收集信息;如果信息不对称所导致的预期损失达到行为人不能承受的临界程度时,此时如果信息收集带来的成本大于预期损失,行为人还可能放弃信息收集。这些不努力或者妥协为代理人机会主义空间提供了滋生的条件。

2. 委托代理与投资行为

管理者掌握着企业重要的投资决策权,对企业的经营发展具有决定性的作用(Coase,1937)。在信息不对称情况下,管理层具有自利行为的动机,特别是通过过度投资来增加自身福利水平。

沿袭前述信息不对称部分的数理推导,本部分用数学公式表示如下①:

$$\max(1+\gamma)f(I)/(1+r)-I \tag{3.28}$$

$$\frac{\partial f(I)}{\partial I}=\frac{(1+r)}{1+\gamma} \tag{3.29}$$

γ 指委托代理冲突程度,$\gamma f(I)$ 用于来衡量管理层进行过度投资所能获得的私利水平。这种情况下,只要投资边际收益达到 $(1+r)/(1+\gamma)$,即可进行投资,投资规模 I 一般都会大于最优规模。

管理层投资过度的具体形式如下:

(1)帝国建造与投资过度。

由于管理者的在职利益与企业规模成正比,即管理者的收益是企业规模的增函数,企业规模越大,管理者晋升的机会就越多,因此企业管理层通常具有扩张企业投资规模进行过度投资建立"商业帝国"(Empire Building)的动机(Williamson,1964;Grossman and Hart,1995;Renneboog and Trojanowski,

---

① 此处由于简化,所以暂不考虑由于信息不对称而造成的融资约束问题,以及 γ 可能是 I 的增函数情况。

2005）。为了扩张规模，公司管理层会利用一切可能的资金进行投资，甚至采纳一些非盈利的项目，造成投资的低效率。另外，管理层还具有控制资源的欲望，因为掌握更多的资源更容易进行在职消费。Murphy（1985）指出，管理者有使企业发展超出理想规模的内在激励，通过不断地投资新项目，经理能拥有更多可以控制的资源。

（2）自由现金流量与过度投资。

Jensen（1986）在《自由现金流量的代理成本、公司财务与收购》一文中提出，自由现金流充裕的公司更容易发生投资过度行为，即"自由现金流理论"。他把自由现金流量界定为超过所有正 NPV 项目所需资金后的剩余资金。所谓"自由"即管理层可以将这部分剩余现金以股利的形式分派给所有者，也可以以利息的形式支付给债权人。由于发放股利会减少管理层控制的资源，而管理层通常又有扩张规模的动机，因此他们会倾向于将企业前期投资项目所产生的现金流量投资于新项目上，甚至一些 NPV 为负的项目，以获取"非货币收益的欲望"。因此自由现金越多的企业，越易发生投资过度行为。

（3）管理层壕沟防御与过度投资。

Shleifer 和 Vishny（1989）研究发现，公司管理层偏睐于投资自身比较熟悉而其他职业经理人不熟悉的领域，形成专用性资产投资。所谓专用性资产就是某种资产职能与某项用途结合在一起的时候，该项资产才具有价值。这种专用性资产投资并不一定能够为公司股东创造很高的价值，但这类投资决策却能够使企业增加对管理层个人专业能力的依赖度，对于以后替换管理层会产生很高的代价或成本。管理层从这类专用性资产投资中可以获得对自身的保护，这种现象称为"壕沟效应（Entrenchment）"。这类投资通常表现为企业业务的多元化，因为这一方面满足增加自身人力资本价值，另一方面也满足帝国建造的欲望。Denis 和 Sarin（1997）发现，管理层会因为出于薪酬和职业安全考虑，偏爱进行多元化投资，通常利用公司业务多元化来实现其最佳经营能力的匹配，从而增加其专用性人力资本，增强与董事会进行谈判的能力。Scharfstein 和 Stein（2000）还发现，多元化投资使管理层能掌握和转移更多的资源，增加他们可供利用的"寻租"机会。

（4）过度自信与投资过度。

过度自信源自认知心理学。管理层过度自信是指企业管理层不可能完全知晓投资的风险，通常他们会过度自信，高估自己的能力和实力，或者评价能力通常要高于其实际能力，高估投资回报，对投资项目过度乐观，从而由过度自信引发过度投资（Malmendier 和 Tate，2005）。当经理对于项目评估过度乐观时，即使项目的 NPV 可能为负，也可能去进行投资。过度自信相对不受一些明显防范措施的影响,因为他们认为自己代表股东利益行事,尽管从外部人的角度,经理人的行为可能损害股东利益。Malmendier(2005)借助于 Richardson 模型,发现管理者过度乐观会让公司投资行为产生扭曲,过于乐观的经理会高估预期投资收益,会产生过度投资。马润平(2009)从行为金融学视角出发,研究我国上市公司管理者过度自信对公司过度投资行为影响时发现,我国上市公司的管理者过度自信与公司过度投资行为之间存在显著正相关关系。

3.3 会计准则对企业投资行为的影响路径与机理

会计制度是会计行为的起点与指引,会计行为是会计制度的实践表现,会计是会计制度对企业投资行为影响的中间媒介,因此要探讨会计制度对投资行为的影响,除了分析会计准则的制度属性外,还需要了解会计准则的会计属性,了解会计产生影响的基础,发现会计影响的动力源;了解会计影响的范畴及产生影响的路径机理,并结合投资行为特征发现会计准则对企业投资行为的影响机理。

3.3.1 会计的内涵本质研究:产生影响的根源[①]

会计对企业投资行为的影响既可以通过会计对组织作用引起,也可以通过会计作用于其他对象后再作用于组织而引起,然而无论是何种途径,都离不开最根本的会计本质与职能,它是作用力产生的源泉与基础。Hopwood(1976)指出:"尽管我们技术欣赏能力在不断提高,但是我们仍然对会计性质本身系统性的理解存在缺乏之处,而这个理解对于满足现实需求和在不确定性环境中引导会计实践是非常必要的"。[②]

1. 会计是一种语言,是一种非中性语言

会计是一种语言,是一种记录与交流的语言。组织每天均发生着大量业务与事件,各业务与事件性质不尽相同,简单的数字累计,既缺乏实务意义,又缺乏经济含义,因此需要借助于一定规则进行编译与整理,使之具备经济意义。会计正是遵循一定的规则标准通过货币化度量以数据形式对经济业务

[①] 顾水彬,张先治:《会计、组织与社会:从微观到宏观的影响传导研究》,2012 中国财务学年会会议论文(第一分会场报告)。

[②] Accounting Organizations and Society,1976 年第一卷 4 期主编语。

与事件进行描述与刻画,将无形而又复杂的经济业务有序梳理与可视化呈现,实现抽象刻画、系统整理与具体呈现。从组织层面看,会计按照一定的制度标准将经济业务通过数字和图表等形式描述出来,实现将抽象而无形的企业经营具体而形象地呈现。从社会层面看,会计可以将虚拟不可见的宏观经济体,以数字形式表述与形象勾勒。

会计的语言特征依赖于它的语言基础。会计语言的基础,即会计描述遵循的规则,对于会计语言质量的高低以及语言描述结果的准确度具有重要影响。会计语言基础包括技术基础和性质属性。所谓技术基础就是会计语言能否准确、科学地去实现表述某一业务或事件,它决定了会计质量的高低。所谓性质属性就是会计语言背后的利益结构。当会计采用不同的刻画标准时,对于同一事物最后表达的内容与实质可能大相径庭,最终影响相关利益者的利益。会计语言规则的制定主体决定着会计语言的特征、质量与方向,供给主体背后的经济利益又隐含着会计语言的非中性。供给主体在会计规则设计时会选择对自身利益有利的规则形式,而这种规则形式对于其他经济利益体可能是不利的。

2. 会计是一个信息系统,是一个社会大信息系统

会计是一个经济信息系统,它立足于企业,面向证券市场,成为资本交易的媒介(葛家澍,2008)。会计作为对企业价值运动的客观表述,它借助于货币计量方式,通过确认、记录、计量与报告等会计环节,将组织发生的业务与事件,进行整理与加工,生成会计信息,为信息需求主体提供信息服务。会计之所以成为信息系统,表现为它不仅仅能进行多种信息的加工与整理,还能为多领域主体提供不同内容重心的信息服务,它是一个信息加工与提供系统。虽然会计信息是由组织内部产生,但是在服务边界上,它不局限于对组织内管理的支持,还表现在对组织外决策的支持。会计作为一个信息系统,实现了单主体信息供应多主体信息共享的规模经济,减少了主体间为交易而获取信息的交易成本。

虽然组织是会计信息的主要生产者与提供者,但随着会计信息在组织内、组织间的应用与衍生使用,会计信息的影响边界已经超越了个别组织抑或行业的边界而成为一种准公共产品,实现在整个市场范围内产生影响和协调社会资源的配置,会计信息系统也因此逐渐演变成社会的大信息系统。特别是资本市场的发展和会计制度的国际趋同扩大了会计信息的流动与使用领域,推动着组织信息系统演变成社会的大信息系统。

3. 会计是一种治理手段,是一种具有经济后果的治理手段

会计的治理作用体现在它的监督与控制职能上,具体表现为会计本身所具有的治理作用和由信息功能所衍生出来的治理作用。虽然两者功能基础不

尽一致,但是两者的前提是一致的,即都依赖于人的经济理性和资源稀缺性。资源稀缺激发争夺与竞争,经济理性产生最大化利益的追逐。

会计本身的治理作用体现在会计确认与计量对损益影响与经济理性综合的结果。由于理性经济人遵循的基本原则是成本与收益原则,会计损益的确认规则影响经济人的利益分布,理性的逐利本能驱使理性经济人的行为受到会计行为经济后果的影响。当会计确认与计量对组织而言存在外部性时,理性经济人的行为就会受到会计的引导(正外部性产生负激励,负外部性产生正激励)。①会计的治理作用还可以借助于产权理论进行分析。龚光明(2012)指出,会计具有界定产权和保护产权的功能。产权是一个权利束,它的特征在于排他性,它具有减少不确定性、内部化外部性、提供激励与约束、优化资源配置等功能。会计确认与计量等界定了业务处理的产权归属,界定了可以计入资产、负债、损益等的权利,且具有排他性,会计从其实质上看正是一项权利分配行为,因此它也具有产权的激励作用。

会计信息的治理作用源于会计信息在公司治理中的作用。会计产生于受托责任,由于两权分离与多级代理的存在,相关利益者需要借助于会计了解经济体(包括微观组织与宏观社会)的运作状况,做好控制与监督,实现治理。会计对经济体的反映有助于决策主体了解经济体的实际运行状况,及时制定改善措施,进行纠正与弥补。在存在多级代理的经济体中,会计增加了经济体的透明度,增强了经济体内部的信息沟通,减少了多级代理间的信息不对称,对监督与约束代理人的行为起到治理作用。另外,会计信息在计划制订、执行与评估等战略执行环节中都具有重要的控制与监督作用。

3.3.2 会计的影响范畴研究:产生影响的路径

信息是交易的基础,是组织内部交易与外部市场交易的基础,会计信息的质量决定交易的效率;会计存在治理职能,会计在组织层面的治理作用会推演至宏观社会层面。因此,会计的影响范畴可以包括组织与社会层面,会

---

① 外部性又称为溢出效应、外部影响或外差效应,是经济学的专业术语。经济外部性是经济主体(包括厂商或个人)的经济活动对他人和社会造成的非市场化的影响。即社会成员(包括组织和个人)从事经济活动时其成本与后果不完全由该行为人承担,分为正外部性(Positive Externality)和负外部性(Negative Externality)。正外部性是某个经济行为个体的活动使他人或社会受益,而受益者无须花费代价;负外部性是某个经济行为个体的活动使他人或社会受损,而造成外部不经济的人却没有为此承担成本。会计视角的外部性,即会计制度规定某业务应确认为收益,而不确认成本,理性经济人则会产生激励;相反会计规则某业务只确认为费用,不确认收益时,理性经济人会产生负激励,理性经济人则会尽量避免此类业务的发生。

计影响的途径可以由信息本质与治理功能两个视角去发现。

1. 基于信息效应的影响传导：信息、组织与市场

现代经济学已经证实信息是现代经济的核心概念，信息不对称是制约经济运行方式和经济效益的基本问题，信息透明度影响资源配置效率（林钟高，吴利娟，2004；孙岩，杨丹，2012）。新古典经济学强调信息是完全性与无成本性，社会资源帕累托最优配置仅依赖于价格与市场。而制度经济学指出，信息获取存在交易费用，价格与市场功能的发挥依赖于信息。信息是交易的基础，是价格机制与市场运作的保证。会计是信息系统，会计信息是组织内部管理交易和市场交易的基础，会计信息的质量水平决定着组织和市场交易的效率。

企业组织是实物流、资金流与信息流的集合，企业内部的信息流是企业治理与管理的条件和基础。组织的管理效率和经济产出受到会计信息的影响，会计信息是组织内部交易的基础。组织内存在两种体制：一种是命令体制，由组织内层级形成；另一种是激励体制，由组织内的市场机制形成。但无论是哪种机制的执行，都需要会计信息的支持。从交易费用视角看，信息是组织内交易的基础，高质量的会计信息有助于减少各项管理交易的费用，提高管理的效率。如高质量的会计信息有助于减少多级代理间的信息不对称，实现组织内部的有效监督与控制，约束机会主义行为，有助于支持管理中计划、组织、指挥、协调、控制职能的有效实现。从契约经济学看，组织是契约的集合，而会计信息又是契约制定与契约执行的基础。会计信息质量决定着契约制定的有效性及契约所指行为的有效性，最终影响着组织的绩效。概言之，会计信息是组织治理、管理与运营的基础，决定着交易活动的成本，对活动的效率与效果具有重要影响。

此外，会计信息不仅仅是组织内部交易的基础，也是组织外部交易的基础。当组织成为一种交易对象时（证券市场上的上市公司就可视为一种交易商品），组织的会计信息就成为组织这个商品定价的基础，外部相关决策者依赖会计信息对组织进行评价与交易决策。组织会计信息有助于降低组织间各方交易主体的信息不对称，减少交易的不确定性，提高合作的信心，降低交易的成本，促进交易的完成，活跃市场与发展经济，改善市场资源配置的效率，降低社会资源的损耗（搜寻信息上的资源浪费与合作损失上的资源浪费），提高组织与整个社会的福利水平。另外，会计信息还可以通过减少交易成本扩大市场交易的边界。世界各国争相实现本国会计准则的国际趋同便是一个很好的例证。这些国家趋同的目的旨在通过统一制度来减少不同国家间会计信息的转换成本，降低外国交易者在本国市场交易的成本，活跃本国市场，扩大交易的边界。

当然除了组织会计信息对市场交易直接支持之外,组织会计信息对宏观社会的决策支持也具有重要作用。从组织与社会的关系看,组织是社会的一个元素,经济的一个细胞,组织和社会是元素与集合的关系。组织的会计信息有助于社会总体信息的生成,实现对整个社会经济体的描绘。决策者可能认为他们在观察经济,其实他们观察的正是会计数据,宏观社会治理者正是利用这些数据去了解社会和治理社会。[①]Suzuki(2003)通过质疑英国宏观经济在1940年以后的发展速度,发现国家账户将抽象的国家经济具体呈现在决策者面前,科学支撑决策,为英国宏观经济的迅速发展起了重要影响。另外,Suzuki(2007)研究日本第二次世界大战后经济复苏时,也发现了类似的结论,认为会计数据科学引导日本政府的政策制定,在日本经济复苏中起着重要的推动作用。

综合可见,会计通过信息效率对组织内部管理和宏观市场交易均起着重要作用。会计通过信息对组织和社会产生影响的原理如图3.4所示。

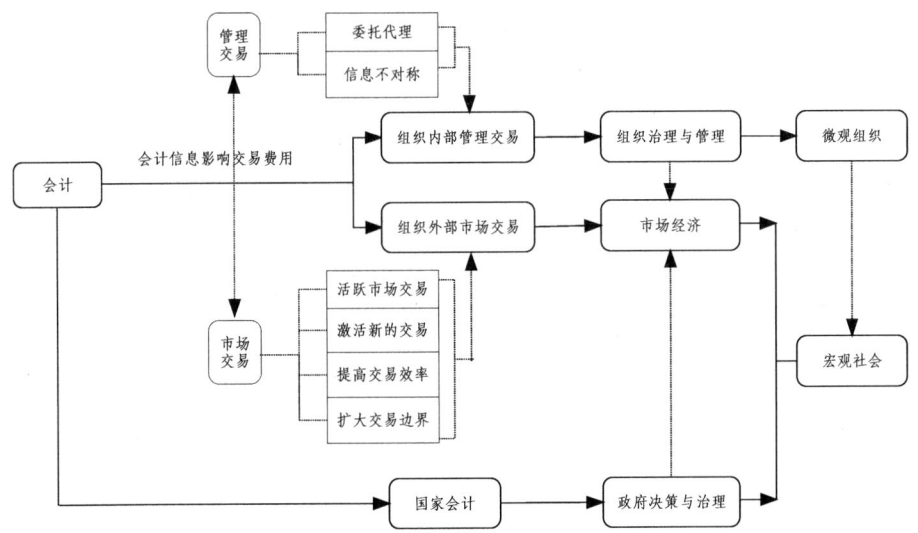

图 3.4 会计、组织与市场影响机理

注:本图中的交易是按照康芒斯对交易的分类:买卖交易、管理交易和配额交易。

2. 基于治理效应的影响传导:制度、组织与社会

付磊(2012)指出,治理功能是会计的本质功能,会计在公司治理中具有基础性信息和基础性制度的功能,在维护公司运行、提高公司治理效率、

---

① 早在20世纪中叶就有学者探讨国家会计与公司会计的对接问题。如英国国家账户重要贡献者 Stone 和 Bray,他们认为国家会计应该与公司会计接轨。Bray 曾不断尝试设计与国家会计对接的公司会计账户,试图要求公司会计向国家会计服务靠拢(Suzuki, 2003)。

提升公司价值等方面具有重要作用。组织的所有者和组织的管理者都是经济理性人，都受到会计损益的影响，会计通过影响理性行为人的决策成本与收益实现对行为的约束和引导，形成对组织的治理。另外，组织内部各项制度的基础都直接或间接基于会计，制度的制定与制度的执行监督都源于会计。会计准则的非中性决定着组织内利益结构与治理导向受到准则的影响，企业与社会的资源配置行为和最终的配置效果也同样受到影响。谁拥有会计的制定权，实际上就拥有一种资源再配置权力。当会计制度发生调整时，企业内部的利益结构或激励结构也会发生相应调整，这些调整将会引导理性经济人沿着新制度重新进行利益的追逐与"租金"的寻找，这也形成了会计的组织治理效应。

经济学理论指出，宏观社会总量是微观行为的一个推演与累积。当会计对组织所产生的引导在组织间产生一致性时，则整个宏观总量上便会显现出显著的定向痕迹或趋势，会计在组织层面的治理可以实现宏观社会的治理。如研发费用化影响企业当期损益，会抑制企业研发行为。当会计将研发调整为资本化后，这种研发抑制将会得到释放，在宏观总量上也会呈现出研发总量增加和产业结构升级转型等特征。又如新会计准则对存货借款费用资本化的新处理，减轻了当期借款费用对利润影响的负担，一定上激励了大型器械制造产业的投资与生产积极性，刺激了这些行业的增长。还有，新会计准则中对于环境成本的会计处理，必然对一些具有污染的行业的发展和社会整体环境的改善产生影响。正如 Suzuki（2003）所指出的，会计正成为一种经济模式影响着微观经济实体，政府、地区甚至国家。

当然，会计的治理效应不仅显性表现在直观的经济利益引导上，还可能表现为隐性的理念与心智的引导上。会计可以通过组织与社会来传播经济理念和经济管理方式，这个传导机理可以利用制度经济学原理进行解释。制度经济学将制度划分为正式制度与非正式制度。正式制度指具有明确外在形式的制度，一般是具有强制规范性与执行性，如宪法、法令和产权等；而非正式制度则不具有明确的外在形式，不具有强制性，而且一般是人们认可或者默认的，如道德约束、禁忌、习惯、传统和行为规则。正式制度随着一段时间的制度执行与行为的反复得到强化，慢慢渗入行为人的理念与习惯，逐渐演变成为非正式制度。会计制度属于制度范畴，组织内部管理与外部市场决策均需要参照会计制度，会计制度的理念随着反复执行慢慢渗透至人的理念与企业组织文化中，影响着人的心智与行为。如基于历史成本计量的损益表观，更多地引导经济利益体关注损益，关注成本，抓销售和控制成本成为该模式下的主要矛盾。而基于公允价值计量的资产负债表观，损益的计量以价值为中心，必然会引导人们关注价值和重视价值的创造。这种渗透会存在于应用会计的组织、依赖会计决策的资本市场,甚至宏观社会。

综合可见,会计对组织与社会具有治理效应。会计的治理效应既可通过显性途径作用,还可以通过隐性途径影响。作用原理如图 3.5 所示。

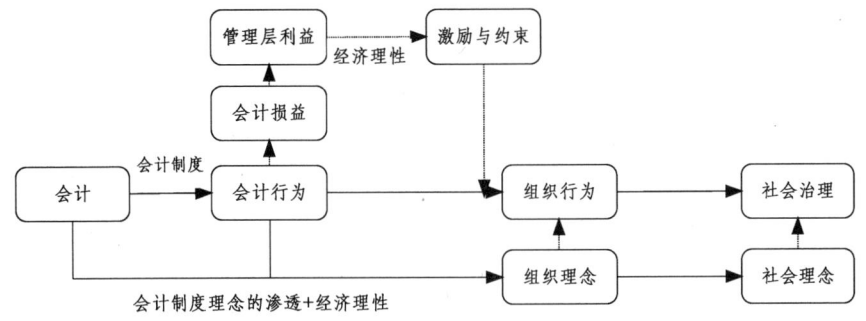

图 3.5 制度、组织与社会影响机理

3.3.3 会计准则对企业投资行为的影响机理

按照制度与行为之间的基本作用机理分析,结合信息不对称与委托代理等影响投资行为的因素解析,再综合会计本质与影响范畴的基础理论,可以形成会计准则、会计信息与投资行为,会计准则、激励结构与投资行为两条主要影响路径。

1. 会计准则、会计信息与投资行为

会计准则是会计工作的基础与指引,是会计语言功能的指引手册,会计准则内容的科学性、准确性与完整性将直接影响会计信息的质量。而会计信息又是组织和社会各项交易的基础,会计信息的质量对组织与社会各项交易的效率具有重要影响,因此,会计准则对投资行为的影响可以从会计信息与投资交易视角研究。

(1) 会计信息、决策支持与投资行为。

企业的各项决策依赖于信息,充分而有效的信息有助于减少决策的不确定性。会计信息在企业决策中占据重要地位,它是企业各项决策的基础。会计的决策支持功能可以直观地从会计的一个分支——管理会计的职能上予以体现。管理会计不同于财务会计(向外部相关利益者提供信息),它主要给管理者提供企业内部信息,以帮助决策。管理者的各项决策建立在对公司现状的了解和对公司未来的预期基础之上,而会计信息一方面帮助管理层可视化公司的环境;另一方面针对特定的项目提供针对性的支持信息,帮助管理者鉴别投资项目的好坏与优劣,协助项目的实施安排(预算)。另外,管理会计信息像财务会计信息一样是一种企业内部管理与交流的语言，是帮助企业内部沟通的工具与途径。管理会计信息包括的信息比较广，可以帮助管理者提供来自其他专家、市场信息及行业信息，提供通过直接观察和非正式报告等形成的信息（Hall，2010）。综合可见，会计信息是企业管理的基础，科学而准确的会计信息能够将企业清晰而准确地呈现在管理层面前，增加企业决策的准确性与科学性。

另外，企业投资决策作为企业管理决策的一个重要组成部分，它需要建立在一定的信息分析与评价基础之上，特别是会计数据的分析与评价。会计信息在减少投资决策的不确定性和协助做出合理的投资预计规划，投资决策的信息交流与沟通，以及最终的投资决定等方面都具有重要影响，但这种决策支持的有效性依赖于会计信息质量的水平。会计作为一种语言，它对企业决策支持效果体现在它的技术基础上。会计语言的技术基础决定着它能否对业务或事项进行表达，以及表达的准确性与科学性，这最终决定了会计信息质量中内容质量维度的高低。只有当会计内容质量高时，才能实现有效支持企业各项管理决策，相反当会计内容质量低或者甚至扭曲时则会导致管理层决策失误。因此，会计信息质量对于投资决策的效率具有重要影响。另外，企业投资决策时采用的各种评价分析手段主要依赖会计指标与相关会计数据。具体影响机理如图3.6所示。

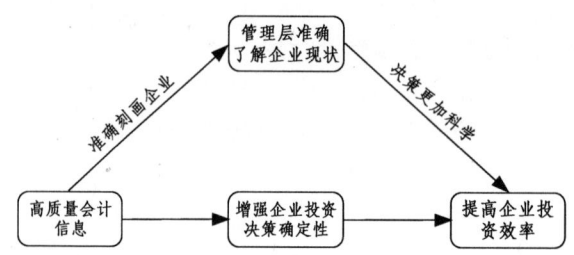

图 3.6　会计信息、决策支持与投资行为影响机理

（2）会计信息、逆向选择与投资不足。

Myers等人提出，企业信息不对称会引起外部资金提供者的逆向选择，导致企业外部融资成本过高，产生投资不足现象。而解决问题的关键在于减轻企业内外部信息不对称的程度，让外部资金提供者清楚了解企业状况与企业投资实情，便于他们做出正确的估价，减轻逆向选择问题。

信息经济学指出解决信息不对称有两条途径：信号发送（Signing）和信息甄别（Screening）。信息发送是指拥有私人信息的代理人通过采取某种可以被观察到的行动（即发送信号）主动向委托人显示自己的真实信息，主动解决市场的质量混同问题。信号甄别是指市场上信息劣势的一方（委托方），设计某种方案（激励机制）来诱使具有信息优势的一方（代理方）提供私人真实信息。虽然信号发送和信息甄别都具有解决信息不对称的功能，但信息发送则是主动降低"逆向选择"的方式。

会计作为信息系统，它所独具的语言功能能够对经济业务和行为进行刻画，以数据形式进行恰当的反映，能将抽象的业务或事件转化成具体的数据信息，然后向相关利益者披露，它能够实现私人信息的信号发送功能。然而，会计的信号发送功能是有前提的，它要求信息是高质量的，即真实、准确与全面的。具体表现为：会计信息质量的信息维度与内容维度的高质量，信息维度要求会计信息能够客观公正地反映企业的真实状况，内容维度要求会计信息能够全面准确地反映企业状况。

概言之，高质量会计信息能够实现信号发送，具有降低信息不对称与改善企业融资环境的作用，能够减轻由信息不对称所引起逆向选择程度，对缓解融资约束引起的投资不足具有重要作用。相反，低质量会计信息不仅不能消除市场的混同效应与减轻逆向选择所引起的投资不足问题，反而可能产生误导与恶化市场配置功能。具体影响机理如图 3.7 所示。

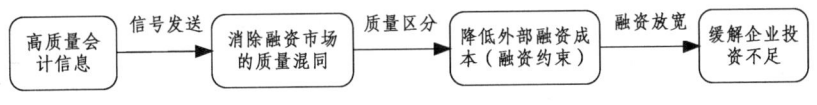

图 3.7 信息质量、逆向选择与投资行为影响机理

（3）会计信息、道德风险与投资过度。

委托代理产生于信息不对称下的管理层道德风险，在一个缺乏有效监督和激励不足的公司中，受托人为增加自身的福利水平会产生"帝国建造""资源控制""专用资本投资"等投资过度行为。新制度经济学家认为解决委托代理问题的途径有两条：激励和约束（Incentive and Restraint Mechanism）。所谓激励就是设计一个使代理人和委托人分享剩余的激励性报酬契约，以使代理人和委托人目标函数一致。所谓约束实质是借助于各种内外部机制来监督与约束代理人行为。通常，股东为减少代理人的机会主义行为都会借助于一定的机制来进行牵制，这个权力制衡机制就是公司治理机制。李维安（2001）认为，狭义的公司治理指所有者（主要是股东）对经营者的一种监督与制衡机制。广义的公司治理则是通过一套包括正式或非正式的内部或外部的制度或机制来协调公司与所有利益相关者（股东、债权人、供应者、雇员、政府、社区）之间的利益关系。这种制衡机制在实践中通常表现为：股东与代理人签订激励契约，监督契约执行和评估契约执行结果，及时评估对管理层施加压力。

Holthausen 和 Watts（2001）认为，相对于会计信息实际效果而言，基于契约角度的研究可以为 IFRS 的执行后果提供更为直接、更为重要的证据。契约理论指出，无论是管理层契约的签订还是契约后期执行的监督都依赖会计，它们需要借助于会计指标订立契约，借助于会计信息进行契约监督与控制。真实、完整、及时、有效的会计信息是治理机制发挥的基础。当会计信息不完备时，股东无法及时对内部管理层实施治理。另外，高质量会计信息有助于降低外部相关利益者实施监督的成本，鼓励外部相关利益者对企业内部管理层监督的积极性，改善外部治理的效率。

应该说，除了股东与管理层之间的激励契约是建立在会计基础之上，管理层的选聘考核机制等等也都必须建立在充分的会计信息基础之上。从这个层面看，良好、透明的会计信息环境是公司治理有效发挥的重要前提，是抑制管理层过度投资行为的重要基础。具体影响机理如图 3.8 所示。

图 3.8　会计信息、委托代理与投资行为影响机理

2. 会计准则、激励结构与投资行为

会计信息通过加强管理层激励契约的执行监督来影响企业投资行为，而会计制度则会直接影响管理层激励契约本身，它通过作用于管理层利益结构来影响企业投资行为。Otley（1999）指出，绩效度量与管理是相关的，人们对于绩效的度量是有反应的，通常能够被度量的都能被完成，不被度量的可能不会被完成（What gets measured, gets done）。股东与管理层拟定的激励契约通常会约定一定的绩效指标（这种机制也称为 Pay-for-performance Mechanism），经济理性的管理层会根据激励契约所拟定的绩效指标来安排适当的经营管理模式与行为，以期最大化该绩效指标，实现自身最大福利函数（Voulgaris, 2011）。原理如下图 3.9 所示。①

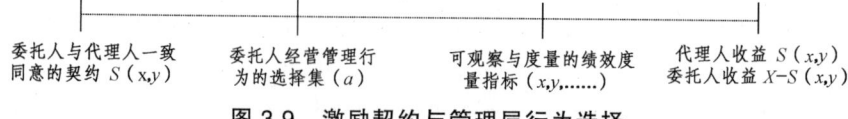

图 3.9　激励契约与管理层行为选择

注：S 为报酬函数；指在契约中规定的绩效指标；a 为管理层根据契约所进行选择的行为集（包括经营管理决策行为、融资行为、投资行为等），X 表示外生的一些影响绩效指标实现的因素（Lambert, 2001）。

---

① 本原理的一个前提就是委托人与代理人签订的激励合同要有足够的激励作用，即对代理人激励有效。

通常用于管理层激励的绩效指标都是会计损益指标,而会计损益的确认与计量受制于会计制度,因此会计制度通过会计损益的确认规则影响管理层的激励契约,特别是管理层激励契约的利益结构,并最终实现对管理层行为的影响(Voulgaris,2011)。

因此,会计制度通过激励结构的调整影响企业管理层的利益追逐,会计制度借助于非制度渗透引导管理层的经营理念和经营管理模式,影响管理层的投资行为模式。具体影响机理如图 3.10 所示。

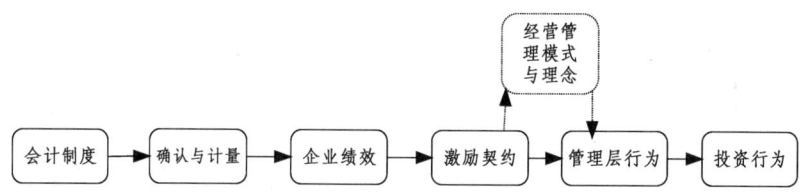

图 3.10　会计制度、管理层激励与投资行为影响机理

上述几个会计对投资行为影响可以用图 3.11 予以综合表述。

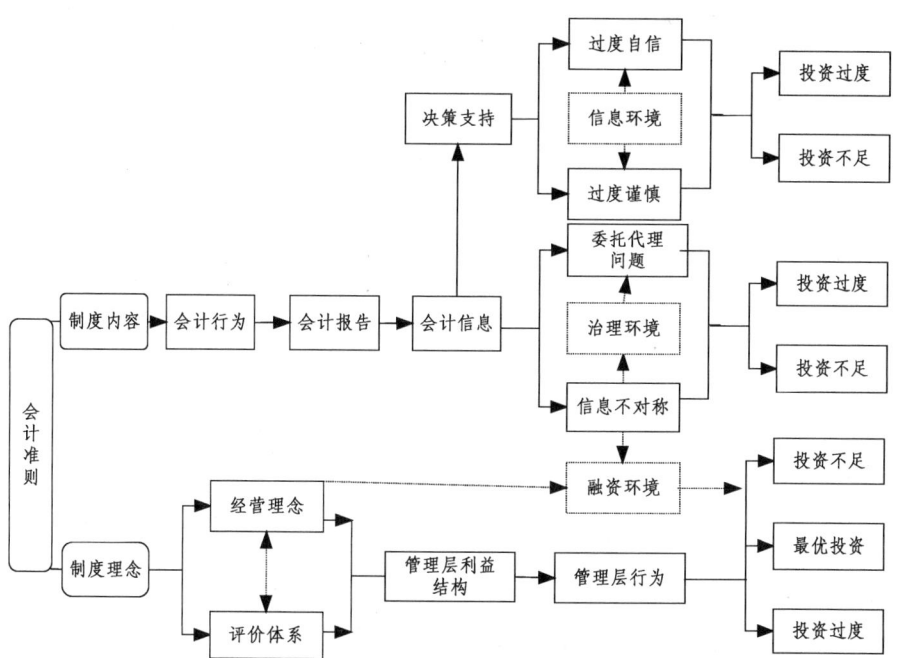

图 3.11　会计准则对企业投资行为影响机理

3.4 本章小结

本章以发现会计准则对企业投资行为产生影响的基础机理为目标，借助于制度经济学与管理学等理论逐一展开了制度与行为，信息不对称、代理问题与投资行为以及会计准则对投资行为影响的分析。对于会计准则分析，本书分别从制度与会计两个层面进行分析，发现会计准则的制度与会计的综合特征。对于企业投资行为的分析，本书分别从经典的投资模型，结合信息不对称与委托代理理论进行分析，阐述信息不对称与投资不足之间的关系及委托代理与投资过度之间的关系。最后从会计的本质和职能，以及会计的影响范畴出发，结合投资行为探讨了会计准则对企业投资行为的影响机理。

本章研究发现，企业投资决策依赖于会计信息，信息不对称的逆向选择与道德风险引发企业的投资不足与投资过度行为，提高会计信息的质量是解决投资不足与投资过度的关键。另外，研究还发现会计准则影响管理层激励契约的利益结构，影响管理层的决策与投资行为。

4 会计准则变革对企业投资行为的具体影响研究

与生物系统一样，经济系统也是一个演化系统，它在外部环境与内部结构调整等交互作用下不断演进，经济系统的演进要求与之配套的制度也发生变迁。在经济全球化形势下，我国会计准则采取了国际财务报告准则（IFRS）的实质趋同模式，在准则内容形式与准则深层理念等方面均发生了巨大变革。这些准则的变革不仅提高了我国企业会计信息的质量，改善了我国资本市场的效率，同时还对企业的投资行为产生了影响。为了清晰呈现会计准则变革对企业投资行为产生的具体影响，本章安排了以下小节展开论证：4.1 节分别从形式与实质两个层面展示了会计准则的变革；4.2 节结合会计准则的具体变革分析了会计准则变革对企业投资行为的影响；4.3 节为本章小结。

4.1 会计准则的变革研究

制度的一个显著特征就是环境适应性，即制度的权变性，制度需要根据环境的需求与变化与时俱进。①法律制度如此，经济制度也如此。历史上，我国会计制度发生了几次重要的变革，由计划经济下的会计制度时期，到计划市场经济下的会计准则与会计制度并存时期，再到市场经济下的全会计准则时期。②2006 年我国则完全实现了与国际财务报告准则（IFRS）的实质趋同，

---

① 权变性（Contingency Theory）指没有一套理论能够适用于所有情况下的所有情形，理论需要根据特殊的对象，特殊的环境进行有效定制与匹配。(David T, Otely The Contingency Theory of Management Accounting: Achievement and Prognosis, Accounting, Organizations and Society. Vol.5, No.4, pp. 413-428.)

② 1992 年，我国发布《企业会计准则——基本准则》的同时制定了分行业的企业会计制度和企业财务制度。2000 年 12 月，又出台了一般企业统一的《企业会计制度》，专门针对金融保险行业的《金融企业会计制度》和经营规模小企业的《小企业会计制度》。2006 年，新会计准则出台时，除了《小企业会计制度》继续实施外，《企业会计制度》和《金融企业会计制度》不再被执行，2013 年《小企业会计准则》的出台代替了《小企业会计制度》。

新会计准则在内容体系上涵盖了几乎所有国际财务报告准则的原则与内容。新会计准则与国际财务报告准则不仅在整体构架体系上保持一致，而且在具体准则上也保持了对应（各国会计准则变革的发展历程见书后附录1）。[①]与以往历史上的会计制度变迁而言，在准则的变革广度与深度等方面均更为突出。这次会计准则变革不仅仅在会计规范的具体表达形式与结构体系上发生了变化，同时还在会计准则内涵实质上发生了巨变。相应的，这些内容与内涵的变革不仅显著改善了会计信息的科学性，同时还在准则作用的其他领域产生深远影响。

4.1.1 会计准则内容结构的变革

就会计准则内容的变革而言，新会计准则界定的准则内容要比旧会计准则（指2006年以前所形成的会计准则）更加丰富、更加具体、更加科学。此次新会计准则体系由1个基本准则和38个具体准则及应用指南和解释公告等组成（财政部令33号，财会〔2006〕3号文件38项具体准则，财会〔2006〕18号文件32项应用指南），其中，基本准则与存货准则等16个具体准则是在原准则基础上做了修订，其余22个具体准则是新增内容（具体明细比较如表4.1所示）。新会计准则不仅对原会计准则中许多经济业务的会计处理进行了修正与规范，同时还增加了许多新的具体准则内容，这些变革对于提高会计业务的科学性和丰富会计信息披露的全面性具有重要影响。

具体而言，在新增的会计准则中，一部分是由于现实环境的变迁与业务重要性的变化，而需要将其从原先的准则中分离，单独以具体的准则形式列出，并加以具体、明确与规范。如投资性房地产以前是含在固定资产准则中，现单独列出，以前投资准则中包含的部分金融工具内容，现以《金融工具确认和计量》单独列出；除了原准则基础上分离出的准则外，新会计准则还新增了很多具体准则，新增的准则主要是针对一些因环境变化而出现的新业务进行的理论规范与实务约定，如《原保险合同》《再保险合同》等；还有一些准则是将原有一些表外项目通过具体准则进行规范，将其纳入表内核算，如《股份支付》等；新会计准则还体现了对一些重要特殊行业的关注，新增了相关领域的有关准则，如金融、保险行业、油气开采、农业等。

就新会计准则结构的变革而言，新会计准则体系结构不同于与以往会计制度与会计准则并存时期的结构体系。新会计准则体系执行的同时废止了旧

[①] 国际财务报告准则体系包括编报财务报告的框架、国际财务报告准则和解释公告。分别与我国会计准则的基本准则、具体准则与应用指南以及解释公告相对应。

会计准则与会计制度。新会计准则中的具体准则基本与国际财务报告准则中的具体准则保持了一致（如表 4.2 所示）。另外，此次新会计准则体系的另一大特征在于会计准则的国际趋同。新会计准则在结构体系与具体准则内容上均与国际财务报告准则（IFRS）实现了匹配。国际财务报告准则体系包括：编报财务报告的框架、国际财务报告准则和解释公告，分别与我国会计准则的基本准则、具体准则与应用指南以及解释公告相对应（具体如图 4.1 所示）。

表 4.1 新旧会计准则对应表

2006 年以前会计准则	2006 公布的新会计准则
《企业会计准则》	《企业会计准则——基本准则》
《企业会计准则——存货》	《企业会计准则——存货》
《企业会计准则——投资》	《企业会计准则——长期股权投资》
	《企业会计准则——投资性房地产》
《企业会计准则——固定资产》	《企业会计准则——固定资产》
	《企业会计准则——生物资产》
《企业会计准则——无形资产》	《企业会计准则——无形资产》
《企业会计准则——非货币性交易》	《企业会计准则——非货币性交易》
	《企业会计准则——资产减值》
	《企业会计准则——职工薪酬》
	《企业会计准则——企业年金》
	《企业会计准则——股份支付》
《企业会计准则——债务重组》	《企业会计准则——债务重组》
《企业会计准则——或有事项》	《企业会计准则——或有事项》
《企业会计准则——收入》	《企业会计准则——收入》
《企业会计准则——建造合同》	《企业会计准则——建造合同》
	《企业会计准则——政府补助》
《企业会计准则——借款费用》	《企业会计准则——借款费用》
	《企业会计准则——所得税》
	《企业会计准则——外币折算》
	《企业会计准则——企业合并》
《企业会计准则——租赁》	《企业会计准则——租赁》
	《企业会计准则——金融工具确认和计量》
	《企业会计准则——金融资产转移》
	《企业会计准则——套期保值》

续表 4.1

2006 年以前会计准则	2006 公布的新会计准则
	《企业会计准则——原保险合同》
	《企业会计准则——再保险合同》
	《企业会计准则——石油天然气开采》
《企业会计准则——会计政策、会计估计变更和会计差错更正》	《企业会计准则——会计政策、会计估计变更和会计差错更正》
《企业会计准则——资产负债表日后事项》	《企业会计准则——资产负债表日后事项》
	《企业会计准则——财务报表列报》
《企业会计准则——现金流量表》	《企业会计准则——现金流量表》
《企业会计准则——中期财务报告》	《企业会计准则——中期财务报告》
	《企业会计准则——合并财务报表》
	《企业会计准则——每股收益》
	《企业会计准则——分部报告》
《企业会计准则——关联方关系及其交易的披露》	《企业会计准则——关联方关系及其交易的披露》
	《企业会计准则——金融工具列报》
	《企业会计准则——首次执行企业会计准则》

表 4.2 中国会计准则与国际财务报告准则具体项目比较

中国会计准则	国际财务报告准则
CAS 1 存货	IAS 2 存货
CAS 2 长期股权投资	IAS 27 合并财务报表和单独财务报表 IAS 28 联营中的投资 IAS 31 合营中的权益
CAS 3 投资性房地产	IAS 40 投资性房地产
CAS 4 固定资产	IAS 16 不动产、厂房及设备 IFRS 5 持有待售的非流动资产和终止经营
CAS 5 生物资产	IAS 41 农业
CAS 6 无形资产	IAS 38 无形资产
CAS 7 非货币性资产交换	IAS 16 不动产、厂房及设备 IAS 38 无形资产 IAS 40 投资性房地产
CAS 8 资产减值	IAS 36 资产减值
CAS 9 职工薪酬	IAS 19 雇员福利

续表 4.2

中国会计准则	国际财务报告准则
CAS 10 企业年金	IAS 26 退休福利计划的会计和报告
CAS 11 股份支付	IFRS 2 以股份为基础的支付
CAS 12 债务重组	IAS 39 金融工具：确认和计量
CAS 13 或有事项	IAS 37 准备、或有负债和或有资产
CAS 14 收入	IAS 18 收入
CAS 15 建造合同	IAS 11 建造合同
CAS 16 政府补助	IAS 20 政府补助的会计和政府援助的披露
CAS 17 借款费用	IAS 23 借款费用
CAS 18 所得税	IAS 12 所得税
CAS 19 外币折算	IAS 21 汇率变动的影响 IAS 29 恶性通货膨胀经济中的财务报告
CAS 20 企业合并	1FRS 3 企业合并
CAS 21 租赁	IAS 17 租赁
CAS 22 金融工具确认和计量 CAS 23 金融资产转移 CAS 24 套期保值	IAS 39 金融工具：确认和计量
CAS 25 原保险合同 CAS 26 再保险合同	IFRS 4 保险合同
CAS 27 石油天然气开采	IFRS 6 矿产资源的勘探和评价
CAS 28 会计政策、会计估计变更和差错更正	IAS 8 会计政策、会计估计变更和差错
CAS 29 资产负债表日后事项	IAS 10 资产负债表日后事项
CAS 30 财务报表列报	IAS 1 财务报表的列报 IFRS 5 持有待售的非流动资产和终止经营
CAS 31 现金流量表	IAS 7 现金流量表
CAS 32 中期财务报告	IAS 34 中期财务报告
CAS 33 合并财务报表	IAS 27 合并财务报表和单独财务报表
CAS 34 每股收益	IAS 33 每股收益
CAS 35 分部报告	IFRS 8 分部报告
CAS 36 关联方披露	IAS 24 关联方披露
CAS 37 金融工具列报	IFRS 7 金融工具：披露 IAS 32 金融工具：列报

注：IAS 是国际财务报告准则委员会成立之前发布的，而 IFRS 是委员会成立之后发布的。
资料来源：刘玉廷：《关于企业会计准则体系建设、趋同、实施与等效问题》。

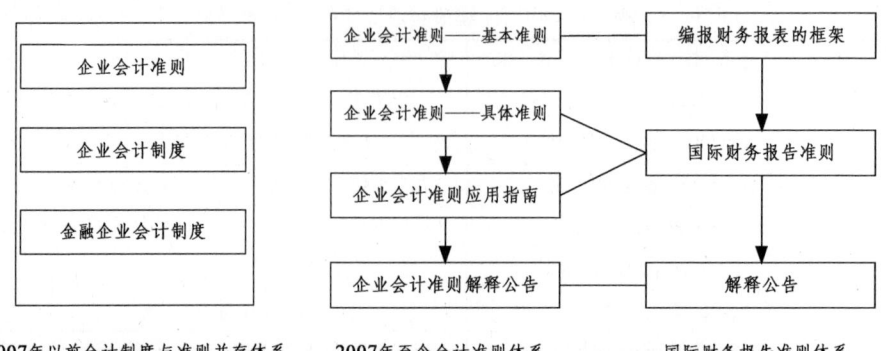

图 4.1　我国新旧会计准则体系与国际财务报告准则体系比较

综上可见，此次新会计准则在准则内容的科学性与丰富程度上均发生了显著改善，这些改善对于提高会计信息披露的全面性与准确性具有重要作用。另外，会计准则结构体系上也发生了变革，国际趋同后的准则结构体系更加科学。

4.1.2　会计准则内涵实质的变革

所谓会计准则内涵实质变革，指除了会计准则内容与结构上与原准则发生变化以外，会计准则根源基础或深层理念上发生的变化。对比新旧会计准则，会计准则内涵实质的变革可归纳为以下几个方面。

1. 会计目标由"受托责任"向"决策有用"转变

旧会计准则《基本准则》第十一条指出："会计信息应当满足国家宏观经济管理的要求，满足有关各方了解企业财务状况和经营成果的需求，满足企业加强内部经营管理的要求。"而新会计准则《基本准则》第四条指出："财务会计报告的目标是向财务会计报告使用者提供与企业财务状况、经营成果和现金流量等有关的会计信息，反映企业管理层责任履行情况，有助于财务会计报告使用者做出经济决策。"旧会计准则强调对国家和内部管理者提供信息，而新会计准则直接且重点地指出会计目标是为财务报告的使用者提供决策有关信息，目标重心由原先国有资产监督的"受托责任"，转向提供报告使用者的"决策相关"信息。

当然，这种"受托责任"到"决策有用"的转变有其历史基础。在我国计划经济时期，国有企业（经济）占据全部经济的主导，为防止国有资产的流失，维护国家和人民的利益，需要对国有企业管理层受托经营的国有资产经营管理情况进行必要的监督，因此"反映企业管理层受托责任的履行情况"

这一目标就成为当时的必须。虽然随着改革开放，经济成分开始多元化，1993年沪深两市资本市场开始建立，但由于国有企业仍占据绝对主体，且资本市场建立主要还是为了方便国有企业融资，因此"受托责任观"仍为当时公司会计的主要目标。随着我国资本市场的进一步壮大，特别是国际化进程的加深，企业资本中国有成分开始减少，民营和外资等成分开始增加，"决策有用观"开始占据重要地位，提供全面有效、决策相关的会计信息成为财务报告的重要职能。

决策相关性可以说是市场需求的呼声，历史上安然事件与金融危机的一个共同启示就是：会计不能全面和及时地反映企业实际情况，会计信息不能够很好地实现有效的信息传递，会计信息质量低下导致广大投资者信心下降，并产生流动性缺乏和股票市场的崩溃（OECD Observer, 2009）。新会计准则采纳决策有用作为会计目标体现出对投资者的重视，对会计信息的重视，对会计信息质量提出了更高的要求，特别是在会计信息价值相关性方面，更加注重真实全面反映组织，更加关注未来。这些改善有助于更加真实展示企业的实际绩效和状况，减少企业内部与外部的信息不对称。

总的来看，决策有用观的会计目标在于提供决策有用信息，面向未来，着眼于会计报表信息的有用性，在会计计量属性和计量模式的选择上，主张多种计量属性并存与择优使用。在会计确认上，不仅要确认那些已经确认的经济事项，还要确认那些虽未确认但已发生且对企业有重要影响的事项。相对而言，受托责任观的会计目标在于反映受托责任的履行情况，如实反映、不偏不倚，重视可验证性，以维护产权主体的权益，强调对委托方的忠实性，在计量属性和计量模式的选择上，主张采用历史成本，更注重稳健和谨慎。概言之，受托责任更注重实物形式，而决策有用更注重经济实质。具体差异如表 4.3 所示。

表 4.3 "受托责任"与"决策有用"目标差异对照[①]

差异项目	受托责任	决策有用观
时间视角	面向过去	面向未来
报告使用人	较窄，以委托人为主	广泛、含委托人在内
财务报告重心	利润表	资产负债表
对确认和计量的影响	以利润表为中心，收入费用要素居首要地位，关注收入与费用的直接配比以及配比结果	以资产负债表为中心，资产负债要素居于首位，其他要素依附于资产负债

---

① 参照《理解新思想把握新准则（浅谈资产负债表观在新会计准则中的应用）》。

续表 4.3

差异项目	受托责任	决策有用观
会计计量属性	相对单一（历史成本）	混合（历史成本、重置成本、可变现净值、现值、公允价值）
会计计量的重心	收益确认	资产、负债的计价
信息的质量特征	可靠性增强，相关性减弱	相关性增强，可靠性减弱

2. 框架基础由"损益表观"向"资产负债表观"转变

所谓框架基础就是会计准则的基础或者说总纲，它对一些会计要素的概念、基本假设与原则等进行界定，是其他准则制定的基础，对其他准则的制定与执行具有指引作用。美国将会计准则的框架基础称为"概念框架"（Conceptual Framework），国际会计准则称为"编制财务报告的框架"，而我国会计准则则是以"基本准则"表示。虽然几者在形式上存在差异，但是在内容实质与基础功能上几乎都是一致的，都是由目标和相互关联的基本概念组成的连贯理论体系，是对会计的一些基本要素、假设等基础进行的规范和指引。[①]框架基础并不是为了直接解决财务会计和报告中的各项问题，而是用目标指出方向，用概念作为解决问题的工具。框架基础本身并不具有强制效力，其作用在于为会计准则制定过程的理性选择提供支持与依据。框架基础能够为会计准则制定机构在制定和评估会计准则时提供指南，以保证会计准则的一贯性和系统性。

会计准则的框架基础主要有两种类型：一种是资产负债表观，另一种是损益表观。资产负债表观是指会计准则制定者在制定规范某类交易或事项的会计准则时，首先定义资产或负债的计量，然后再根据所定义的资产和负债的变化来确认损益，即在资产价值增加和负债价值减少时进行损益确认；而损益表观则要求利用收入和费用直接确认和计量，通过收入与费用之差来计算损益，然后分摊计入相应的资产与负债中去。在资产负债观下：收益=年末净资产−年初净资产（假定没有所有者投入，也没有向投资者分配利润）。而在损益表观下：收益=收入−费用[②]。在资产负债观下，损益表成为资产负债表的附属产物；而在损益表下，资产负债表则是损益表的附属产物。

在我国历史上，会计经历了"资产负债表观"到"损益表观"再到"资产负债表观"的反复过程。在计划经济时期，国家采取统收统支，实行国家统一预算分配，由于企业不具有独立的经济权限，因此它们仅关注是否能满

[①] 1980 年 FASB 在第 2 号概念公告（SFAC）中对财务概念框架的含义。
[②] 费用指成本与费用之和。

足预先的产值计划,不关注企业利润。公共资产的安全成为当时会计的主要职责,为此资产负债表也就成为当时的关键报表。经济体制改革后,国家统一的配置方式开始向市场配置方式转型,这种转变客观上要求企业关注投入与产出之间的关系。因此利润开始成为当时的核心指标(牛鼻子指标),收入费用观理念逐步渗透到会计制度与实务中,损益表取代资产负债表成为当时的关键报表,即使1992年的会计准则也还是侧重于损益表观。到1998年《股份有限公司会计制度》开始要求上市公司计提四项资产减值准备,2001年《企业会计制度》要求计提八项资产减值准备,资产负债表观又开始逐渐显现,到了2007年,新会计准则变革更是直接且全面地体现了资产负债表观。

在收入费用观下,财务绩效度量的是"效率",关注收入是否与成本配比;而在资产负债表观下,财务报表提供的财务状况信息,被认为是企业"财富"。损益表观与资产负债表观不仅仅是学术兴趣的差异,更会导致在相同情况下的不同会计处理。资产负债表观将资产和负债分别视为资源与义务,将收入界定为经济收益的增加(来自资产的增加或者负债的减少),不理会收入标准和实现原则,更关注资产与负债价格的变动(Wüstemann, 2005)。损益表观关注收入与成本费用之间的配比关系,关注产品销售和产品成本,重视利润的创造,而对其他并不重视。它仅对已经确认损益的部分予以反映和确认,对于目前虽已发生但还没有实现的事项(不能确认的)不予以反映。而资产负债表观则注重对资产和负债价值的计量,关注资产的价值和资产的未来经济利益。它对损益的界定并不仅仅局限在已经确认的部分,对于已经实现而没有确认的部分也予以反映。新会计准则分别在资产负债表的所有者权益和利润表中加入了"利得"和"损失"项目,区分了"直接计入当期利润的利得和损益"与"直接计入所有者权益的利得和损失"。在理论上,直接计入权益的利得和损失为实质上已经实现但尚未确认的部分,而直接计入损益的利得和损失则是已经实现且已经确认的部分。①"利得"和"损失"的区分使资产负债表不仅包括损益表观下的利润部分,还包括资产价值变动所实现的收益部分,反映的损益更加全面。

除了反映的损益更加全面外,资产负债表观还引导企业关注价值的创造,

---

① 新会计准则在基本准则与所得税具体准则中显著体现了资产负债表观,所得税原准则采用应付税款法和纳税影响会计法核算所得税,是以利润为基础计算应纳税所得额,并经过差异调整计算所得税金。而新准则采用资产负债表的债务法核算所得税,则是完全以资产和负债为出发点,经差异调整,考虑某一项资产在未来期间计税时可以税前扣除的金额,站在税法的角度,是企业真正的负债。此项转变体现了从利润表开始转向资产负债表,《企业合并》要也求采用购买法。

关注资本经营，注意资产与负债价值的变动，有效地避免了企业的短期行为，促进企业进行长远投资，引导企业的经营模式由原来的"投入产出"式转变到"价值创造"式。另外，市场是充满风险和不确定性的动态经济，特别是当前由通货膨胀导致资产与负债频繁变化，要求企业不仅要关注已确认的损益，还要关注已实质形成但未确认的损益，而这些关注需要基于全面收益的资产负债表观。从经济学本质看，资产负债表观要比损益表观更能反映会计的本质，更能适应现代经济环境的发展，更能体现马克思的剩余价值理论，更能全面反映企业的损益变化，更能直观反映投资者权益的价值创造。

综上所述，新会计准则所引导的"损益表观"向"资产负债表观"的转变对于企业会计信息披露的全面性，特别是企业损益披露的全面性有大幅改善，更加适应变化的环境，反映的信息更加相关。同时，资产负债表观强调对资产和负债价值及其变动的重视，强调对剩余权益变动的关注，引导企业管理模式上由利润经营转向资本经营，强化股东价值的创造。

"资产负债表观"与"损益表观"的具体差异如表 4.4 所示。

表 4.4 "资产负债表观"与"损益表观"概念基础差异对照

项目	资产负债表观	损益表观
要素定义	先定义资产和负债，其他要素依资产和负债定义，资产要素最为重要	没有重视资产和负债，注重收入与费用配比
收益计量模式	（期末净资产-期初净资产）-投入资本+分配派现（以存量差间接确认增量）	收入-费用（直接确认增量）
计量的重心	资产、负债的计价	收益确认
收益的范畴	全面收益（含未实现的持有收益等，尚未全部经过交易验证）	部分收益（仅含已实现部分，全部经过交易验证）
未实现损益	确认（净利润或直接进所有者权益）	按实现原则不予确认
收益报告	综合收益（净利润+其他综合收益）	报告已实现收益（净利润）
会计目标	偏决策有用观	偏受托责任观
客观性	利润表只是资产负债表的附表，利润表要素有现实资产负债作为参照和验证	利润表为主表，资产负债依附于利润表，收益没有明确的参照物和验证方法
对经济环境的稳定要求	较低，因通货膨胀导致资产负债的变化已经反映，不会导致收益失真	较高，通货膨胀导致资产失真最终导致收益失真
对企业经营的影响	面向未来使长期目标优于短期目标，有利于企业持续经营	侧重过去使短期目标优于长期目标，可能导致企业的短期行为

3. 计量方式由"历史成本"扩展至"公允价值"

会计计量指以货币或者其他度量单位对各项经济业务及其结果计量的过程。会计计量主要对会计要素进行度量,会计计量度量标准的选择对计量对象最终所体现出的准确性与恰当性都具有重要影响。

会计计量包括历史成本计量、重置成本计量、可变现净值计量、现值计量和公允价值计量,其中较为常用的有历史成本计量和公允价值计量。公允价值计量指资产和负债按照在公平交易中,熟悉情况的交易双方自愿进行资产交换或者债务清偿的金额计量,公允价值会计也被称为市场反映会计(Mark-to-Market Accounting,MTM),它能及时将市场信息吸纳反映在组织信息中;历史成本计量则要求企业应当以实际发生的交易或者事项为依据进行确认、计量和报告,如实反映符合确认和计量要求的各项会计要素及其他相关信息,保证会计信息真实可靠、内容完整。它强调以原始真实交易为基础,更加强调可靠性,强调计价依据。物价变动时,除国家另有规定外,不得调整账面价值。

在我国,公允价值的应用经历了"先用后弃,禁而又用"的反复阶段,先是 1997—2000 年,财政部大力提倡公允价值,随后 2001 年财政部重新修订了具体会计准则,明确回避了公允价值计量,回归了历史成本计量。到了 2007 年新会计准则又开始提倡使用公允价值计量,并在大量具体准则中予以应用和体现。

新会计准则除了历史成本法外,还引入了重置成本、可变现净值、现值、公允价值等多种可供选择的计量属性。从这些计量属性的实质看,后几种计量方式都是以现值或者市价为基础,体现出以价值为核心的计量特征,而不是以成本利润为核心。美国前 SEC 主席 Richard Breeden 曾说过"历史成本形成于一个与现在大量市场参与者相互作用的经济环境大相径庭的时代背景下……在这种环境下继续使用历史成本是不恰当的,它会减少财务信息的相关性"。葛家澍也曾指出为了真实公允地进行计量,市场价格应是会计计量中的基本计量属性。在新会计准则的 38 条具体准则中,有 18 条准则直接或间接地应用了公允价值计量,国际会计准则中有 23 项涉及公允价值(具体如表 4.5 所示)。从国外和我国公允价值的应用情况以及未来应用趋势看,随着市场机制的进一步完善,公允价值计量模式将会在我国更加普及与深入,以价值衡量为核心的计量模式将成为我国未来会计计量的主流。

综上所述,公允价值及其他以价值为基础的计量方式的使用,能够更加准确地反映计量对象的实时价值信息,使企业会计的计量更加准确,会计信息更加相关。此外,以价值为基础的计量方式的使用,在一定程度上也引导了企业对成本以外价值的关注和对价值经营的重视。

我国会计准则与国际财务报告准则中应用公允价值计量的具体准则如表 4.5 所示。

表 4.5 我国会计准则与国际财务报告准则中公允价值应用情况对照

序号	我国会计准则	序号	国际财务报告准则
CAS2	长期股权投资	IAS11	建造合同
CAS3	投资性房地产	IAS12	所得税
CAS4	固定资产	IAS16	不动产、厂房和设备
CAS5	生物资产	IAS17	租赁
CAS7	非货币性资产交换	IAS18	收入
CAS8	资产减值	IAS19	雇员福利
CAS10	企业年金基金	IAS20	政府补助
CAS11	股份支付	IAS21	汇率变动的影响
CAS12	债务重组	IAS26	退休福利计划的会计和报告
CAS14	收入	IAS27	合并会计报表和单独财务报表
CAS16	政府补助	IAS28	对联营企业投资
CAS20	企业合并	IAS31	合营中的权益
CAS21	租赁	IAS32	金融工具：披露与列报
CAS22	金融资产确认和计量	IAS33	每股收益
CAS23	金融资产转移	IAS38	无形资产
CAS24	套期保值	IAS39	金融工具：确认和计量
CAS27	石油天然气开采	IAS40	投资性房地产
CAS37	金融工具列报	IAS41	农业
		IFRS2	以股份为基础的支付
		IFRS3	企业合并
		IFRS4	保险合同
		IFRS5	持有以备出售的非流动资和残和终止经营
		IFRS7	金融工具：披露

注：根据 2006 年《企业会计准则》和《国际财务报告准则》自行整理而成。

4. 准则导向由"规则导向"转向"原则导向"

会计准则导向是会计准则制定的基础与指向标，它决定了会计准则内容的方向。目前会计准则导向主要有原则（目标）导向（principle）和规则导向（rule）。两者之间的确切区别至今还没有很好地界定，边界也不清楚，但是在很多特征上两者存在显著区别（Hail et al., 2010; Kadous and Mercer, 2012）。

原则导向的会计准则指仅针对某一对象或交易事项的会计处理、财务报告提出应遵循的原则，但并不力图回答所有的问题，不对每种可能的情况提供详细的规则，只提供适中的准则解释和执行指南，需要管理层结合实际情况进行职业判断。原则导向的会计准则有助于消除例外事项，加强对交易经济实质的把握，不拘泥于特定的形式规定，而且原则导向具有一个相对完整、清晰与内在一致的框架指导。在这个一致的框架指导下，会计准则所指导的会计业务处理的可比性和一致性将会大大提高，而且还可增加会计信息的相关性和及时性；而规则导向会计准则对于经济业务所有可能发生的情况均进行了考虑，并以条文的形式制定出相应的方法规范，面面俱到，泾渭分明，具体且详细，几乎任何交易或事项都可以直接找到详细的规定，但存在大量的例外（刘玉廷，2010）。为了对不受准则规定约束的交易和事项进行描述和限制，规则导向会计准则通常还需要制定另外的规则、相关解释和执行指南。大量例外事项的处理可能会导致相似的交易却出现不同的会计处理，在一定程度上鼓励了"形式要比实质"更重要的思想，降低了会计信息的可比性和一致性。可见，原则导向下会计准则产生的会计信息更具有科学性，更符合高质量会计信息质量的要求。

我国以前都是参照规则导向模式进行准则制定的，此次新会计准则的制定则采纳了国际财务报告准则模式，在很多准则上体现出原则导向。我国会计准则导向由规则导向转向原则导向，这样可以很好地引导企业"实质重于形式"的理念，使会计信息更加能够准确地反映经济实质，提高会计信息的准确性与相关性。

原则导向与规则导向的具体差异见表 4.6 所示。

表 4.6 "规则导向"与"原则导向"准则导向差异对照

特征要素	规则导向会计准则	原则导向会计准则
详尽的执行指南与后续指南	是	一定数量的指南
界限检验	大量界限检验（需要判断）	避免界限检验
大量例外事项	是	无
职业判断	通常是在存在业务处理规定冲突情况下的选择	在判断经济实质时
概念框架	缺乏一致性	具有一致性

5. 准则变迁中的政策性引导痕迹明显

此次新会计准则体系的建立，虽然强调与国际财务报告准则趋同，但并没有一味地照搬国际财务报告准则体系，而是根据我国国情修正基础上的趋同，将我国政府的一些政策导向融入其中，特别是国家可持续发展战略以及创新型国家建设战略。

（1）新会计准则关注环境保护。新会计准则第 4 号——固定资产具体准则规定固定资产在购买时要预先估计弃置费。所谓弃置费指根据国家法律和行政法规、国际公约等的规定，企业承担的环境保护和生态恢复等义务所确定的支出，如油气资产、核电设施等的弃置和恢复环境义务。弃置费在原会计准则中并没涉及，新会计准则中的提出体现了对环境保护的关注。会计准则通过要求企业对弃置费的确认（确认为预计负债，以后分年转成财务费用），借助于对会计损益的影响（增加企业的资金支出与后期的费用项目）来引导企业对该费用及与该费用直接相关行为的关注（要求企业考虑资产的成本与效益）。新会计准则中引导企业关注资产未来的弃置问题，为企业履行环境保护和生态恢复义务在制度层面上做出了安排，为国家的可持续发展战略提供了有利支撑。同样，为配合新会计准则，新企业所得税法也明确规定提取的用于环境保护和生态恢复等方面的专项资金准予扣除，但专项资金改变用途的，则不予以扣除。税法与会计准则的双管齐下在一定程度上强化了企业购置具有污染设备时对环保成本的考虑，也引起企业在深层理念上对环境保护的关注与重视。

（2）新会计准则鼓励技术创新。原会计准则规定研究与开发费用应于发生时确认为当期费用，全部冲减当期利润。这样的会计处理对于研发投入大的企业，利润影响非常显著，企业通常难以承受，这直接影响企业研发投入和自主创新的积极性。新会计准则第 6 号——无形资产具体准则科学区分了研发费用和资本化，将企业的研发分为研究阶段和开发阶段，将研究阶段的支出计入当期费用，而将开发阶段符合条件的支出予以资本化，计入企业的无形资产，大大缓解了当期费用化抑制研发的影响。新会计准则对于研发规定的变更，减少企业研发费用化对当期利润的负担，推动企业无形资产账面价值的增加，提高企业价值的相关性和激发企业创新的积极性，有利于推进企业发展方式的转变。有助于调整我国产业结构，推动我国由 Made in China 向 Created in China 转型，实现创新型国家战略。同样，为配合新会计准则，新企业所得税法规定企业为开发新技术、新产品、新工艺发生的研究开发费用，未形成无形资产计入当期损益的，在按照规定据实扣除的基础上，按照研究开发费用的 50%加计扣除；形成无形资产的，按照无形资产成本的 150%

摊销。税收配合新会计准则的实施强化了研发处理准则变革对企业研发行为的影响。

（3）新会计准则鼓励长效投资。费用化影响企业当期损益，而资本化是一个长期释放的过程，另外，资本化将导致企业当期资产的增加和所有者权益的增加。[①]原会计准则仅规定对固定资产购置或建造过程中的借款费用在符合条件的情况下予以资本化，而新会计准则第17号——借款费用具体准则扩大了借款费用范围的口径，不仅包括专门借款，还包括一般借款，体现出更加注重实质。其中，对于存货借款费用的资本化，无疑鼓励了以船舶、大型设备、房地产为生产产品的企业。因为这些企业产品特殊，周期长，所需资金大，公司往往因存货的建造而累积大量的财务费用，影响当期企业利润，造成存货量控制上的拮据。借款费用的资本化处理在一定程度上缓解了由于财务费用增加所引起的当期利润下降的现象。同时，借款费用资本化计入存货成本，在一个生产周期内可提高存货的价值，还会增加该会计期间的资产价值，损益负面影响的减少和账面资产价值的增加，有利于鼓励企业对大额具有未来企业盈利性资产的投资，重视长效管理与可持续经营发展。

（4）新会计准则重视人力资源的投资。新会计准则为规范股权激励计划提出了《股份支付》与《企业年金基金》两个准则。股权激励尤其是股票期权和企业年金都属于企业的长期薪酬方式，这两个准则连同《职工薪酬》准则的出台使企业的股权激励和企业年金基金的确认、计量和报告有据可依、有章可循，为构建完善的薪酬管理体制和促进长期薪酬激励方式的应用提供了更完善的制度环境。该准则的出台有利于克服企业短期行为与引导企业重视人力资本的投资。

（5）新会计准则关注资本市场的发展。新会计准则国际化趋同的一个初衷就是为克服我国资本市场发展的制度瓶颈，积极构建国际化的资本市场，吸引更多国际资本到中国来投资。新会计准则出台了针对金融与保险的多条具体准则：《金融工具确认和计量》《金融资产转移》《企业年金基金》《套期保值》《金融工具列报》《原保险合同》与《再保险合同》。其中，《金融资产转移》准则为我国有序开展资产证券化提供了政策支持；《套期保值》准则为企业合理规避外汇风险、利率风险、商品价格风险、股票价格风险、信用风险等提供了政策支持；《原保险合同》与《再保险合同》准则为促进保险行业

[①] 虽然存货是流动资产，一般是一年内变现，通过销售计入财务费用与主营业务成本对利润影响是相等的，但是当考虑期末存货及期初存货时，差异就会比较显著，因为一般量期初和期末存货的量和价值在这些企业都是比较大，既有成品存货还有半成品存货，对利润也有很大的影响。

的结构调整提供了政策支持；《企业年金基金》准则为发展我国基金业提供了政策支持。这些新会计准则为推动我国金融机构和资本市场发展，实现金融创新和发展虚拟金融经济做好了制度准备。

6. 总　结

本节以原财政部副部长王军（2007）对新会计准则的六点创新进行总结。一是着眼提高社会经济资源的配置效率，强化了会计信息决策有用的要求；二是着眼促进企业长远可持续发展，确立了资产负债表观的核心地位，避免了企业短期行为；三是着眼向投资者提供更加与价值相关的信息，强调了会计信息应当真实与公允兼具；四是着眼推动企业自主创新和技术升级，引入了研发费用资本化制度；五是着眼保障经济社会和谐发展，进一步完善了成本补偿制度；六是着眼提高会计信息的透明度，突出了充分披露原则。

4.2　会计准则变革对企业投资行为的影响

Hopwood（1987）指出，会计的变革会引导以会计为先导或基础的其他方面的变革。Hall（2010）指出，会计是帮助管理者了解公司环境和把握未来决策的重要基础，当决策所依赖的会计基础变化时，管理者的行为必然也会受到影响。一方面，会计准则变革改善了企业决策的信息支持环境；另一方面，会计准则变革改变了企业经营管理哲学。因此，可以从经营管理转变与信息质量变革对企业投资行为的影响进行机理发现。

4.2.1　会计准则变革、经营管理与投资行为

会计准则由"历史成本"计量扩展至"公允价值"计量将引导企业由关注"成本"转向关注"价值"。以价值计量为基础的企业治理与管理契约又将会引导企业关注价值的经营，引导企业更注重投资的价值创造。同样，"损益表观"转向"资产负债表观"引导企业由"利润最大化"转向"股东价值最大化"。

（1）"历史成本"计量转向"公允价值"计量，引导企业由 "成本管理"转向"价值管理"，更注重价值的投资管理。

"价值"取代"成本"是时代所趋。2001年16届日本会计社会科学大会主题为"21世纪会计的转型：会计作为一门社会科学的挑战"，这个转型主要指"成本基础的会计"转变成"价值基础的会计"（Ishikawa，2005）。美国一

位学者指出:"会计理论的变革实质上是试图改变传统会计理论强调成本的状况,取而代之的是以价值为中心的逻辑结构。"从现实角度看,原先企业依靠"低成本"竞争优势的战略在当前社会已经不再适用,现代社会的需求更多关注产品的内涵价值。新会计准则从"成本"逐渐转向"价值"在一定程度上也是适应时代的需求。

计量方式的变革引导企业经营管理模式转向"资本经营"。公允价值计量以市场价值或者活跃市场相近价格及折现技术等为基础,其中引入了大量的财务管理理念,如风险、折现等,强化了公允价值以价值作为计量的核心,以全面反映企业价值和企业经济收益(希克斯,Hicksian)为主要目标,关注企业财富的变化,引导企业关注价值的创造,注重价值的投资。Barlev和Haddad(2003)指出,公允价值比历史成本更强化管理的效率和引起管理层对股东价值的关注,重视价值的创造,致使管理层对他们职责概念以及管理哲学的认识产生根本性变化。经济后果观认为,公司的会计政策及其变化是有影响的,由于会计政策的变化,管理者会改变公司的实际经营策略(Scott,2006)。Weissenberger(2004)指出,IFRS有利于实施基于价值的管理,原因在于IFRS更描绘了一个动态的公司经济状态,更有利于企业进行价值管理。

(2)"损益表观"转向"资产负债表观",引导企业"投入产出的效率管理"转向"财富最大化管理",更注重价值创造的投资。

"资产负债表观"的确立强调了由"效率"向"财富"的转型,显示了对价值创造的关注。蒋尧明(2010)认为,新会计准则根据价值创造功能对资产负债项目进行了重分类,这为报表使用者(含管理者)自行转换管理"资产负债表"创造了必要的条件,进而能够促进企业进行有效的财务战略管理。资产负债观以股东利益为中心,以资本增值或者价值创造为核心思想,综合体现资产与负债变动收益和日常经营损益的全面收益的思想,强调以价值创造为中心的盈利模式和关注净财富,关注企业长期的增长潜能,重视资产的质量以及揭示可能存在的风险。资产负债表观将管理者作为股东权益的看护者和管理者,关注权益的保持和增值收益情况。资产负债表观模式的变革从根本上改变了原有损益管理模式到价值创造模式的变化,引导企业建立以净资产增长为基础的业绩考核评价体系,管理层要保证资产价值的持续性和再创造性,需注重优质资产的投资和创造价值空间大资产的投资,关注企业的长效投资。

以"价值"为基础的新契约将引导管理层激励新方向。会计准则变革导致会计确认计量规则发生变化,由此,基于会计评价的各种原先契约的经济利益关系将会发生变革。为此,各相关利益者会根据新会计准则重新估算契约的利益关系,重新签订契约,并因此而影响后续契约的执行行为。Neslihan(2012)研究欧洲采用 IFRS 对管理层薪酬契约造成影响时发现,采用 IFRS 后,很多公司都采用会计盈余作为薪酬契约的主要部分。Cianci(2011)检验 SOX 对管理者薪酬的影响,结果发现 SOX 改变了公司治理与薪酬之间的关系。Carter(2007)研究会计准则变革与经理股权激励方案变更时发现,会计政策调整后薪酬设计方案也会调整。激励契约是股东约束和引导管理层行为的一个主要契约。新会计准则要求企业对经济业务采用公允价值进行计量,这种调整必然引导外部剩余索取者制定以价值为基础的管理层考核体系与激励方案。以价值创造为核心的激励契约,又将引导管理层利益结构发生调整,以价值创造为核心的管理行为必将顺势推出,管理层的投资决策也将会考虑行为的价值创造与价值实现效应。

(3)政策性导向准则引导企业由关注"短期利益"转向关注"长期利益",更注重长期价值的投资行为。

此外,新会计准则还扩大了借款费用资本化的范围,鼓励企业进行长期资产的投资。新会计准则区分研究与开发费用的费用化和资本化处理,减轻了会计对企业研发的抑制作用,鼓励了企业重视研发,提高产品在价值链中的地位。另外,股票薪酬激励规范等也体现出引导企业更重视人力资源价值投资,注意企业软财富与软资本的积累。

综上所述,会计准则变革不仅仅是会计领域的一个深刻影响,也是对于管理哲学与经营理念的一次重大改革。新会计准则以价值为核心的深层理念变革必将引导股东和管理层关注价值的创造和价值的实现,采用价值创造的公司治理与经营管理模式,重视价值的投资。

4.2.2 会计准则变革、信息质量与投资行为

根据前述对投资不足与投资过度的理论分析可知,解决企业投资不足与投资过度的关键在于减少企业的信息不对称,借助于减轻逆向选择与道德风险来提升企业的投资效率。作为企业内外部信息沟通主要方式的会计信息,在新会计准则下,它的全面性、准确性、相关性与科学性等方面均有了大幅改善,对于减少企业内外部信息不对称具有重要作用。信息效率的提高改善了企业内部信息不对称环境,有助于缓解投资不足与抑制投资过度。

1. 准则体系全面性、会计信息质量、企业投资效率

新会计准则相比于旧会计准则增强了披露信息的全面性与科学性。新会计准则对原准则中的基本准则与存货等 16 个具体准则进行了修订。根据现实

环境的变迁与业务重要性的变化，对于一些重要业务从旧会计准则中分离，并以具体准则形式单独列出。新会计准则还针对一些因环境变化而出现的新业务进行了理论规范与实务约定，将原有一些表外项目通过具体准则进行规范，将其纳入表内核算；新会计准则相比于旧会计准则要求更多的披露项目，而且每一项准则都规定了应向财务报告使用者披露的信息；同时还建立了财务报告列报、现金流量表、中期财务报告、合并财务报表、每股收益、分部报告、关联方披露和金融工具列报等报告类准则。另外，这些准则的变革在会计业务处理和信息披露方面的科学性与完善性方面起了积极作用，显著改善了会计信息的质量。Leuz 和 Verrecchia（2000），Daske 和 Gebhardt（2006）指出 IFRS 要比本国的 GAAP 要求披露更多更详细的信息。

2. 计量方式相关性、会计信息质量、企业投资效率

公允价值的广泛应用使得会计信息对企业实际状况的反映更具相关性。在概念框架第二条 Concept No. 2，FASB 将相关性定义为：信息能够帮助使用者决策形成对于过去、未来和现在的预测，来确认和修正先前的预期（FASB，1980）。国外很多学者研究发现公允价值计量要比历史成本法更具有相关性（Barth，1994；Ahmed and Takeda，1995；Bernard 等，1995；Petroni and Wahlen，1995；Barth 等，1996；Eccher 等，1996；Nelson，1996；Barth and Clinch，1998；Carroll et al.，2002）。历史成本法的特点在于可靠性、谨慎性，体现的是购买时点的价值，而公允价值反映的是现时的价值。前者反映的是过去，而后者反映的是现时与未来。就数据有用性而言，前者并没有实际价值，后者更体现价值相关性，特别是在通货膨胀高与物价变动显著的今天，历史成本法下的账面价值并无直接的投资参考价值，相反还可能会引起投资决策参考失误。而公允价值更多以活跃市场或相似价格和未来现金流为基础，听从市场的声音，管理层无法直接操控，会计确认数据更加客观，更能体现企业现时绩效。公允价值计量反映了市场环境，加强了信息的更新，增加了相关信息与透明度。Rankin（2009）指出，公允价值能提高透明度与可比度是无可争议的，他认为公允价值就像温度计，像镜子（Rankin，2009）。另外，Ball（2006）指出公允价值在报表里包含的信息要比历史成本法更多。综合可见，公允价值的利用大幅提高了公司会计信息的价值相关性，能够更好地提供公司业务和公司状况真实、准确与完整的信息。

3. 准则概念基础科学性、会计信息质量、企业投资效率

"损益表观"向"资产负债表观"转变增加了会计信息反映的全面性。损益表仅反映企业一部分已经确认的损益信息，并没有完全及时将资产和负债的价值变动损益进行确认，相关决策者不能全面知晓企业的损益情况。资产负债表观则可以提供损益表中未能确认的增量会计信息，增加了会计信息反映的全面性、及时性与准确性。[①]

另外，"借款费用"口径的扩大，"研发处理"的有条件资本化，以及"规则导向"转向"原则导向"均引导企业会计更加注重经济业务实质，增强了会计信息反映的真实性与相关性。新会计准则中借款费用资本化范围的扩大，将原先一些记入费用的长期借款费用予以资本化，将支出的性质与收入的性质实现了配比，更加准确地反映了业务的经济实质，提高了企业会计信息的相关性；新会计准则中研发投入由费用化转向条件资本化，适应了研发资产的支出与收益特征，提高了损益的配比性与资产的配比性，改善了会计信息的相关性；"规则导向"下同一业务存在多种处理方法，以及不同重要程度业务采用同一标准进行处理，让管理层不能很好地思考和抓住经济业务的实质，导致经济业务不能得到准确地反映。而"原则导向"增加了管理层判断经济业务实质的空间，摒弃了规则导向下的框式束缚，引导管理层更关注和注重经济业务的实质，使经济业务能够得到真实的表达，提高了会计信息的相关性。

综上所述，新会计准则无论是完整性还是科学性均较旧会计准则有大幅的改善，能够显著提升会计信息的质量，特别是会计信息的相关性，能够改善以会计信息作为交易基础的各项交易的效率和效果，能够改善以会计信息为基础的契约制定和契约执行监督效果。新会计准则不仅直接通过改变企业信息环境来改善企业投资决策效率，还可以通过改变其他环境来实现投资效率的改善，如融资环境和治理环境。新会计准则变革引导可靠性基础上的相关性改善，有助于提高企业对外部相关利益者的信息透明度和改善基于会计信息的公司治理机制的发挥，约束管理层以自我利益为中心的投资过度行为。此外，新会计准则还有助于改善企业外部融资市场的"柠檬"问题，对于减轻因信息不对称而引起的逆向选择，降低企业内外部融资成本差异，缓解投资不足具有积极影响。

4.3 本章小结

本章以发现会计准则变革对企业投资行为的具体影响为目标，在总结了

[①] 及时性主要体现在将资产负债变动的损益及时进行本期确认，而不像以前只有到变卖时才进行确认。

国内外会计准则变革规律后，以会计准则的内容形式变革和会计准则的内涵实质变革研究为起点，探讨了会计准则的具体变革情况。其后，又根据会计准则的具体变迁，紧扣准则变革的实质，将准则变革总结归纳为信息质量变革与准则理念变革对企业投资行为影响的两条主要路径。

研究发现，理论上会计准则变革能够实现引导企业经营管理模式与理念的变革，引导企业更加关注价值的创造与注重价值的投资；另外，会计准则变革从准则体系完整性与科学性等方面改善了会计信息的质量，使新会计准则下的会计信息质量更具相关性、完全性、科学性与及时性，有助于降低企业内外部信息的不对称，减轻外部融资市场的逆向选择，缓解企业投资不足现象，并有助于减轻企业内部的道德风险问题，抑制企业投资过度现象。

5 会计准则变革对会计信息质量影响的实证检验：基于会计信息价值相关性视角

会计信息是会计准则影响企业投资行为的重要基础，是影响企业投资效率的重要作用媒介，因此在检验会计准则变革对企业投资行为影响效果之前，首先需要检验会计准则变革是否改善了会计信息质量，然后再确定这种改善是否传递到企业的投资行为。西方资本市场理论认为，股票价格是会计信息的一个综合反应函数，研究会计信息的价值相关性能够揭示企业会计信息的质量。为此，本章以会计信息价值相关性的变化来发现会计准则变革对会计信息质量的影响。本章各节安排如下：5.1 节理论分析与假设建立；5.2 节研究方法与模型设计；5.3 节实证研究与分析；5.4 节受会计准则变革影响与不受会计准则变革影响项目的分类检验；5.5 节本章小结。

5.1 理论分析与假设建立

会计信息指企业通过财务报告等形式向利益相关者提供反映企业财务状况和经营成果的信息，会计准则是规范会计工作和会计信息质量生成的指引。漆江娜、罗佳（2009）指出，会计信息质量的高低在很大程度上取决于会计准则质量的高低。刘晓华，王华（2010）也指出，会计准则质量的高低会在很大程度上影响和制约会计信息质量的高低。2006 年，我国新会计准则体系大量借鉴了国际财务报告准则（IFRS），理论而言，伴随着我国会计准则质量的提升，会计信息质量也将会大幅改善。具体而言：

从新会计准则的具体准则变革来看，新会计准则相对于旧会计准则新增了若干具体准则，对原有的部分会计准则进行了修正与补充，将部分重要的经济业务进行了详细化并以单独准则形式列出。这些变化一方面使得准则内容更贴近现实，会计工作更加科学；另一方面也使得会计工作和会计信息反映的内容更加全面。

从新会计准则的计量方式变革看,新会计准则除了历史成本法外,还引入了重置成本、可变现净值、现值、公允价值等多种计量属性。从这些计量属性的实质看,后几种计量方式都是以现值或者当前市价为基础,体现出以价值为核心的计量特征。价值是以现实市场交易为基础,或是建立在未来收益的折现估计基础之上,相比于历史成本的"历史"基础,基于价值的计量能够更为现时地反映企业状况,增强企业会计信息的决策相关性。

从新会计准则的框架基础变革来看,新会计准则改变了传统的以利润为核心的"损益表观",转向以净资产变动为核心的"资产负债表观",全面考察企业利润及利润以外的其他资产与负债等价值变动情况,增强了会计信息对企业状况和经营成果反映的全面性。

从新会计准则的目标变革看,会计目标的重心由旧会计准则的重点支持"国家与内部管理者的监督服务"转向"报告使用者的决策支持",反映出新会计准则体系在准则目标上确立了增强会计信息决策相关性的定位。罗婷(2008)指出新会计准则主要侧重于两个方面:第一,为实现与国际管理的趋同;第二,新会计准则强化了为投资者提供与决策有相关、更有用的会计信息新理念(如公允价值的广泛运用)。当然,新会计准则并没有摈弃旧会计准则所推崇的可靠性,而是对会计信息的质量提出了同时保证可靠性和相关性的要求:企业应当以实际发生的交易或者事项为依据进行会计确认、计量和报告,如实反映符合确认和计量要求的各项会计要素及其他相关信息,保证会计信息真实可靠、内容完整;企业提供的会计信息应当与财务会计报告使用者的经济决策需要相关,有助于财务会计报告使用者对企业过去、现在或者未来的情况做出评价或者预测。

综上可见,国际趋同下的新会计准则变革从准则体系、准则目标、准则内容、计量方式、概念基础等若干方面进行了完善,提高了会计工作的科学性与全面性,改善了我国企业会计信息的质量。为此,可以建立如下假设:

H_1:新会计准则体系相对于旧会计准则体系能够显著改善企业会计信息质量。

上述假设可以用图 5.1 来予以说明。

5.2 研究方法与模型设计

5.2.1 会计信息质量度量标准的选择

会计信息质量是指会计信息满足信息使用者需求特征的总和。与普通产

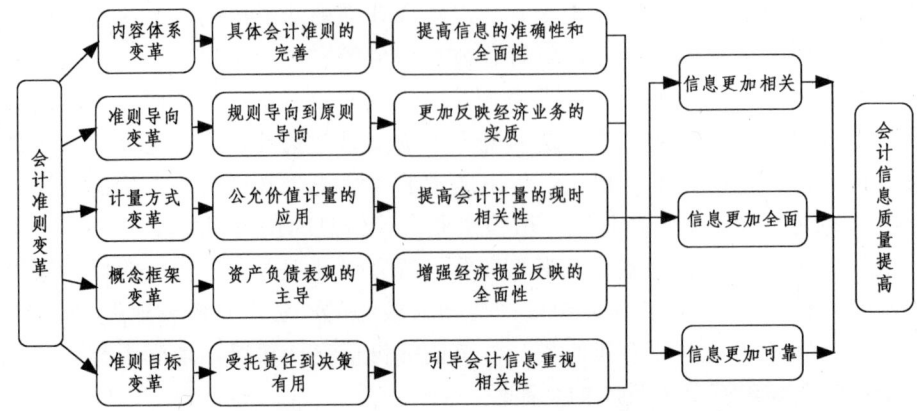

图 5.1　会计准则变革对会计信息质量影响的假设机理

品不同，会计信息需求的多样化决定了会计信息的多属性与多维性，因此会计信息的质量难以通过单一技术手段进行量化衡量（Jeanjean，2012）。但从经验来看，评价会计信息质量高低主要有两个指标：信息的"可靠性"与"相关性"。

我国企业会计准则——基本准则（2006 版）第 12 条把可靠性界定为：企业应该以实际发生的交易或事项为依据进行会计确认、计量和报告，如实反映符合确认和计量要求的各项会计要素和其他相关信息，保证会计信息真实可靠，内容完整。国际财务报告准则将可靠性界定为：没有重要的差错或偏向，并能如实反映其拟反映或理当反映的情况（交易和事项），能供使用者做决策依据的信息就具备了可靠性。

我国企业会计准则——基本准则（2006 版）第 13 条把相关性界定为：与经济决策相关的信息，有助于财务会计报告使用者对过去、现在或者未来的情况做出评价或者预测。国际财务报告准则将相关性界定为：信息要成为有用的，就必须与使用者的决策有关，当信息帮助使用者评估过去、描述现在和未来事项或者通过纠正使用者过去的评价，影响到使用者的经济决策时，信息就是具有相关性。

会计信息的可靠性与相关性一直是会计学术界权衡的一个焦点。然而，从会计准则规范的对象与目标，以及会计信息产生的需求来看，会计信息的相关性才是信息需求的终极目标。企业会计准则规范的是企业财务会计，而企业财务会计信息是为了满足外部信息使用者的需要，因而会计信息质量的高低取决于满足外部信息使用者需要的程度，任何脱离信息使用者需要的信息特征都是多余的。Houqe（2012）认为，会计信息质量在于能够在使用者的决策中产生差异（Make a Difference）。Levitt（1998）认为，公司信息披露绝不是公司单方面的信息生产与输出，其终点应放在信息使用者的理解与反应上。由此可见，会计信息质量的高低或会计信息的价值应该取决于它应用对象的评价与所发挥的作用。

会计信息的相关性取决于会计信息对信息使用者是否有用，是通过分析会计信息提供给信息使用者后，信息使用者的反应来确定的，体现会计信息所释放的"信号"是否对相关利益者的决策产生影响。就投资者视角而言，主要关注信息能不能反映到股票价格中去。由此可见，新会计准则无论从准则体系与准则目标，还是从准则内容、计量方式及框架基础都反映出准则变革能够提高会计信息的决策相关性（新会计准则也并没有放弃可靠性，而是兼顾可靠性与相关性）。漆江娜，罗佳（2009）指出，一般认为会计准则的变化将会带来会计信息质量的相应变化，而会计信息质量的变化可以通过其价值相关性体现出来。

Jeanjean（2012）指出，会计信息质量是一个很困难且难以精确度量的指标，研究者需要知晓自己研究所需研究会计质量的哪个具体维度（盈余平滑、及时性、非操控应计还是相关性等）。结合本章的研究目标，紧扣此次会计准则变革的出发点，文章选择借助于会计信息的价值相关性来验证我国会计准则变革对企业会计信息质量的影响情况，特别是发现会计准则变革能否带来增量会计信息。①

5.2.2 价值相关性模型选择

随着资本市场的诞生，会计信息价值相关性的研究也一直是学者们研究的一个重要主题，至今已经积累了相当数量的计量模型，其中引用较为广泛的主要有以下几种。

1. 盈余反应系数

根据有效市场假说，价格是信息的完全反应函数，即 $P_{j,t}=E(P_{j,t}|\phi_{i,t})$。$P_{j,t}$ 是吸收了 $\phi_{i,t}$ 信息集的有效证券价格，是吸收公司所有信息后的一个结果。1968年，Ray Ball 和 Philip Brown 发表的《会计盈余的信息含量》(*An Empirical Evaluation of Accounting Income Numbers*)一文，通过实证方法证明了公司公布的财务报告中披露的会计信息会使证券市场中的股票价格产生反应，会计数据与股票价格具有相关性，即会计信息具有信息含量。他们是最早提出通过股票价格与会计收益信息之间关系来验证会计信息价值相关性的学者。他

---

① 陈小悦、陈晓和顾斌（1997）等诸多学者的研究表明中国股票市场已经达到弱势有效。

们指出，市场将会根据信息来迅速调整股价，股价的变动可以认为是对新信息进入市场的反映。他们认为，收益可分为可预测与不可预测两部分，有一部分收益变动存在一定的黏性，即与过去收入存在一定的相关性，而另一部分则是不能被预期的收益部分（或未被预期的收益部分）。按照有效市场假说，收入中可预测部分不会对股票价格产生影响，因为预期的早已经被股价所吸收，投资者一般是根据上市公司盈余变动的信息（即未被预测的部分）来安排投资的。[①]为此，他们利用未预期的会计收益对超额股价收益的回归系数（也称为盈余反应系数 Earnings Response Coefficient，ERC）来研究会计信息的价值相关性。

原理的数理推导如下：[②]

(1) 将公司 j 的收益变化对所有市场中公司收益变化进行回归，度量出不能被模型所估计的部分，即估计出不能被预测的收益部分。

$$\Delta I_{j,t-\tau} = \hat{\alpha}_{1jt} + \hat{\alpha}_{2jt} \Delta M_{j,t-\tau} + \hat{u}_{j,t-\tau} \qquad \tau = 1, 2, \cdots, t-1 \qquad (5.1)$$

式中：$\Delta I_{j,t-\tau}$ 为公司 j 的收益变化；$\Delta M_{j,t-\tau}$ 为市场中除公司 j 以外所有公司的平均收益变化。

利用模型估计出参数，即可形成公司 j 在第 t 年的期望收益预测，如公式所示：

$$\Delta I_{j,t} = \hat{\alpha}_{1jt} + \hat{\alpha}_{2jt} \Delta M_{j,t} \qquad (5.2)$$

其中未被预测的收益变化可表示为：

$$\hat{u}_{j,t-\tau} = \Delta I_{j,t} - \Delta \hat{I}_{j,t} \qquad (5.3)$$

$\hat{u}_{j,t-\tau}$ 为未被预测的收益变化，或者说是预测错误。

(2) 估计股票价格中未被预期的价格波动部分。

股票价格的变化有时受到大盘的影响，这主要是由系统性风险引起的。为此，利用公司股价的每月收益与大盘指数月收益进行回归来计算出超额收益情况。

[①] 有效市场假说（Efficient Markets Hypothesis，EMH）由尤金法玛（Eugene Fama）提出。他认为，存在这样一个市场，在这个市场上，存在着无数理性、追求利益最大化的投资者，他们积极参与竞争，都试图预测每个股票的未来市场价格。由于信息完全，每一个投资者都能获得所有重要信息，这种竞争的均衡结果就是单个股票都反映了已经发生、尚未发生、公开与非公开所有信息。这样一个价格完全反映所有可以获得信息的市场，这称为有效市场。

[②] Ray Ball, Philip Brown, *An Empirical Evaluation of Accounting Income*, Numbers Journal of Accounting Research, 1968, 6 (2), P159~178.

$$[PR_{jm}-1]=\hat{b}_{1j}+\hat{b}_{2j}[L_m-1]+\hat{v}_{jm} \qquad (5.4)$$

式中：PR_{jm} 是公司 j 和 m 月的股价变动；L 是 Fisher 综合投资绩效指数（Fisher's Combination Investment Performance Index）；$[L_m-1]$ 是市场月度收益；v_{jm} 是残差，也即市场实际收益与市场期望收益之间的差异，即由于新信息导致的股票价格变化，或者说超额收益率。

（3）将未被估计的股票价格波动与未被预期的收益进行回归，即可得出盈余反应系数。

$$v_{jm}=\beta_0+\beta_1 u_{jt}+\varepsilon_{jt} \qquad (5.5)$$

式中：β_1 指盈余反应系数。

如果盈余反应系数比较高，则可以认为会计信息的价值相关性也高，也可以认为企业会计信息质量高。

2. Ohlson 剩余收益模型

"剩余收益"（Residual Income）的概念最早是由 Preinreich 在其 1938 年发表的《折旧理论》一文中提出的，但当时并没受到会计理论界的重视。之所以称剩余收益是因为考虑了企业综合收益扣除按照现行利率计算的资本利息后所剩下的超额收益。Marshall（1890）指出，所有者或者经营者按照现行利率扣除其资本利息后所留下的经营或管理收益，即公司的营业利润必须超过其资金成本，才能真正被视为为股东创造财富。

Ohlson（1991）认为，以 Ball 和 Brown 为代表的相关性分析不能回答盈余与收益之间的真实关系，也不能说明为什么会计盈余是股票收益的主要信息变量。要解释这个问题，必须依靠一个能够联系会计盈余与股价的均衡模型。为此，弗尔森（Feltham）和奥尔森（Ohlson）在股利贴现模型和净剩余关系理论等基础上提出了剩余收益估值模型。Ohlson 剩余收益模型基于以下三大假设。

（1）股票的市场价值等于公司未来股利的折现。投资者对未来股利的预期相同，即投资者具有同质信念和风险中性偏好，且折现率必须满足非随机的利率期限结构。企业预期股利折现模型（The Discounted Dividend Model，DDM）如下：

$$P_t=\sum_{\tau=1}^{\infty}E_t[d_{t+\tau}]/(1+r)^{\tau}=\sum_{\tau=1}^{\infty}R_f^{-\tau}E_t[d_{t+\tau}] \qquad (5.6)$$

式中：P_t 为 t 期公司的市场价值；d_t 为 t 期公司所发放的净现金股利；$E[t]$ 为在 t 期信息下的公司期望股利；R_f 为风险利率加 1，即 $1+r$；r 为风险利率。

(2)必须满足股东权益会计的股利替代性与净剩余关系。净剩余关系指公司权益的账面价值变化取决于盈余的获得以及股利的支付,即企业账面价值变动的主要原因来自股利与盈余。当期资产、负债价值的变动必须全部计入损益,而不得在资产负债表中停留。公式如下:

$$bv_t = bv_{t-1} + x_t - d_t \tag{5.7}$$

式中:bv_t 指公司第 t 期权益的账面价值;x_t 指公司第 t 期的盈余;d_t 指公司第 t 期发放的股利。

同时,Ohlson 假设 $\partial bv_t / \partial d_t = -1$,$\partial x_t / \partial d_t = 0$,即股利的发放对当期权益的账面价值有影响,而对盈余没有影响,即企业价值可表示为账面价值和未来超额盈余折现值之和。

(3)动态线性信息模型假设,即要求剩余收益满足下列修正的自回归过程(时间序列)。Ohlson(1995)认为,相关性模型包含所有信息,包括收益、账面价值以及其他信息。

公式如下:

$$x_{t+1}^a = w x_t^a + v_t + \varepsilon_{1t+1} \tag{5.8}$$

$$v_{t+1} = \gamma v_t + \varepsilon_{2t+1} \tag{5.9}$$

式中:x_t^a 为企业 t 期的超额盈余;v_t 为企业 t 期时其他估计相关信息;w 为当前超常收益的持续性,γ 为其他信息项的持续性。

上述公式表示下一期的超常收益与本期超常收益以及其他信息项之间的线性关系。式(5.9)表示其他信息项的自回归。这两个公式所表示的含义是当前超额收益以外的信息所带来的影响一般要在下一期体现出来。

模型数理推导:

根据 Marshall(1890)和 Preinreich(1938)对超额盈余的定义,本书将超额盈余定义为会计收益扣除必要资本利息的余额。公式如下:

$$x_t^a \equiv x_t - (R_f - 1) bv_{t-1} \tag{5.10}$$

由式(5.6)与式(5.9)变形可得:

$$d_t = bv_{t-1} + x_t - bv_t = x_t^a - bv_t + R_f bv_{t-1} \tag{5.11}$$

将式(5.10)带入模型(5.5),由于 $\tau \to \infty$ 时,$R_f^{-\tau} E_t[y_{t+\tau}] \to 0$,整理可得:

$$P_t = bv_t + \sum_{\tau=1}^{\infty} R_f^{-\tau} E[x_{t+\tau}^a] \tag{5.12}$$

在引入假设(3)中动态线性信息假设后,模型(5.12)可以通过一定的数理变形，得到一个线性的表达式：

$$P_t = bv_t + \alpha_1 x^a + \alpha_2 v_t \tag{5.13}$$

其中，$\begin{cases} \alpha_1 = w/(R_f - w) \geqslant 0 \\ \alpha_1 = R_f/(R_f - w)(1 + R_f - \gamma) > 0 \end{cases}$

上式表明股票价格是企业账面价值、当期超额盈余以及其他信息（修正的未来获利能力）的一阶线性函数。以上推导均基于无偏会计假设，即随着时间的推移，企业账面价值逐渐趋同于其市场价值，未来超额盈余趋近于零。

Ohlson 模型其实是在市场有效、股利无关论及干净会计等假设下的股利折现模型的一个简单变形。

Ohlson（1995）模型的进一步发展：

Ohlson（1995）模型中的线性化处理需要依赖于动态线性信息假设，而这一假设要求会计的无偏性。如果会计呈现激进时，那么这一假设将难以维持。为此，费尔萨姆-奥尔森（1995）对 Ohlson（1995）模型进行了修正。他们将公司活动划分为财务活动和经营活动，同样，公司的资产也划分为财务性资产和经营性资产。模型假设还是延续了 Ohlson（1995）模型中的第一个和第二个假设。相对于 Ohlson（1995）模型，他们新增了三种会计指标间的关系：净利息关系（Net Interest Relation，NIR），财务性资产关系（Financial Assets Relation，FAR），经营性资产关系（Operating Asset Relation，OAR），同时考虑保留原有模型的净剩余关系（CSR）和市场价值关系（Present Value Relation，PVR）。这几个会计关系表示如下：

$$P_t = \sum_{\tau=1}^{\infty} R_F^{-\tau} E_t[d_{t+\tau}] \quad (PVR) \tag{5.14}$$

$$bv_t = bv_{t-1} + x_t - d_t \quad (CSR) \tag{5.15}$$

$$i_t = (R_F - 1)fa_{t-1} \quad (NIR) \tag{5.16}$$

$$fa_t = fa_{t-1} + i_t - (d_t - c_t) \quad (FAR) \tag{5.17}$$

$$oa_t = oa_{t-1} + ox_t - c_t \quad (OAR) \tag{5.18}$$

式中，bv_t 分别表示第 t 期公司权益的账面价值；x_t 表示公司第 t 期的盈余；d_t 表示指公司第 t 期发放的股利；i_t 表示公司第 t 期的利息；R_F 表示 1+无风险利率；fa_t 表示第 t 期的财务性资产；c_t 表示第 t 期的现金流量；oa_t 表示公司第 t 期经营性资产；ox_t 表示公司第 t 期经营性利润。

在上述五种关系以及一系列数学推演基础上，他们建立了以下三个有关公司内在价值与会计数据之间关系的模型，分别是模型（5.19），模型（5.20）和模型（5.21）。同时，与 Ohlson（1995）模型一样，他们对这些模型进行了线性化处理，得到了模型（5.22），这种线性化处理使其可以方便地应用于以计量模型为主的经验研究中。

$$P_t = fa_t + \sum_{\tau=1}^{\infty} R_F^{-\tau} E_t[c_{t+\tau}] \tag{5.19}$$

$$P_t = bv_t + \sum_{\tau=1}^{\infty} R_F^{-\tau} E_t[x_{t+\tau}^a] \tag{5.20}$$

$$P_t = bv_t + \sum_{\tau=1}^{\infty} R_F^{-\tau} E_t[ox_{t+\tau}^a] \tag{5.21}$$

$$P_t = bv_t + \alpha_1 ox_t^a + \alpha_2 oa_t + \beta_1 v_{1,t} + \beta_2 v_{2,t} \tag{5.22}$$

式中：ox_t^a 为企业 t 期的超额盈余；v_t 为企业 t 期时其他估计相关信息。

3. Ohlson 价格模型

按照上述的推导，Ohlson（1995）模型可简化如下：

$$P_{i,t} = \alpha + \beta_0 BV_{i,t} + \beta_1 AR_{i,t} + \varepsilon_{i,t} \tag{5.23}$$

式中：$P_{i,t}$ 是 i 公司 t 年年末的股票价格；$BV_{i,t}$ 是 i 公司 t 年年末的每股账面价值；$AR_{i,t}$ 是 i 公司 t 年年末的非正常盈余或剩余收益。

Collins（1997）指出，根据 Maydew（1993）提供的经验证据显示当期净收益比当期异常收益和股价更相关。于是 Collins 对 Ohlson（1995）模型采用当期净收益进行了修正。①模型如下：

$$P_{i,t} = \beta_0 + \beta_1 BV_{i,t} + \beta_2 EPS_{i,t} + \psi \tag{5.24}$$

式中，$BV_{i,t}$ 为公司 i 在第 t 年度的每股账面净资产；$EPS_{i,t}$ 为公司 i 在第 t 年度的账面每股收益。

自此以后，大量价值相关性文献都引用 Collins 修正后的 Ohlson 模型：一方面当期异常收益计算起来比较麻烦，且要假设资本资产定价模型（Capital Assets Pricing Model，CAPM）有效；另一方面是没有经验研究显示当期异常

---

① 我国上海财经大学陈信元教授对 Ohlson 模型研究时也发现，企业的每股收益要比当期异常收益对股价具有更高的解释力。

收益比当期净收益更价值相关。

虽然Collins修正后的价格模型相比于Ohlson(1995)模型有所改善，但是在计量上仍受到规模效应的影响，而且这种效应难以观测到，需要找一个合适的替代。Stephen等（1999）认为，令人满意的代替诸如每股股价或每股账面价值这种衡量每股经济资源的指标，建议可以在价格模型等式左右两边同除以上年度的股价，以消除规模效应的影响。修正后的价格模型如下：

$$\frac{P_{i,t}}{P_{i,t-1}} = \gamma_0 + \gamma_1 \frac{EPS_{i,t}}{P_{i,t-1}} + \gamma_2 \frac{BV_{i,t}}{P_{i,t-1}} + \varepsilon_{i,t} \quad (5.25)$$

对于修正的价格模型（5.25），还有很多学者将其进一步分解。如Collins等（1997）。他们把$Adj.R^2$分解成三部分：每股盈余$EPS_{i,t}$对价格（P）的增量信息解释能力$Adj.R_1^2$，$BV_{i,t}$对价格（P）的增量信息解释能力$Adj.R_2^2$，以及$EPS_{i,t}$和$BV_{i,t}$的联合影响$Adj.R_{C1}^2$。$Adj.R^2$衡量$EPS_{i,t}$和$BV_{i,t}$两者总的价值相关性；$Adj.R_E^2$用来衡量每股盈余$EPS_{i,t}$的价值相关性，$Adj.R_{BV}^2$用来衡量$BV_{i,t}$的价值相关性。则每股盈余$EPS_{i,t}$对股价（P）的增量信息解释能力$Adj.R_1^2 = Adj.R^2 - Adj.R_{BV}^2$，每股账面净资产$BV_{i,t}$对股价（P）的增量信息解释能力$Adj.R_2^2 = Adj.R^2 - Adj.R_E^2$，每股盈余$EPS_{i,t}$和每股账面净资产$BV_{i,t}$的联合增加的解释能力$Adj.R_{C1}^2 = Adj.R^2 - Adj.R_1^2 - Adj.R_2^2$。

$$\frac{P_{i,t}}{P_{i,t-1}} = \gamma_0 + \gamma_1 \frac{EPS_{i,t}}{P_{i,t-1}} \varepsilon_{i,t} \quad (5.26)$$

$$\frac{P_{i,t}}{P_{i,t-1}} = \gamma_0 + \gamma_2 \frac{BV_{i,t}}{P_{i,t-1}} + \varepsilon_{i,t} \quad (5.27)$$

式中：$P_{i,t}$和$P_{i,t-1}$分别为第t年4月最后一个交易日和第$t+1$年4月最后一个交易日i公司股票的收盘价；$EPS_{i,t}$为第t年i公司的年度每股盈余；$BV_{i,t}$为第t年i公司的年度每股账面净资产。

4. 收益模型

与价格模型较为相似的还有收益模型。Easton和Harris（1991）的收益模型采用每股盈余（EPS）代表会计盈余信息。他们认为EPS是综合反映企业经营成果的财务指标之一，与净利润相比，它排除了公司规模等因素的干扰，可以更好地刻画会计盈余股价之间的关系。收益模型为：

$$RET_{i,t} = \alpha_0 + \alpha_1 \frac{EPS_{i,t}}{P_{i,t-1}} + \alpha_2 \frac{\Delta EPS_{i,t}}{P_{i,t-1}} + \varepsilon_{i,t} \quad (5.28)$$

式中：$RET_{i,t}$为第t年4月最后一个交易日到$t+1$年4月最后一个交易日i公司股票的持有期间收益率。

其计算公式： $RET_{i,t} = (P_{i,t} - P_{i,t-1} + D_{i,t})/P_{i,t-1}$

式中：$D_{i,t}$ 为公司第 t 年所支的股利付的股利。

$P_{i,t}$ 和 $P_{i,t-1}$ 分别为第 t 年 4 月最后一个交易日和第 $t-1$ 年 4 月最后一个交易日 i 公司股票的收盘价。$EPS_{i,t}$ 为第 t 年 i 公司的年度每股盈余，$\triangle EPS_{i,t}=EPS_{i,t}-EPS_{i,t-1}$。

与价格模型类似，Collins 等（1997）还对收益模型进行了进一步研究分解。把 $Adj.R^2$ 分解成三部分：每股盈余 $EPS_{i,t}$ 对收益（$RET_{i,t}$）的增量信息解释能力 $Adj.R_1^2$，$\triangle EPS_{i,t}$ 对收益（$RET_{i,t}$）的增量信息解释能力 $Adj.R_2^2$，以及 $EPS_{i,t}$ 和 $\triangle EPS_{i,t}$ 的联合影响 $Adj.R_{C1}^2$。$Adj.R^2$ 衡量 $EPS_{i,t}$ 和 $\triangle EPS_{i,t}$ 的两者总的价值相关性；$Adj.R_E^2$ 用来衡量每股盈余 $EPS_{i,t}$ 的价值相关性，$Adj.R_{\triangle E}^2$ 用来衡量 $\triangle EPS_{i,t}$ 的价值相关性。则每股盈余 $EPS_{i,t}$ 对收益（$RET_{i,t}$）的增量信息解释能力 $Adj.R_1^2=Adj.R^2-Adj.R_{\triangle E}^2$，非预期盈余 $\triangle EPS_{i,t}$ 对收益（$RET_{i,t}$）的增量信息解释能力 $Adj.R_2^2=Adj.R^2-Adj.R_E^2$，每股盈余 $EPS_{i,t}$ 和非预期每股盈余 $\triangle EPS_{i,t}$ 的联合增加的解释能力 $Adj.R_{C1}^2=Adj.R^2-Adj.R_1^2-Adj.R_2^2$。

$$RET_{i,t} = \alpha_0 + \alpha_1 \frac{EPS_{i,t}}{P_{i,t-1}} \varepsilon_{i,t} \tag{5.29}$$

$$RET_{i,t} = \alpha_0 + \alpha_2 \frac{\triangle EPS_{i,t}}{P_{i,t-1}} + \varepsilon_{i,t} \tag{5.30}$$

其实，收益模型是价格模型的一阶差分。

$$\frac{P_{i,t}-P_{i,t-1}+d}{P_{i,t-1}} = \gamma_0 + \frac{BV_{i,t}-BV_{i,t-1}}{P_{i,t-1}} + \frac{EPS_{i,t}-EPS_{i,t-1}}{P_{i,t-1}} \tag{5.31}$$

5. 模型评述

从研究会计信息价值相关性的文献归纳看，引用最多的是价格模型和收益模型。收益模型主要考虑股票回报率和会计收益之间的线性关系，而价格模型主要考虑股价和会计数据之间的线性关系。相对而言，价格模型比收益模型呈现两大优点：① Kothari 和 Zimmerman（1995）认为，如果股票市场能够预计会计利润并在期初股价中吸收价格引导盈余的预期，那么收益模型就会产生有偏的盈余反应系数。相比之下，股价反映了利润信息的累积效应，所以股价模型产生无偏的利润回归系数。② 价格模型综合研究了资产负债表（净资产）和损益表（净收益）信息的价值相关性，而收益模型只考虑了会计盈余的价值相关性，价格模型实现了从损益表延伸至资产负债表的转变。

Scott（2006）认为 Ohlson 价格模型能够很好地支持决策有用的计量观。

为此,本书采纳了 Stephen 等(1999)修正的 Ohlson 价格模型,即在原来 Ohlson 价格模型等式的左右两边同除以本年度 4 月最后一个交易日的收盘价,以消除规模效应的影响。

5.2.3 模型设计

第二章综述了会计准则变革的研究方法,本书主要借鉴了大部分学者利用的事件研究法,即在模型中加入事件哑变量或者事件哑变量的交叉来发现政策变革前后的影响。该方法既可以清晰地分析准则变革之前与准则变革之后的状况,还可以比较分析准则变革之前与之后的差异。

按照 Stephen 等(1999)修正的 Ohlson 价格模型,再结合添加事件哑变量交叉的思想,构建了如下模型:

$$P_{i,t} = \beta_0 + \beta_1 BV_{i,t} + \beta_2 EPS_{i,t} + \beta_3 NCAS \\ + \beta_4 BV_{i,t} \times NCAS + \beta_5 EPS_{i,t} \times NCAS + Size_{i,t} + \varepsilon_{i,t} \quad (5.32)$$

(1)被解释变量。

针对价格变量 $P_{i,t}$,有的学者选择年末股价直接作为因变量来进行回归。本书同意 Stephen 等(1999)的观点,选择经过 $t-1$ 期股票价格平减过的年末股价作为模型的因变量 $P_{i,t}$。根据我国证券法的规定,我国上市公司财务报告必须在次年 4 月 30 日前公布,因此本书的 $P_{i,t-1}$ 选取 t 年 4 月 30 日的收盘价,视为对上市公司年报信息充分反应的股票价格。

(2)解释变量。

$BV_{i,t}$ 为 i 公司在 t 时期的每股账面净资产除以期初股价。$EPS_{i,t}$ 为 i 公司在 t 时期的每股收益除以期初股价。NCAS 为会计准则变革事件哑变量,新会计准则实施之前年份取 0,实施之后年份取 1。即 2007 年之前取值为 0,2007 年以后取值为 1。$BV_{i,t} \times NCAS$ 表示经年初股价平减过的每股账面净资产与会计准则变革的交叉项,衡量新会计准则实施后每股账面净资产价值相关性的改善程度。$EPS_{i,t} \times NCAS$ 表示经年初股价平减过的每股收益与会计准则变革的交叉项,衡量新会计准则实施后每股收益价值相关性的改善程度。

(3)控制变量。

Size 为公司总资产账面价值的自然对数。有学者发现,公司规模对于公司股价具有显著影响(王建新,2010)。

具体变量定义如表 5.1 所示。

表 5.1　模型变量的定义表

变量类型	变量名称	变量符号	变量定义
被解释变量	股票价格	P	年末股价/年初股价
解释变量	每股收益	EPS	净利润除以年末流通总股本/年初股价
	每股账面净资产	BV	年末净资产总额除以年末流通总股本/年初股价
	会计准则变革	$NCAS$	虚拟变量,当处于2007—2011年时取1,否则取0
	会计准则变革与每股账面净资产的交叉	$NCAS \times BV$	会计准则变革乘以经年初股价平减过的每股账面净资产
	会计准则变革与每股收益的交叉	$NCAS \times EPS$	会计准则变革乘以经年初股价平减过的每股收益
控制变量	企业规模	$Size$	年末公司总资产的自然对数

注：表中的股票价格均为次年4月末最后一个交易日的收盘价。

5.2.4　样本选择与数据来源

（1）数据来源。

本书所使用的公司财务数据、股票数据与公司基本信息数据来自上海万德数据库（WIND）和香港理工大学和深圳国泰安信息技术有限公司合作的《中国股票市场研究数据库（CSMAR）》（简称国泰安数据库）。行业分类参照中国证监会的上市公司行业分类。

（2）时间窗口。

由于新会计准则是2007年1月开始正式实施,为观察会计准则变革的影响,本书选择了会计准则之前与会计变革之后进行比较研究。考虑到2000年《企业会计制度》的出台,新会计制度的影响需要一段时间吸收与消化,又考虑到会计准则变革前后选择时间窗口太窄不易发现规律,为此本书最终选择了2003—2011年。根据时间窗口的选择,本书将2003—2006视为会计准则变革前,也称为控制组或基本组,2007—2011视为会计准则变革后,视为样本组。

（3）样本筛选。

为符合研究要求,研究中对样本做了如下筛选：

首先,选择2002—2011年期间在上海和深圳主板上市的所有公司,考虑到金融保险行业的特殊性可能会对本书研究结论造成有偏,为此本书将这两个行业的上市公司从样本中予以删除。

其后，为避免新上市和这一期间退市的公司因执行准则的不同给研究造成影响，本书选定平衡面板数据来进行研究，对 2003 年及以后上市的公司进行剔除；①为保证非正常财务绩效的公司不对本书研究结论产生影响，本书按年将 ST、*ST 与 S*ST 等公司进行了剔除。

再者，考虑到 B 股公司的特殊性，将样本中的 B 股公司予以剔除。

最后，考虑到下一章投资模型需要利用到滞后一期的数据，虽然时间窗口是 2003—2011 年，但必须考虑 2002 年的数据，为了保持前后章节研究的一致，本书对 2002 年数据缺失的上市企业予以剔除，最终得到 718 家样本，6 462 个公司年数据（Firm-year）。

具体删除后的数量分布如表 5.2 中 Panel A 所示，样本的行业分布如表 5.2 中 Panel B 所示。

为减轻变量指标极端值对最小二乘法回归可能造成偏差，本书在回归之前对所有连续变量按年度首尾 1%和 99%进行了 Winsorize 处理，即用 1%和 99%位置上的指标数值分别去代替 0～1%和 99～100%的数值。

表 5.2 样本筛选及行业分布表

Panel A：样本筛选过程样本数量	
筛选过程样本数	
按照证监会行业分类（13 个大行业分类）扣除金融、保险业后	2 448
扣除 2003 年包括 2003 年以后上市的公司	1 230
扣除 ST、*ST、S*ST 后（按年扣除）	879
扣除 B 股上市企业后	787
扣除 2002 部分未上市企业后	738
扣除缺失值后	718

Panel B：样本行业分布				
行业代码	名称	样本量	样本比例（%）	累计样本比例（%）
A	农、林、牧、渔业	12	1.67	1.67
B	采掘业	15	2.09	3.76
C0	制造业——食品饮料	36	5.01	8.77

---

① 吉利，邓博夫，毛洪涛，立信会计学院学报（取 2004 年以前）；王鲁平，毛伟平：《财务杠杆、投资机会与公司投资行为——基于制造业上市公司 Panel Data 的证据》，载《管理评论》2010 年第 22 卷第 11 期，第 99～100 页；李姝，黄雯：《长期资产减值、盈余管理与价值相关性——基于新会计准则变化的实证研究》，载《管理评论》2011 年第 23 卷第 10 期，144～151 页（删除 2007 年以后上市的公司）；朱松夏，冬林：《稳健会计政策、投资机会与企业投资效率》，载《财经研究》2010 年第 36 卷第 6 期，第 69～79 页（平衡数据）。

续表 5.2

Panel B：样本行业分布				
C1	制造业——纺织、服装、皮毛	23	3.20	11.98
C2	制造业——木材家具	2	0.28	12.26
C3	制造业——造纸、印刷	10	1.39	13.65
C4	制造业——石油、化学、塑胶塑料	69	9.61	23.26
C5	制造业——电子	25	3.48	26.74
C6	制造业——金属、非金属	62	8.64	35.38
C7	制造业——机械、设备、仪表	98	13.65	49.03
C8	制造业——医药、生物制品	52	7.24	56.27
C99	制造业——其他	3	0.42	56.69
D	电力、煤气及水的生产与供应业	36	5.01	61.70
E	建筑业	9	1.25	62.95
F	交通运输、仓储业	37	5.15	68.11
G	信息技术业	30	4.18	72.28
H	批发和零售贸易	74	10.31	82.59
J	房地产业	60	8.36	90.95
K	社会服务业	23	3.20	94.15
L	传播与文化产业	7	0.97	95.13
M	综合类	35	4.87	100.00
合计		718		

5.3 实证研究与分析

5.3.1 变量描述性统计

表 5.3 列示了模型（5.32）中所涉及变量的描述性统计，表格对会计准则变革之前及会计准则变革之后分别进行了统计列示，同时还汇报了均值 T 检验值和 Wilcoxon 秩检验值。公司股票价格（P）指标无论是从均值还是中值来看，在会计准则变革之后均有上升，且均值和 Wilcoxon 秩检验均为正显著，说明会计准则变革之后股票价格要相对于会计准则变革之前显著偏高。会计准则变革之前最小值为 0.320，最大值为 4.260；会计准则变革之后最小值为 0.130，最大值为 7.092，说明会计准则变革之后股价的差异程度也大于会计准则变革之前。每股收益（EPS）在会计准则变革前后均值没有变化，但中值由

0.026 下降至 0.024，均值检验不显著，Wilcoxon 秩检验为负显著。每股账面净资产（BV）在会计准则变革之前均值与中值分别为 0.502 和 0.460，而会计准则变革之后均值和中值分别为 0.398 和 0.323，均值和 Wilcoxon 秩检验均负显著，说明均值和中值在会计准则变革之后均出现显著大幅下降，造成的原因可能是每股账面净资产（BV）在会计准则变革后出现下降，也有可能股票价格（P）上涨幅度超过账面净资产（BV）增长幅度导致整体下降。公司规模（Size）由于经过取自然对数，在量纲上相差不大，均值和 Wilcoxon 秩检验均正显著说明，规模在会计准则变革后显著增加，符合规模增长的刚性特征。

表 5.3　变量描述性统计

变量	会计准则变革之前					会计准则变革之后					均值 T	中值 Z
	均值	标准差	中值	最小值	最大值	均值	标准差	中值	最小值	最大值		
P	1.004	0.500	0.863	0.317	4.256	1.429	1.130	0.998	0.127	7.092	18.740***	6.850***
EPS	0.031	0.041	0.026	-0.170	0.242	0.031	0.038	0.024	-0.150	0.216	0.250	-2.910***
BV	0.502	0.247	0.460	0.089	1.507	0.398	0.265	0.323	0.042	1.565	-16.160***	-20.300***
Size	21.500	0.886	21.430	19.690	24.490	22.100	1.118	21.950	19.960	25.380	23.490***	21.810***

5.3.2　变量相关性分析

表 5.4 左下角报告了模型（5.32）中各变量的皮尔逊（Pearson）相关系数。其中，股票价格（P）与会计准则变革（NCAS）在 1% 的统计显著性水平下正相关，说明会计准则变革后，股票价格相比会计准则变革之前有所上涨；股票价格（P）与每股账面净资产（BV）和每股收益（EPS）均在 1% 的统计显著性水平下正相关，说明 BV、EPS 越高的企业，股票价格（P）也越高。股票价格（P）与规模（Size）在 5% 的统计显著性水平下正相关，说明规模越大的企业，股票价格也相应高。由于表中变量之间的相关关系并没有控制其他相关变量的影响，仅为单变量分析，因此变量间的相关关系仅供初步判断之用，更为准确的关系分析有待后续的回归分析。

表 5.4 中各解释变量之间相关系数最高的是每股账面净资产（BV）和每股收益（EPS）之间的系数 0.360，按照统计经验可以判断各解释变量间仅存在弱相关关系，存在完全共线性的可能性很小。为更加全面科学地反映各变量之间的相关性情况，特别是非连续性变量，在表 5.4 中还列示了各变量之间

的斯皮尔曼（Spearman）秩相关情况，具体数据如表 5.4 的右上角所示。[①]

表 5.4　变量相关性分析

Var.	P	NCAS	EPS	BV	Size
P	1	0.076***	0.437***	0.524***	0.008
	.	(0.000)	(0.000)	(0.000)	(0.524)
NCAS	0.227***	1	−0.036***	−0.253***	0.271***
	(0.000)	.	(0.004)	(0.000)	(0.000)
EPS	0.405***	0.003	1	0.410***	0.352***
	(0.000)	(0.801)	.	(0.000)	(0.000)
BV	0.456***	−0.197***	0.360***	1	0.141
	(0.000)	(0.000)	(0.000)	.	(0.000)
Size	0.0284**	0.281***	0.305***	0.152***	1
	(0.022)	(0.000)	(0.000)	(0.000)	.

注：括号中的数值为 p 值。*** 表示在 0.01 的水平下显著（2-tailed），** 表示在 0.05 的水平下显著（2-tailed），* 表示在 0.1 的水平下显著（2-tailed）；对角线右上角为 Spearman 检验系数，而左下角为 Pearson 检验系数。

5.3.3　回归结果分析

表 5.5 报告了模型（5.32）最小二乘法（OLS）的回归结果，回归采用了逐步添加变量的方法。从表 5.5 回归结果可以看出，随着变量的逐个加入，模型的拟合优度呈现稳步增长，模型调整后的 R^2 由 27.5% 上升至 46.6%。由表

[①] 相关分析是研究变量间密切程度的一种常用统计方法，研究两个变量之间线性关系的强弱程度和方向。对于两个定量变量之间的线性联系，我们可以用皮尔逊（Pearson）积矩相关系数（要求数据服从正态分布）或斯皮尔曼（Spearman）秩相关系数（非参数检验，与分布无关）来描述。皮尔逊（Pearson）积差相关的假设检验要求变量均要服从正态分布，对于不服从正态分布的数据变量可采用斯皮尔曼（Spearman）秩相关，或称等级相关来分析。Pearson 相关系数常用来度量两个变量之间的线性相关关系的强弱，是 Karl Pearson 于 19 世纪 80 年代发展形成的。系数表示为两个变量的协方差与两者之间的标准差积之间的商。

$$\rho_{xy}=\frac{\text{cov}(x,y)}{\sigma_x\sigma_y}=\frac{E(x-\mu_x)(y-\mu_y)}{\sigma_x\sigma_y}=\frac{E(xy)-E(x)E(y)}{\sqrt{E(x^2)-E^2(x)}\sqrt{E(y^2)-E^2(y)}}=\frac{\sum_{i=1}^{n}(x-\overline{x})(y-\overline{y})}{\sqrt{\sum_{i=1}^{n}(x-\overline{x})^2}\sqrt{\sum_{i=1}^{n}(y-\overline{y})^2}}$$

式中：ρ 表示相关系数。由于 Pearson 相关系数是通过原点矩定义的，因此它要求数据分布比较敏感，要求数据必须是服从二元正态分布的（近似正态分布），否则虽然相关系数估计仍是渐进无偏的（对于大样本），但是不能实现有效一致估计。

Spearman 秩相关系数，是一种非参数检验，是由 Charles Spearman1904 年提出，它是被用来度量两个非参数变量之间的相关性，也被认为是按照数据排序后变量之间的 Pearson 线性相关。公式与 Pearson 类似，仅将 x 和 y 用秩来表示。

（来自百度文库，Pearson 相关系数和 Spearman 秩相关系数介绍）。

5.5 中回归方程（1）和方程（2）结果看，每股账面净资产（BV）和每股收益指标（EPS）在1%显著性水平下正显著，说明每股收益（EPS）和每股账面净资产（BV）与股票价格（P）具有显著的价值相关性，与修正的Ohlson模型的预期一致。由模型回归系数看，每股收益（EPS）要比每股账面净资产（BV）对股票价格（P）的影响更大一些，这符合我国重视利润要高于重视资产的现状。

从表5.5中方程（3）和方程（4）的回归结果看，每股账面净资产（BV）和每股收益（EPS）在1%显著性水平下仍正显著。EPS×NCAS在1%显著性水平下正显著，系数分别为2.785和2.860，说明随着会计准则的变革，每股收益（EPS）对股票价格（P）的影响显著提高了。同样，BV×NCAS在1%显著性水平下正显著，系数分别为1.561和1.453，说明随着会计准则的变革，每股账面净资产（BV）对股票价格（P）的影响也显著提高了，证明了H_1，即会计准则变革提高了资产和损益信息的价值相关性。从每股收益（EPS）和每股账面净资产（BV）的系数增量大小看，每股收益（EPS）要比每股账面净资产（BV）的增量更多一点，说明以利润为中心的评价模式存在一定的路径依赖，与王建新（2010）的结论一致。

为了防止解释变量之间完全共线性造成的方程解释偏误，本书还在方程回归后计算了方差膨胀因子VIF（Variance Inflation Factor），结果显示各变量的VIF值均远小于5，且容忍度（Tolerance）都远大于0.1，说明回归模型中各解释变量之间并不存在完全共线性。此外，本书还计算了各方程相应的D.W.值，均在2附近，说明模型基本不存在自相关问题。[①]

表5.5 方程回归结果

变量名称	变量代号	（1）	（2）	（3）	（4）
会计准则变革	NCAS			-0.223*** (0.000)	-0.0466 (0.199)
每股收益	EPS	6.574*** (0.000)	7.405*** (0.000)	4.343*** (0.000)	5.740*** (0.000)
每股收益与会计准则变革交叉项	EPS×NCAS			2.785*** (0.000)	2.860*** (0.000)
账面价值	BV	1.263*** (0.000)	1.284*** (0.000)	0.582*** (0.000)	0.738*** (0.000)
账面价值与会计准则变革交叉项	BV×NCAS			1.561*** (0.000)	1.453*** (0.000)
规模	Size		-0.106*** (0.000)		-0.199*** (0.000)

① 限于文章篇幅和规范要求，并没有具体列示VIF、Tolerance和D.W数据。

续表 5.5

变量名称	变量代号	(1)	(2)	(3)	(4)
常数项	Intercept	0.476*** (0.000)	2.758*** (0.000)	0.579*** (0.000)	4.743*** (0.000)
观察值	N	6 462	6 462	6 462	6 462
调整后 R^2	Adj.R-squared	0.275	0.288	0.424	0.466

注:括号中的数值为为经过 White 异方差调整后的 p 值。***表示在 0.01 的水平下显著(2-tailed),**表示在 0.05 的水平下显著(2-tailed),*表示在 0.1 的水平下显著(2-tailed)。

5.4 进一步检验:受会计准则变动影响与不受会计准则变动影响项目的分类检验

为了更明晰直观地反映会计准则变革对价值相关性改善的痕迹,本书还根据会计准则变革的具体特征进行了进一步检验。进一步检验的思路是区分受到会计准则变革影响的资产负债表项目与未受到会计准则变革影响的资产负债表项目,分设两个变量。理论而言,受到会计准则变革影响的资产负债表项目由于受到新会计准则变革的增量正影响,因此会计准则变革后受到准则变革影响的项目要比没有受到会计准则变革影响的资产负债表项目在会计准则变革后对于股票价格的影响增幅更大(或更具有增量相关性效果)。

按照前面的理论分析,以及本部分的构建思路,可以建立如下假设:

H_2:随着会计准则的变革,受到会计准则变革影响的资产负债表项目要比未受到会计准则影响的资产负债表项目与股票价格的价值相关性的增量更加显著。

5.4.1 模型设计

本节模型在上节模型(5.32)的基础上,将每股账面净资产分拆成受到会计准则变革影响的资产负债表项目与未受到会计准则影响的资产负债表项目两个变量:$BVchange_{i,t}$ 和 $BVnochange_{i,t}$,并各自与会计准则变革事件哑变量进行交叉,形成如下模型:

$$P_{i,t} = \beta_0 + \beta_1 BVnochange_{i,t} + \beta_2 BVchange_{i,t} + \beta_3 EPS_{i,t} + \beta_4 NCAS$$
$$+ \beta_5 BVnochange_{i,t} \times NCAS + \beta_6 BVchange_{i,t} \times NCAS$$
$$+ \beta_7 BV_{i,t} \times NCAS + \beta_8 EPS_{i,t} \times NCAS + Size_{i,t} + \varepsilon_{i,t} \quad (5.33)$$

(1) 被解释变量。

$P_{i,t}$ 与模型（5.32）一致，为经过 $t-1$ 期公司股票价格平减处理后的 t 期公司股票价格。

(2) 解释变量。

$BVnochange_{i,t}$ 为 i 公司经过 $t-1$ 期公司股票价格平减处理后的 t 期每股未受会计准则变动影响的资产和负债。

$BVchange_{i,t}$ 为 i 公司经过 $t-1$ 期公司股票价格平减处理后的 t 期每股受会计准则变动影响的资产和负债。

$EPS_{i,t}$ 与模型（5.32）一致，为 i 公司经过 $t-1$ 期公司股票价格平减处理后的 t 期的每股收益。

$NCAS$ 与模型（5.32）一致，为会计准则变革事件哑变量，新会计准则实施前的年份取 0，实施后的年份取 1。即 2007 年时取 0，2007 年以后时取 1。

$BVnochange_{i,t} \times NCAS$ 衡量的是新会计准则实施后每股不受到会计准则变革影响的资产和负债的价值相关性的改善程度。

$BVchange_{i,t} \times NCAS$ 衡量的是新会计准则实施后每股受到会计准则变革影响的资产和负债的价值相关性的改善程度。

$EPS_{i,t} \times NCAS$ 衡量的是新会计准则实施后每股收益价值相关性的改善程度。

(3) 控制变量

$Size$ 与模型（5.32）一致，是账面总资产的自然对数。

上述变量的具体定义如表 5.6 所示。

表 5.6 模型变量的定义

变量类型	变量名称	变量符号	变量定义
被解释变量	股票价格	P	年末股价/期初股价
解释变量	每股收益	EPS	净利润除以年末流通总股本/期初股价
	未受影响的资产与负债	$BVnochange$	年末未受到会计准则影响的资产与负债合计总额除以年初市值
	未受影响的资产与负债	$BVchange$	年末受到会计准则影响的资产与负债合计总额除以年初市值
	会计准则变革	$NCAS$	虚拟变量，当处于 2007—2011 年时取 1，否则取 0
	交叉项	$EPS \times NCAS$	每股收益乘以会计准则变革
	交叉项	$BVnochange \times NCAS$	未受影响的资产与负债乘以会计准则变革
	交叉项	$BVchange \times NCAS$	受到影响的资产与负债乘以会计准则变革
控制变量	企业规模	$Size$	年末公司总资产的自然对数

注：表中股价均为次年 4 月末最后一个交易日的收盘价。

5.4.2 样本选择与数据来源

为保持研究的一致性，本节的数据来源、时间窗口，以及样本筛选均与上节一致。

同样，为了减轻变量指标极端值对最小二乘法回归造成的偏差影响，研究在回归之前也对所有连续变量按年度首尾1%和99%进行了Winsorize处理。

5.4.3 变量描述性统计

表5.7列示了模型（5.33）中所涉及变量的描述性统计结果，对会计准则变革之前及会计准则变革之后分别进行了统计，同时还汇报了均值T检验值与Wilcoxon秩检验值。变量价格指标（P）、每股收益（EPS）与规模指标（$Size$）的描述性均同前一模型。受到会计准则变革影响的资产和负债项目（$BVchange$）在会计准则变革之前均值与中值分别为0.675和0.664，而在会计准则变革之后均值和中值分别为0.562和0.515，均值与Wilcoxon秩检验均显著为负，说明会计准则变革后受到会计准则变革影响的项目数量出现显著下降。不受会计准则变革影响的资产和负债项目（$BVnochange$）也在会计准则变革之后出现显著下降，均值由原来的0.683下降至0.593，中值由原来的0.646下降至0.513，均值与Wilcoxon秩检验也均显著为负。

表5.7 变量描述性统计

变量	会计准则变革之前					会计准则变革之后					均值	中值
	均值	标准差	中值	最小值	最大值	均值	标准差	中值	最小值	最大值	T	Z
P	1.004	0.500	0.863	0.317	4.256	1.429	1.130	0.998	0.127	7.092	18.740***	6.850***
EPS	0.031	0.041	0.026	−0.170	0.242	0.031	0.038	0.024	−0.150	0.216	0.250	−2.910***
$BVchange$	0.675	0.232	0.664	0.178	1.595	0.562	0.316	0.515	0.069	2.661	−16.000***	−20.200***
$BVnochange$	0.684	0.345	0.646	0.091	2.115	0.593	0.379	0.513	0.054	2.651	−9.990***	−12.570***
$Size$	21.500	0.886	21.430	19.690	24.490	22.100	1.118	21.950	19.960	25.380	23.490***	21.810***

5.4.5 变量相关性分析

表5.8的左下角报告了模型中各变量的皮尔逊（Pearson）相关系数。其

中，股票价格（P）与会计准则变革（NCAS）、每股收益（EPS）与规模（Size）成显著正相关，与上文一致；股票价格（P）与不受会计准则变革影响的资产与负债项目（BVnochange）和受到会计准则变革影响的资产与负债项目（BVchange）之间的相关系数分别为 0.344 和 0.330，且都在 1%统计显著性水平下正显著，说明这两个变量都与股票价格具有同向变化趋势。由于表中变量之间的相关关系并没有控制其他相关变量的影响，仅为单变量分析，因此两者间的相关关系仅供初步判断参考。

表 5.8 变量相关性分析

	P	NCAS	EPS	BVchange	BVnochange	Size
P	1	0.076***	0.437***	0.342***	0.334***	0.008
	.	（0.000）	（0.000）	（0.000）	（0.000）	（0.524）
NCAS	0.227***	1	-0.036***	-0.251***	-0.156***	0.271***
	（0.000）	.	（0.004）	（0.000）	（0.000）	（0.000）
EPS	0.405***	0.003	1	0.390***	0.279***	0.352***
	（0.000）	（0.801）	.	（0.000）	（0.000）	（0.000）
BVchange	0.344***	-0.196***	0.333***	1	0.522***	0.305***
	（0.000）	（0.000）	（0.000）	.	（0.000）	（0.000）
BVnochange	0.330***	-0.124***	0.247***	0.531***	1	0.342***
	（0.000）	（0.000）	（0.000）	（0.000）	.	（0.000）
Size	0.028**	0.281***	0.305***	0.319***	0.349***	1
	（0.022）	（0.000）	（0.000）	（0.000）	（0.000）	.

注：括号中的数值为 p 值。***表示在 0.01 的水平下显著（2-tailed），**表示在 0.05 的水平下显著（2-tailed），*表示在 0.1 的水平下显著（2-tailed）；对角线右上角为 Spearman 检验系数，而左下角为 Pearson 检验系数。

表 5.8 中各解释变量之间相关系数最高的是不受会计准则变革影响的资产与负债项目（BVnochange）和受到会计准则变革影响的资产与负债项目（BVchange）之间的相关系数，为 0.531，按照统计经验可以判断各解释变量之间仅存在中等相关关系，解释变量之间存在完全共线性的可能性不大。为了更加全面科学地反映各变量之间的相关性情况，同上文一样也在表中还列示了各变量之间的斯皮尔曼（Spearman）秩相关情况，具体数据如表 5.8 的右上角所示。

5.4.6 回归结果分析

表 5.9 报告了模型（5.33）最小二乘法（OLS）的回归结果，与前文类似，也采用了逐步添加变量的方法。从表 5.9 中的回归结果可以看出，随着变量的逐个加入，模型的拟合优度也在稳步增长，模型调整后的 R^2 由 23.5%上升至 44.5%。由表中方程（5）和方程（6）的回归结果看，不受会计准则变革影响的资产和负债项目（BVnochange）、受到会计准则变革影响的资产和负债项目（BVchange）和每股收益（EPS）均在 1%显著性水平下正显著，说明不受会计准则变革影响的资产和负债项目（BVnochange）、受到会计准则变革影响的资产和负债项目（BVchange）和每股收益（EPS）均与股票价格（P）具有显著正价值相关性。

从表 5.9 中方程（7）和方程（8）的回归结果看，每股收益（EPS）在 1%显著性水平下仍正显著。EPS×NCAS 在 1%显著性水平下正显著，系数分别为 4.234 和 3.664，与前文一致，说明随着会计准则的变革，每股收益（EPS）对价格的影响显著提高了。NCAS×BVnochange 在 1%显著性水平下正显著，系数分别为 0.228 和 0.263，说明随着会计准则的变革，不受会计准则变革影响的资产和负债项目（BVnochange）对股票价格（P）的影响在显著提高。NCAS×BVchange 在 1%显著性水平下正显著，系数分别为 0.792 和 0.615，说明随着会计准则的变革，受会计准则变革影响的资产和负债项目（BVnochange）对股票价格（P）的影响也在提高。然而，从 NCAS×BVnochange 与 NCAS×BVchange 在会计准则变革后的增量系数的大小看，受到会计准则变革影响的资产与负债项目（BVchange）要比不受会计准则变革影响的资产和负债项目（BVnochange）对股票价格（P）的相关性改善更加显著，证明了 H_2，即受到会计准则变革影响的资产负债表项目要比未受到会计准则影响的资产负债表项目与股票价格的价值相关性在会计准则变革之后的增量更加显著。

与前文一样，为了考察多元回归中解释变量之间的共线性问题，研究对方程回归后计算了方差膨胀因子 VIF，结果显示各变量的 VIF 值均远小于 5，且容忍度都远大于 0.1，说明回归模型中各解释变量之间并不存在完全共线性。此外，本书还计算了各方程相应的 D.W.值，均在 2 附近，说明模型基本不存在自相关问题。①

---

① 限于文章篇幅和规范要求，并没有具体列示 VIF、Tolerance 和 D.W 数据。

表 5.9 方程回归结果

变量名称	变量代号	(5)	(6)	(7)	(8)
会计准则变革	$NCAS$			-0.252*** (0.000)	0.100** (0.045)
每股收益	EPS	7.434*** (0.000)	8.480*** (0.000)	4.894*** (0.000)	6.714*** (0.000)
每股收益与会计准则变革交叉项	$NCAS \times EPS$			4.234*** (0.000)	3.664*** (0.000)
不受会计准则变革影响项目	$BVnochange$	0.440*** (0.000)	0.564*** (0.000)	0.289*** (0.000)	0.508*** (0.000)
受会计准则变革影响项目	$BVchange$	0.480*** (0.000)	0.570*** (0.000)	0.0866 (0.200)	0.445*** (0.000)
不受会计准则变革影响项目与会计准则变革交叉	$NCAS \times BVnochange$			0.228*** (0.000)	0.263*** (0.000)
受会计准则变革影响项目与会计准则变革交叉	$NCAS \times BVchange$			0.792*** (0.000)	0.615*** (0.000)
规模	$Size$		-0.187*** (0.000)		-0.326*** (0.000)
常数项	Intercept	0.438*** (0.000)	4.360*** (0.000)	0.598*** (0.000)	7.156*** (0.000)
样本数	N	6462	6462	6462	6462
调整后 R^2	Adj.R-squared	0.235	0.272	0.349	0.445

注：p 值为经过 White 异方差调整后的数值。*** 表示在 0.01 的水平下显著（2-tailed），** 表示在 0.05 的水平下显著（2-tailed），* 表示在 0.1 的水平下显著（2-tailed）。

5.5 本章小结

本章以检验会计准则变革对会计信息质量的影响为目标，以会计准则变革的目标为出发点，选择会计信息的价值相关性为研究视角，利用修正的 Ohlson 价格模型，以我国沪深两市上市公司 2003—2011 年数据为样本，以 2007 年作为会计准则变革的分界点，对我国会计准则变革前后会计信息的价值相关性改善情况进行了研究。

研究结论显示，随着新会计准则的推行实施，会计信息的价值相关性有了显著改善，无论是资产负债表项目还是损益表项目与股票价格之间的价值相关性均有了显著提高，验证了会计准则变革能够改善企业会计信息质量的假说。

为进一步直观反映会计准则变革对会计信息质量的改善情况，本章通过将资产负债表项目分解为受到会计准则变革影响的资产与负债项目和未受到会计准则变革影响的资产与负债项目分设变量纳入模型，进行价值相关性研究，发现受到会计准则变革影响的资产与负债项目对股票价格的相关性增量贡献要远大于未受到会计准则变革影响的资产与负债项目，进一步证实了会计准则变革对价值相关性的改善作用。

综上可见，会计准则变革能够使资产负债表项目和损益表项目的会计信息更具价值相关性。这些改善将有利于提高投资决策的信息支持，真实呈现企业状况，加强外部相关利益者对企业的了解，减少企业内外部信息的不对称，完善企业的治理环境与融资环境。

本章最后附上资产负债表项目分类，旨在展现哪些科目受到准则变革影响，哪些科目没有受到准则变革影响（见表 5.10）。

表 5.10 资产负债表项目分类表

资产	有无受到准则影响	负债	有无受到准则影响
流动资产：		流动负债：	
货币资金	没有	短期借款	没有
交易性金融资产	受到	交易性金融负债	受到
应收票据	没有	应付票据	没有
应收账款	没有	应付账款	没有
预付账款	没有	预收账款	没有
应收利息	没有	应付职工薪酬	受到
其他应收款	没有	应交税费	受到
存货	受到	应付利息	没有
待摊费用	没有	应付股利	没有
一年内到期的非流动资产	没有	预提费用	没有
其他流动资产	没有	一年内到期的长期负债	没有
		其他流动负债	没有
流动资产合计		流动负债合计	
非流动资产：		非流动负债：	
可供出售金融资产	受到	长期借款	没有

续表 5.10

资产	有无受到准则影响	负债	有无受到准则影响
持有至到期投资	受到	应付债券	没有
长期应收款	没有	长期应付款	没有
长期股权投资	受到	专项应付款	没有
投资性房地产	受到	预计负债	没有
固定资产	受到	递延所得税款负债	没有
在建工程	受到	其他非流动负债	没有
工程物资	没有	负债合计	
固定资产清理	没有		
生产性生物资产	受到		
无形资产	受到		
商誉	受到		
长期待摊费用	没有		
递延所得税资产	受到		

注：项目分类参照罗婷（2008）。其中"受到"指新旧会计准则存在差异的项目，即受到会计准则变革影响的项目。"没有"指新旧会计准则并不存在差异的项目，即没有受到会计准则变革影响的项目。

6 会计准则变革对企业投资行为影响的实证检验：基于信息质量变革视角

本章在会计准则变革能够改善企业会计信息质量的基础上，研究了会计准则变革对企业投资行为的影响情况，旨在发现会计准则变革是否能够通过信息决策支持、减少信息不对称等来实现抑制企业过度投资与缓解企业投资不足行为。本章选择了经典的 Richardson（2006）模型，度量了企业投资不足与投资过度水平，在控制了影响投资的相关因素后，引入了会计准则变革哑变量进行研究，发现会计准则变革有助于抑制企业投资过度与缓解企业投资不足。本章小节安排：6.1 节理论分析与研究假设；6.2 节模型设计与变量选择；6.3 节投资效率度量与结果分析；6.4 节会计准则变革对企业投资不足影响实证研究；6.5 节会计准则变革对企业投资过度影响实证研究；6.6 节稳健性检验：度量替换稳健性检验；6.7 节本章小结。

6.1 理论分析与研究假设

众所周知，会计信息是企业管理层进行决策的重要信息来源和依据。会计信息可以通过项目选择、治理作用、逆向选择等途径来影响企业与市场资源的配置（Bushman 和 Smith，2001）。

契约理论认为，企业是"一系列契约的联结"，会计数字是订立各种企业契约的基础，是评估契约履行的判断标准（Schip Per，1999）。由于企业契约签订与契约执行过程中存在信息不对称（在契约签订之前的信息不对称称为"逆向选择"，而在契约签订之后的信息不对称称为"道德风险"，为保证企业各项契约的有效性，需要利用高质量的会计信息来帮助减轻签约各方的逆向选择和道德风险。

交易经济学理论指出无论是企业内部的管理交易，还是企业外部的市场交易，均需要会计信息作为交易的基础。会计信息是发现交易价格的依据，会计信息质量是决定交易成本与交易效率的重要因素。高质量的会计信息能够减少企业各项交易的成本，提高交易的效率。具体而言，高质量的会计信息有助于价格发现，有效降低企业内部与企业外部交易的信息不对称水平，减轻由逆向选择和道德风险造成的效率损失，减少企业内部与企业外部交易的成本，提高企业内部与外部交易的效率。

综上可见，高质量会计信息能够有助于提高交易效率与契约效率，具体包括企业与外部资金提供者之间的融资交易，企业与外部股东之间的治理契约。融资交易与公司治理是影响企业投资行为的重要因素，高质量的会计信息能够改善因逆向选择而导致的企业融资约束与投资不足问题，也有助于改善因道德风险而导致的管理层机会主义行为与投资过度问题（Biddle and Hilary，2006；Bushman et al，2011；Verrecchia，2001；Healy and Palepu，2001；Bushman，Piotroski and Smith，2006）。

李青原（2008）针对我国上市公司研究发现，高质量会计信息能显著减轻上市公司投资不足和过度投资问题。张纯（2009）研究发现，信息披露水平的提高和信息中介的发展将减轻信息不对称程度，进而提高企业的投资效率，抑制过度投资行为。张琦（2007）研究发现，随着盈余质量的提高，内部现金流与企业投资之间的关系变弱，高质量的会计信息降低了企业投资现金流敏感度。

会计信息除了有助于改善"内生"信息不对称外，还有助于减少企业投资决策本身可能存在的"外生"信息不对称问题。会计准则变革改善了会计业务确认的全面性与准确性，能够为企业的投资决策提供更为全面而有效的参考，能够让企业发现投资项目的真实价值，增强投资决策的确定性与准确性，收敛过度自信与放松过度谨慎，改善企业投资决策的效率与效果。Biddle（2009）研究发现，会计信息质量越高的企业偏离预期投资越小。高质量的财务报告有助于增加投资信息，提高投资效率（Bushman and Smith，2001；Healy and Palepu，2001；Lambert et al.，2007）。

为此，可以形成如下假设：

H_1：会计准则变革通过改善会计信息质量能够缓解投资不足。

H_2：会计准则变革通过改善会计信息质量能够抑制投资过度。

以上两个假设的原理可以通过图6.1予以说明。

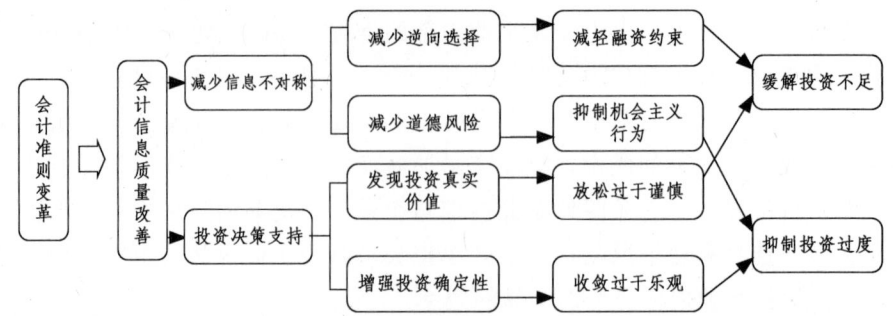

图 6.1 会计准则变革、会计信息质量与企业投资行为影响的假设机理

6.2 模型设计与变量选择

6.2.1 研究思路设计

首先,度量投资过度与投资不足水平。借助于 Richardson(2006)模型估算出企业最优期望资本投资水平,然后利用实际资本投资与最优期望投资之差,即模型回归的残差,作为投资过度或投资不足变量的估计值(残差为正的代表投资过度,残差为负的代表投资不足)。

其次,寻找影响投资不足与投资过度的控制变量。原理上是借助于一个基准模型(Benchmark Model)控制前期研究已发现影响投资不足与投资过度的重要因素。操作中主要借鉴了辛清泉(2007),戴德明(2009)等其他相关文献。

再者,添加会计准则变革事件哑变量。本部分所利用的原理与 Gordon(2012)研究 IFRS 对 FDI 影响,以及 Lin(2012)研究德国企业 GAAP 到 IFRS 转变对会计信息质量影响时所使用的方法一致。以 Richardson(2006)模型度量出的投资不足与投资过度作为被解释变量,将会计准则变革事件哑变量作为解释变量,在基准模型基础上构建模型。

最后,分组回归分析。将 Richardson 模型回归结果分成投资过度组与投资不足组分别进行回归分析,发现会计准则变革对投资过度与投资不足的影响情况。

6.2.2 模型设计

1. Richardson 模型

Richardson(2006)模型的一个基本思想是认为实际投资与最优期望投资

之差为非效率投资,实际投资超过最优期望投资视为过度投资(用 Overinvest 表示),实际投资小于最优期望投资则视为投资不足(用 Underinvest 表示)。非正常投资水平绝对值越大则表示投资不足或投资过度越厉害。Richardson 将投资分为维持性资本投资和新增资本投资(Strong and Meyer,1990)。所谓维持性资本投资就是弥补企业资产折旧与摊销等,保持企业厂房、设备和其他经营资产现有状态(原状态)所需要的必要支出。新增资本投资指企业扩大业务规模所进行的投资,而这部分投资包括两个部分:一部分是预期投资,这部分投资与公司的增长机会、融资约束、行业特征及其他因素有关;另一部分是非预期投资,即未预期部分。非预期投资可以是正值,即投资过度,也可以为负值,即投资不足。

$$I_{total} = I_{maintenance} + I_{new} \tag{6.1}$$

$$I_{new} = I_{expect} + I_{unexpect} \tag{6.2}$$

式中:I_{total} 表示总投资,$I_{maintenance}$ 表示维持性投资;I_{new} 表示新增投资;I_{expect} 表示预期投资,$I_{unexpect}$ 表示非预期投资。

为了估计预期的最优投资水平,Richardson 考虑了多个能拟合期望投资总量的必要因素,并设计了如下估计模型:

$$INV_{i,t} = \alpha_0 + \alpha_1 Growth_{i,t-1} + \alpha_2 Lev_{i,t-1} + \alpha_3 Cash_{i,t-1}$$
$$+ \alpha_4 Age_{i,t-1} + \alpha_5 Size_{i,t-1} + \alpha_6 Ret_{i,t-1} + \alpha_7 INV_{i,t-1}$$
$$+ \sum Industry + \sum Year + \varepsilon \tag{6.3}$$

2. 会计准则变革对投资过度和投资不足影响模型

模型(6.4)和模型(6.5)是利用模型(6.3)所估计的投资过度数据和投资不足数据分别作为因变量,然后将会计准则变量(以 NCAS 表示)作为被解释变量,添加了杠杆、现金流、规模、管理费用率、其他应收款率、总经理是否兼任董事长、独立董事比例等控制变量,分别以 Lev,FCF,Size,ME,AR,DM,IDP 表示。添加公司治理变量的原因是现有很多研究发现公司治理对管理者的投资行为具有重要影响(Gompers,Ishii and Metrick,2003;Brown and Caylor,2004;Larcker,Richardson and Tuna,2005;Richardson 2006)。另外,按照国内外投资行为的研究惯例,也添加了行业和年度控制变量。

$$Underinvest_{i,t} = b_0 + b_1 FCF_{i,t} + b_2 ManagementE_{i,t} + b_3 AccountR_{i,t}$$

$$+b_4 NCAS + b_5 Size_{i,t-1} + b_6 Lev_{i,t-1} + b_7 DirMan_{i,t}$$

$$+b_8 Inddir_{i,t} + \sum Industry + \sum Year + \varepsilon \qquad (6.4)$$

$$Overinvest_{i,t} = b_0 + b_1 FCF_{i,t} + b_2 ManagementE_{i,t} + b_3 Account\,R_{i,t}$$

$$+b_4 NCAS + b_5 Size_{i,t-1} + b_6 Lev_{i,t-1} + b_7 DirMan_{i,t} + b_8 Inddir_{i,t}$$

$$+\sum Industry + \sum Year + \varepsilon \qquad (6.5)$$

6.2.3 变量选择

1. 被解释变量

模型（6.3）被解释变量：

INV 表示企业投资行为，即企业新增投资支出。对于这个变量的计算，在现有文献中存在多种方法。有的学者选择资产负债表中相关长期资产的账面价值进行计算，如"固定资产+工程物资以及在建工程"之和的年度增加额（李维安等，2007；辛清泉等，2007；陆正飞，2006）。还有学者采用现金流量表中"购建固定资产、无形资产和其他长期资产支付的现金"（张功富等，2009），"购建固定资产、无形资产和其他长期资产支付的现金"与"处置固定资产、无形资产与其他长期资产收回的现金净额"之差，以及"购建固定资产、无形资产和其他长期资产支付的现金"与"处置固定资产、无形资产与其他长期资产收回的现金净额"之差，再加上"购建和处置子公司及其他营业单位所支付的现金"（魏明海等，2007）。

作者认为资产负债表的资产数据由于存在各项资产减值调整及折旧摊销等影响，资产账面数据的变化并不能直观反映出是由企业实际投资行为所引起，更不能直接反映出企业投资支出情况，而且资产计量方式的转变与确认政策的调整都会影响账面价值。而现金流量表中投资活动现金流量部分，有较清晰的分项投资支出列示，该数据能够准确与直观地反映企业投资的支出行为。为此，本章将企业投资支出界定为"购建固定资产、无形资产和其他长期资产支付的现金"与"处置固定资产、无形资产与其他长期资产收回的现金净额"之差，并用企业期初账面总资产进行平减处理，以消除不同企业规模可能产生的影响。

2. 解释变量

模型（6.3）中解释变量：

企业增长机会（Growth）大部分学者采用 Tobin Q 值来进行计算 [（流通

股市场价值+非流通股账面价值+负债账面价值)/资产总额](魏明海等,2007)，国内还有学者也用营业收入的增长率表示(辛清泉等,2007)，本书采用大部分学者使用的 Tobin Q 值。企业财务杠杆（Lev），即采用负债账面总额除以账面总资产度量；企业所持有的现金（$Cash$）考虑到交易性金融资产流动性强，将其纳入货币资金一并度量；企业上市年限（Age），采用到数据采集当年年初企业已经上市的年限；企业规模（$Size$），考虑到规模绝对金额上的数量级差异太大，故采用学者们通常的做法，对账面总资产取自然对数；股票年度收益率（Ret），考虑到公司年度财务报告公告日期问题，故采用次年 4 月 30 日收盘价相对于当年 5 月 1 日开盘价的增长率度量。

模型（6.4）和模型（6.5）被解释变量：

会计准则变革是一个事件哑变量，用 $NCAS$ 进行表示。当事情发生时取值为 1，而当事情未发生时，则取值为 0 [即 2007 年以前年份取值为 0，2007 年以后的年份（包含 2007 年）取值为 1]。

3. 控制变量

模型（6.3）中控制变量：

行业（Industry）与年度（Year），利用各样本的行业和对应的年限作为模型的行业和年度控制变量，以充分考虑行业固定效应和年度固定效应。

模型（6.4）和模型（6.5）中控制变量：

自由现金流量（FCF）定义为超过维持性投资和预期新投资之外的现金流，采用企业现金流量表中的经营活动现金净流量扣除折旧与摊销及期望投资后的剩余，并采用年初总资产进行平减。管理费用率（ME）采用管理费用占主营业务收入的比例；其他应收款率（AR）采用其他应收款占总资产的比例；经理是否兼任董事长（DM）采用数值变量表示，如果董事与经理为同一人取 1，不是同一人为 2，独立董事比例（IDP）采用独立董事占董事会董事人数的比例。企业财务杠杆（Lev）与企业规模（$Size$）同模型（6.3）。

关于模型 6.3~6.5 中各变量的定义汇总如表 6.1 所示。

表 6.1　模型 6.3~6.5 变量的定义

变量类型	变量名称	变量符号	变量界定
Panel A			
被解释变量	投资额	INV	(购买固定资产的现金支出-处置固定资产的现金收入)/年初总资产
解释变量	增长率	Growth	托宾 Q 值
	财务杠杆	Lev	年末的资产负债率

续表 6.1

Panel A

	现金	Cash	（货币资金+交易性金融资产）/总资产
	收益率	Ret	采用 t 年的 4.30 日与 t-1 年 4.30 日后股价的计算
控制变量[①]	上市年限	Age	截至当年年末的公司上市年龄
	企业规模	Size	年末公司总资产的自然对数
	行业	Industry	行业虚拟变量，按证监会的分类标准（除制造业继续划分为小类外，其他行业以大类为准）
	年份	Year	年度虚拟变量，控制不同年份宏观经济因素的影响。

Panel B

变量类型	变量名称	变量符号	变量界定
被解释变量	投资不足	Underinvest	等于模型（6.1）小于 0 的回归残差
	过度投资	Overinvest	等于模型（6.1）大于 0 的回归残差
解释变量	会计准则变革	NCAS	虚拟变量，当处于 2007—2011 年时取 1，否则取 0
控制变量	财务杠杆	Lev	年末的资产负债率
	企业规模	Size	年末公司总资产的自然对数
	管理费用	ME	管理费用占主营业务收入的比例
	其他应收款	AR	其他应收款占总资产的比例
	董事兼任	DM	董事与经理为同一人取 1，不是同一人为 2
	独立董事比例	IDP	独立董事占董事会比例
	行业	Industry	行业虚拟变量，按证监会行业分类标准（除制造业继续划分为小类外，其他行业以大类为准）
	年份	Year	按年度分设不同虚拟变量

6.2.4 样本选择与数据来源

为了保持研究的一致性，本章样本数据与第五章研究样本相同，也对样本做了如下筛选：

（1）选择 2002—2011 年在上海和深圳主板上市的所有公司，考虑到金融保险行业的特殊性可能会对本书研究结论造成偏差，为此将这两个行业的上市公司从样本中予以删除。

[①] Richardson（2006）是一个预测模型，作者在本处主观将 Richardson（2006）的上市年限和规模视为控制变量。

(2) 为避免新上市和这一期间退市的公司因执行准则的不同给研究造成影响，本书选定平衡面板数据来进行研究，对 2003 年及以后上市的公司进行剔除；①为保证非正常财务绩效的公司不对本书产生影响，研究按年将 ST、*ST 与 S*ST 等公司进行剔除。

(3) 考虑到 B 股公司的特殊性，将样本中的 B 股公司予以剔除。

(4) 考虑到本章投资模型需要利用到滞后一期的数据（以及减少内生性等需要），虽然时间窗口是 2003—2011，但必须考虑 2002 年的数据，为了保持前后章节研究的一致，本章对 2002 年数据缺失的上市企业予以剔除，最终得到 718 家公司样本数，6 462 个公司年数据（firm-year）。

为减轻变量指标可能存在的极端值对最小二乘法回归造成偏差，本书在回归之前对所有连续变量按年度首尾 1% 和 99% 进行了 Winsorize 处理。

本章所使用的公司财务数据、公司治理数据、股票数据及公司基本信息数据也来自上海万德（WIND）、香港理工大学和深圳国泰安信息技术有限公司合作的《中国股票市场研究数据库（CSMAR）》（简称国泰安数据库）。行业分类也参照中国证监会的上市公司行业分类，借助于 STATA11.0 和 Excel 2007 软件进行数据的统计分析。

6.3 投资效率度量实证结果分析

6.3.1 变量描述性统计

表 6.2 列示了模型（6.3）中所涉及变量的描述性统计结果，为了便于发现会计准则变革前后变量的差异，表格分会计准则变革之前与会计准则变革之后分别进行统计，同时还汇报了均值 T 检验值和 Wilcoxon 秩检验值。

投资（INV）无论是从均值还是中值看，在会计准则变革之后都有下降，且均值与 Wilcoxon 秩检验均负显著。会计准则变革之前企业新增投资约占资产总额的 7%，而会计准则变革后则为 6%。其中，企业间的投资状况也存在

---

① 吉利，邓博夫，毛洪涛：载《立信会计学院学报》（取 2004 年以前），2012 年第 5 期；王鲁平，毛伟平：《财务杠杆、投资机会与公司投资行为——基于制造业上市公司 Panel Data 的证据》，载《管理评论》2010 年第 22 卷第 11 期，第 99~110 页（平衡面板）；李姝，黄雯：《长期资产减值、盈余管理与价值相关性——基于新会计准则变化的实证研究》，载《管理评论》2011 年第 23 卷第 10 期，第 144~151 页（删除 2007 年以后上市的公司）；朱松，夏冬林：《稳健会计政策、投资机会与企业投资效率》，载《财经研究》2010 年第 36 卷第 6 期，第 69~79 页（平衡数据）。

较大差异，有的企业新增投资支出为负数，而有的企业新增投资支出总资产的 49%；企业增长机会（Growth）在会计准则变革前后都超过 1，说明平均而言企业都具有较好的增长前景。会计准则变革之前增长机会均值与中值分别为 1.176 和 1.100，而会计准则变革之后均值和中值分别为 1.775 和 1.451，中值和均值均显著超过会计准则变革之前，且均值与 Wilcoxon 秩检验均正显著，说明会计准则变革之后的看涨机会好于会计准则变革之前。资产负债率（Lev）在会计准则变革之前均值和中值分别为 0.460 和 0.470，而会计准则变革之后分别为 0.507 和 0.518，且均值与 Wilcoxon 秩检验均正显著，说明资产负债率在会计准则变革之后有显著上升。现金（Cash）均值和中值在会计准则变革前后均没有变化，但均值与 Wilcoxon 秩检验显示为负显著，呈微幅下降趋势。上市年限（Age）的最小值 1，为 2002 年刚上市，最长的已经上市近 20 年。公司规模（Size）的均值和中值在会计准则变革之前分别为 21.38 和 21.30，在会计准则变革之后分别为 21.96 和 21.82，均值与 Wilcoxon 秩检验显示为正显著，说明在会计准则变革之后规模呈显著增长，符合规模增长的刚性特征。股票年度回报率（Ret）波动较大，会计准则变革之前均值与中值分别为-0.04 和-0.13，均为负值，而会计准则变革之后则均值与中值分别为 0.6 和 0.15，均为正值，均值与 Wilcoxon 秩检验显示为正显著，说明股票年度报酬在会计准则变革后显著上升，另外样本间数值存在较大差异，最小的股票年度回报率（Ret）为-66%，而最大的则为 754%。

表 6.2 变量描述性统计

变量	会计准则变革之前					会计准则变革之后					均值	T 值
	均值	标准差	中值	最小值	最大值	均值	标准差	中值	最小值	最大值	T	Z
INV_t	0.072	0.082	0.046	-0.047	0.487	0.063	0.074	0.040	-0.075	0.449	-4.780***	-4.550***
$Growth_{t-1}$	1.176	0.290	1.100	0.752	3.036	1.775	1.003	1.451	0.745	8.081	30.990***	31.980***
Lev_{t-1}	0.460	0.167	0.470	0.065	0.812	0.507	0.172	0.518	0.076	0.857	10.960***	10.830***
$Cash_{t-1}$	0.160	0.110	0.140	0.010	0.550	0.160	0.110	0.140	0.010	0.560	-1.790**	-1.800*
Age_{t-1}	7.470	2.970	7	1	16	11.970	3.090	12	5	21	59.120***	47.940***
$Size_{t-1}$	21.380	0.860	21.300	19.600	24.15	21.960	1.070	21.820	19.960	25.380	23.420***	21.750***
Ret_{t-1}	-0.040	0.390	-0.130	-0.660	2.060	0.600	1.220	0.150	-0.600	7.540	27.070***	26.860***
INV_{t-1}	0.075	0.081	0.049	-0.047	0.412	0.064	0.077	0.039	-0.045	0.488	-5.410***	-6.350***

6.3.2 变量相关性分析

表 6.3 的左下角报告了模型中各变量的皮尔逊（Pearson）相关系数。其中，投资（INV）与企业增长机会（Growth）的相关系数符号虽然为正，但统计上并不显著。投资（INV）与财务杠杆（Lev）在1%统计显著性水平下负相关，说明负债越多的企业投资行为越会受到约束，这点也常被指为负债的治理作用。投资（INV）与现金（Cash）在1%的统计显著性水平下正相关，说明现金越多的企业投资也越多，符合 Jensen（1986）的自由现金流量假说。投资（INV）与上市年限（Age）在1%统计显著性水平下负相关，说明上市时间越久，投资越少。投资（INV）与规模（Size）在1%统计显著性水平下正相关，说明规模越大的企业投资越多。投资（INV）与股票回收率（Ret）在1%统计显著性水平下正相关，说明上期股票收益越高的企业，下期投资水平也相应较高。本期投资额（INV）与上期投资额（INV_{t-1}）在1%的统计显著性水平下正相关，说明投资行为存在一定的黏性。由于表中变量之间的相关关系并没有控制其他相关变量的影响，仅为单变量分析，因此两者间的相关关系仅供初步判断之用，更为准确的关系分析有待后续的回归分析。

表 6.3 中各解释变量之间相关系数最高的是财务杠杆（Lev）与企业规模（Size）之间的系数，为 0.322，按照统计经验可以判断各解释变量之间仅存在弱相关关系，解释变量之间存在完全共线性的可能性很小。为了更加全面科学地反映各变量之间的相关性，在表 6.3 中还列示了各变量之间的斯皮尔曼（Spearman）秩相关情况，具体数据如表 6.3 的右上角所示。

表6.3 变量相关性分析

Var.	INV_t	$Growth_{t-1}$	Lev_{t-1}	$Cash_{t-1}$	Age_{t-1}	$Size_{t-1}$	Ret_{t-1}	INV_{t-1}
INV_t	1	0.018	-0.064***	-0.055***	-0.171***	0.156***	0.077***	0.671***
	.	(0.156)	(0.000)	(0.000)	(0.000)	(0.000)	(0.000)	(0.000)
$Growth_{t-1}$	0.012	1	-0.202***	0.137***	0.28***	-0.21***	0.112***	-0.046***
	(0.347)	(0.000)	.	(0.000)	(0.000)	(0.000)	(0.000)	(0.000)
Lev_{t-1}	-0.061***	-0.209***	1	-0.198***	0.158***	0.325***	0.063***	0.005
	(0.000)	(0.000)	.	(0.000)	(0.000)	(0.000)	(0.000)	(0.685)
$Cash_{t-1}$	0.057***	0.116***	-0.25	1	-0.016	-0.059***	-0.008	-0.127***
	(0.000)	(0.000)	(0.000)	.	(0.214)	(0.000)	(0.541)	(0.000)
Age_{t-1}	-0.155***	0.271***	0.155***	-0.027**	1	0.206***	0.173***	-0.194***
	(0.000)	(0.000)	(0.000)	(0.030)	.	(0.000)	(0.000)	(0.000)

续表 6.3

Var.	INV_t	$Growth_{t-1}$	Lev_{t-1}	$Cash_{t-1}$	Age_{t-1}	$Size_{t-1}$	Ret_{t-1}	INV_{t-1}
$Size_{t-1}$	0.119*** (0.000)	-0.15*** (0.000)	0.322*** (0.000)	-0.074*** (0.000)	0.207*** (0.000)	1 .	0.121*** (0.000)	0.189*** (0.000)
Ret_{t-1}	0.037*** (0.003)	0.002 (0.872)	0.070*** (0.000)	-0.036*** (0.004)	0.076*** (0.000)	0.027** (0.028)	1 .	-0.013 (0.301)
INV_{t-1}	0.58*** (0.000)	-0.044*** (0.000)	0.033*** (0.009)	-0.141*** (0.000)	-0.174*** (0.000)	0.18*** (0.000)	-0.016 (0.203)	1 .

注：括号中的数值为 p 值。***表示在 0.01 的水平下显著（2-tailed），**表示在 0.05 的水平下显著（2-tailed），*表示在 0.1 的水平下显著（2-tailed）；对角线右上角为 Spearman 检验系数，而左下角为 Pearson 检验系数。

6.3.3 回归结果分析

表 6.4 报告了模型（6.3）最小二乘法（OLS）的回归结果，研究采用了逐步添加变量的方法，并利用年份和行业控制变量来控制不同年份宏观环境及不同行业的影响。随着控制变量的逐个引入模型，模型调整后的 R^2 由最初的 14.6%增长到 37.9%，特别是投资滞后一期的引入大幅提高了模型的拟合度，说明今年的企业投资行为对去年投资具有较强的黏性。37.9%的拟合度说明了方程对投资具有很好的拟合效果。

由于 Richardson 模型的思想是利用影响投资行为的相关变量来预测最优投资，因此模型（6.3）中的各解释变量理论上都应统计显著，才能实现对投资的有效估计。从表 6.4 回归结果看，企业增长机会变量（$Growth$）的回归系数为 0.004，在 1%显著性水平下显著；财务杠杆变量（Lev）的回归系数为-0.029，在 1%显著性水平下显著；现金变量（$Cash$）的回归系数为 0.019，在 5%显著性水平下显著；上市年限变量（Age）的回归系数为-0.001，在 5%显著性水平下显著；企业规模变量（$Size$）的回归系数为 0.004，在 1%显著性水平下显著；股票年度报酬变量（Ret）的回归系数为 0.009，在 1%显著性水平下显著；投资滞后一期变量（INV_{t-1}）的回归系数为 0.499，在 1%显著性水平下显著。各变量均统计显著，且符号与预期一致。各变量的统计显著性也说明本方程具有很好的估计效果。

为了保证回归的准确性，研究还在各方程回归后计算了方程的方差膨胀因子 VIF，结果显示各变量的 VIF 值均远小于 5，且容忍度都远大于 0.1，说明回归模型中各解释变量之间并不存在完全共线性。此外，各方程相应的 D.W.

值，均在 2 附近，说明模型基本不存在自相关问题。①

表 6.4　方程回归结果

变量名称	变量代号	（1）	（2）	（3）	（4）	（5）	（6）	（7）
常数项	Intercept	0.043*** (0.000)	0.047*** (0.000)	0.048*** (0.000)	0.072*** (0.000)	-0.189*** (0.000)	-0.185*** (0.000)	-0.043* (0.048)
增长机会	$Growth_{t-1}$	0.006*** (0.000)	0.005*** (0.000)	0.005*** (0.000)	0.005*** (0.000)	0.010*** (0.000)	0.009*** (0.000)	0.004*** (0.000)
财务杠杆	Lev_{t-1}		-0.007 (0.239)	-0.008 (0.202)	-0.006 (0.305)	-0.022*** (0.000)	-0.024*** (0.000)	-0.029*** (0.000)
现金	$Cash_{t-1}$			-0.005 (0.577)	-0.007 0.423	-0.015 (0.111)	-0.015* (0.100)	0.019** (0.016)
上市年限	Age_{t-1}				-0.002*** (0.000)	-0.002*** (0.000)	-0.002*** (0.000)	-0.001** (0.046)
企业规模	$Size_{t-1}$					0.012*** (0.000)	0.012*** (0.000)	0.004*** (0.000)
收益率	Ret_{t-1}						0.009*** (0.000)	0.009*** (0.000)
上期投资	INV_{t-1}							0.499*** (0.000)
	Industry	控制	控制	控制	控制	控制	控制	控制
	Year	控制	控制	控制	控制	控制	控制	控制
	N	6 462	6 462	6 462	6 462	6 462	6 462	6 462
	adj.R-sq	0.146	0.146	0.146	0.150	0.167	0.171	0.379

注：表中解释变量数据均为 $t-1$ 期数据，因变量投资（INV）为 t 期数据。表中 p 统计量为经过 White 异方差矫正后的值。括号中的数值为经过 White 异方差调整后的 p 值。***表示在 0.01 的水平下显著（2-tailed），**表示在 0.05 的水平下显著（2-tailed），*表示在 0.1 的水平下显著（2-tailed）。行业和年份的回归系数并没有直接列示，因为它们并不是本书直接关注的重点。

综上分析，在控制了年度和行业后的模型各解释变量均统计显著，模型整体拟合效果较好，说明模型（6.3）能够较好地借助于上一年度企业增长率

---

① 限于本章篇幅和规范要求，并没有具体列示 VIF、Tolerance 和 D.W 数据。

（*Growth*）、财务杠杆（*Lev*）、现金（*Cash*）、上市年限（*Age*）、股票年收益率（*Ret*）、规模（*Size*）与投资（*INV*）来共同拟合当年的企业投资。

6.4 会计准则变革对投资不足影响实证研究

6.4.1 变量描述性统计

表 6.5 中列示了根据 Richardson 模型估计出的期望最优投资水平。从估计值的均值看，企业新增期望投资约占总资产的 6.7%。实际投资与期望最优投资水平之差的均值为 0，说明投资不足与投资过度总量水平相当，但从残差的中位数看，公司数量偏向投资不足。由投资不足数据看，在会计准则变革之前均值和中值分别为-0.033 和-0.026，在会计准则变革之后均值和中值分别为-0.031 和-0.024。可见，会计准则变革后投资不足显示出一定的缓解。

表 6.5 预期最优投资与投资不足数据统计表

变量名称	变量代码	均值	标准差	25%分位	中值	75%分位	最小值	最大值
期望投资	ExpINV	0.067	0.048	0.033	0.056	0.087	-0.024	0.328
残差	R	0.000	0.061	-0.031	-0.010	0.016	-0.236	0.477
投资不足	Underinvest							
	整体	-0.032	0.028	-0.043	-0.025	-0.013	-0.236	0.000
	之前	-0.033	0.028	-0.045	-0.026	-0.014	-0.212	0.000
	之后	-0.031	0.029	-0.042	-0.024	-0.012	-0.236	0.000

为了更好地反映投资不足在会计准则变革之前与会计准则变革之后的趋势及其变化，表 6.6 与图 6.2 列示了各年投资不足情况。由表 6.6 与图 6.2 看出，无论是从表中数值还是从图形趋势均可以清晰发现，在会计准则变革之后投资不足有了显著变化，投资不足呈现出缓解趋势，而且该趋势随着会计准则实施年限的增加而增强，这与本章预计的假说一致。

表 6.6 按年计算的投资不足统计情况

	2003	2004	2005	2006	2007	2008	2009	2010	2011
平均值	-0.0364	-0.0331	-0.0321	-0.0314	-0.0335	-0.0337	-0.0298	-0.0296	-0.0287
中位数	-0.0279	-0.0271	-0.0246	-0.0260	-0.0252	-0.0266	-0.0214	-0.0219	-0.0229

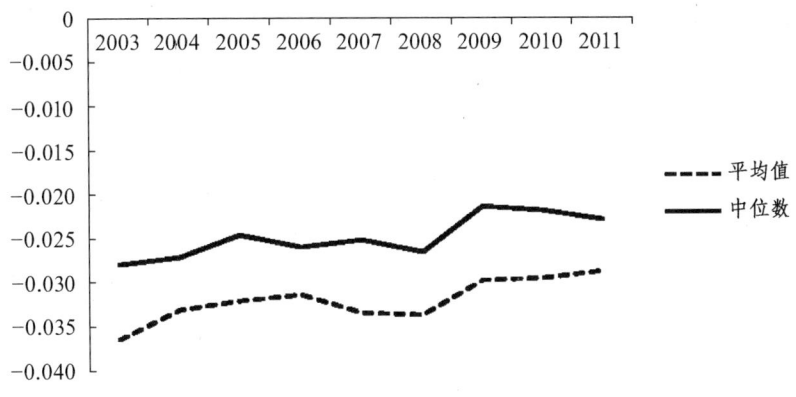

图 6.2 各年投资不足趋势图

表 6.7 变量描述性统计

变量	会计准则变革之前					会计准则变革之后					均值	中值
	均值	标准差	中值	最小值	最大值	均值	标准差	中值	最小值	最大值	T	Z
FCF	-0.040	0.091	-0.040	-0.510	0.287	-0.040	0.096	-0.040	-0.380	0.395	0.828	0.350
ME	0.088	0.067	0.072	0.008	0.426	0.077	0.060	0.062	0.007	0.384	-5.531***	-6.278***
AR	0.041	0.053	0.021	0	0.291	0.022	0.030	0.011	0	0.195	-13.867***	-13.552***
DM	1.903	0.296	2	1	2	1.896	0.305	2	1	2	-0.780	-0.780
IDP	0.342	0.046	0.333	0.222	0.556	0.362	0.051	0.333	0.222	0.556	13.194***	11.351***

表 6.7 列示了模型（6.4）中控制变量的描述性统计情况，分别对会计准则变革之前及会计准则变革之后进行了统计，同时还汇报了均值 T 检验值和 Wilcoxon 秩检验值。由表中数据可知，自由现金流量（FCF）在会计准则变革之前与会计准则变革之后的均值和中值均没有变化，均值与 Wilcoxon 秩检验也没有发现显著差异，说明自由现金流量（FCF）在会计准则变革前后平稳。由自由现金流量（FCF）的均值看，仅依靠企业自身的现金流量并不能满足企业预期投资的需求。另外，从自由现金流量（FCF）标准差的大小与均值比较看，可以发现公司间现金流差异也较大；管理费用率（ME）在会计准则变革之前的均值和中值分别为 0.088 和 0.072，在会计准则变革之后分别为 0.077 和 0.062，均有下降，且均值与 Wilcoxon 秩检验均负显著；其他应收款率（AR）的均值和中值在会计准则变革之前分别为 0.041 和 0.021，在会计准则变革之后分别为 0.022 和 0.011，也均有下降，均值与 Wilcoxon 秩检验均

负显著；经理与董事兼任（DM）的数值在会计准则变革之前的均值和中值分别为 1.903 和 2，而会计准则变革之后的均值和中值分别为 1.896 和 2，均值和中值检验为负，但不显著，并不能显示会计准则变革前后存在变化。另外，从会计准则变革前后经理与董事兼任（DM）的数值大小可知，大多数公司还是经理与董事由不同的人担任；独立董事比例（IDP）在会计准则变革之前均值和中值分别为 0.342 和 0.333，而在会计准则变革之后分别为 0.362 和 0.333，均值和 Wilcoxon 秩检验均为正显著，说明会计准则变革之后独立董事比例（IDP）有所上升。

6.4.2 变量相关性分析

表 6.8 左下角报告了模型（6.4）中各变量的皮尔逊（Pearson）相关系数。其中投资不足（Underinvest）与会计准则变革（NCAS）在近 1% 统计显著性水平下正相关，说明随着会计准则的变革，投资不足（Underinvest）在减少，该相关性为假设 1 提供了初步证据。投资不足（Underinvest）与自由现金流量（FCF）为正相关，说明自由现金流量越多投资不足越小，与 FHP（1988）结论一致。投资不足（Underinvest）与管理费用率（ME）在 1% 统计显著性水平下成负相关。投资不足（Underinvest）与其他应收款（AR）在 1% 统计显著性水平下正相关。投资不足（Underinvest）与经理董事兼任（DM）及独立董事比例（IDP）间相关性并不显著。由于表中变量之间的相关关系并没有控制其他相关变量的影响，仅为单变量分析，因此两者间的相关关系仅供初步判断之用，更为准确的关系分析有待后续的回归分析。

表 6.8 变量相关性分析

Var.	Underinvest	NCAS	FCF	ME	AR	DM	IDP
Underinvest	1 .	0.061*** （0.000）	0.213*** （0.000）	−0.026* （0.094）	0.108*** （0.000）	−0.000 （0.965）	0.032** （0.044）
NCAS	0.0373** （0.018）	1 .	−0.006 （0.726）	−0.0990*** （0.000）	−0.214*** （0.000）	−0.012 （0.435）	0.179*** （0.000）
FCF	0.248*** （0.000）	0.013 （0.408）	1 .	0.011 （0.478）	−0.000 （0.988）	−0.008 （0.633）	−0.015 （0.340）
ME	−0.043*** （0.006）	−0.087*** （0.000）	−0.028* （0.075）	1 .	0.239*** （0.000）	−0.0757*** （0.000）	−0.0710*** （0.000）
AR	0.0515*** （0.001）	−0.214*** （0.000）	−0.043*** （0.007）	0.241*** （0.000）	1 .	−0.025 （0.116）	−0.026 （0.106）

续表 6.8

Var.	Underinvest	NCAS	FCF	ME	AR	DM	IDP
DM	0.023 （0.144）	-0.012 （0.435）	0.005 （0.755）	-0.076*** （0.000）	-0.050*** （0.001）	1 .	-0.020 （0.210）
IDP	0.025 （0.113）	0.204*** （0.000）	-0.012 （0.447）	-0.066*** （0.000）	-0.049*** （0.002）	-0.004 （0.789）	1 .

注：括号中的数值为 p 值。***表示在 0.01 的水平下显著（2-tailed），**表示在 0.05 的水平下显著（2-tailed），*表示在 0.1 的水平下显著（2-tailed）；对角线右上角为 Spearman 检验系数，而左下角为 Pearson 检验系数。

各解释变量之间相关系数最高的是其他应收款（AR）与管理费用率（ME）之间的相关系数，为 0.241，按照统计经验可以判断各解释变量之间仅存在弱相关关系，解释变量之间存在完全共线性的可能性很小。本章为了更加全面科学地反映各变量之间的相关性，以及模型中的非连续变量，与前文一样也在表中列示了各变量之间的斯皮尔曼（Spearman）秩相关情况，具体数据如表 6.8 的右上角所示。

6.4.3　回归结果分析

表 6.9 列示了 Richardson 模型估计的投资不足数据与会计准则变革等相关变量的 OLS 回归结果，也采用了逐步添加变量的回归方法。

当模型仅引入会计准则变革变量（NCAS）时，投资不足（Underinvest）与会计准则变革（NCAS）在 5%统计显著性水平下正相关，说明随着会计准则变革，投资不足在下降，即投资不足在一定程度得到了缓解。在引入多个控制变量后，投资不足（Underinvest）与会计准则变革变量（NCAS）仍在 5%统计显著性水平下负相关。综合各方程的回归结果可见，方程（1）到方程（8）一致的回归结果稳健地证明了 H_1，说明随着会计准则的变革，企业投资不足行为得到了一定缓解。一方面，会计准则变革提高了会计信息质量，有利于企业发现有价值的投资，减少投资风险对管理层所产生的负面抑制，缓解了管理层的过度谨慎；另一方面，改善了企业内外部的信息不对称，减少了外部资金提供者的风险溢价，降低了企业融资成本，缓解了因融资约束而产生的投资不足问题。另外，自由现金流量（FCF）与过度不足（Undervest）呈现出正相关，且 1%统计显著性水平下显著，说明企业拥有现金流越多，则越少出现投资不足现象。

多元回归共线性问题是影响回归方程系数准确性的一个重要因素。为了考察多元回归中解释变量之间的完全共线性问题,研究还在各方程回归后计算了方差膨胀因子 VIF,结果显示各变量的 VIF 值均远小于 5,且容忍度 t 均大于 0.1,说明回归模型中各解释变量之间并不存在完全共线性。此外,研究还计算了各方程相应的 D.W.值,均在 2 附近,说明模型基本不存在自相关问题。①

表 6.9 方程回归结果

变量名称	变量代号	(1)	(2)	(3)	(4)	(5)	(6)	(7)	(8)
常数项	Intercept	−0.030***	−0.027***	−0.025***	−0.026***	−0.072***	−0.065***	−0.068***	−0.066***
		(0.000)	(0.000)	(0.000)	(0.000)	(0.000)	(0.000)	(0.000)	(0.000)
准则变革	NCAS	0.004**	0.005***	0.005***	0.005***	0.004**	0.004**	0.004**	0.004**
		(0.038)	(0.005)	(0.005)	(0.002)	(0.031)	(0.029)	(0.026)	(0.021)
自由现金流量	FCF		0.064***	0.063***	0.064***	0.065***	0.066***	0.066***	0.065***
			(0.000)	(0.000)	(0.000)	(0.000)	(0.000)	(0.000)	(0.000)
管理费用	ME			−0.023***	−0.028***	−0.019***	−0.013*	−0.013*	−0.013*
				(0.001)	(0.000)	(0.010)	(0.067)	(0.078)	(0.073)
其他应收款	AR				0.039***	0.042***	0.034**	0.034***	0.034***
					(0.000)	(0.000)	(0.001)	(0.001)	(0.001)
企业规模	Size					0.002***	0.002***	0.001***	0.002***
						(0.000)	(0.001)	(0.002)	(0.001)
财务杠杆	Lev						0.012***	0.013***	0.012***
							(0.000)	(0.000)	(0.000)
经济董事兼任	DM							0.002	0.002
								(0.152)	(0.154)
独立董事比例	IDP								−0.009
									(0.274)
年份	Year	控制	控制	控制	控制	控制	控制	控制	控制
行业	Industry	控制	控制	控制	控制	控制	控制	控制	控制
	N	4 021	4 021	4 021	4 021	4 021	4 021	4 021	4 021
	Adj.R-sq	0.124	0.167	0.169	0.171	0.176	0.180	0.180	0.181

注:括号中的数值为经过 White 异方差调整后的 p 值。*** 表示在 0.01 的水平下显著(2-tailed),** 表示在 0.05 的水平下显著(2-tailed),* 表示在 0.1 的水平下显著(2-tailed)。

---

① 限于本章篇幅和规范要求,并没有具体列示 VIF、Tolerance 和 D.W 数据。

6.5 会计准则变革对投资过度影响实证研究

6.5.1 变量描述性统计

表 6.10 列示了根据 Richardson 模型估计的期望最优投资水平以及计算出的残差部分。由投资过度数据看，会计准则变革之前均值和中值分别为 0.058 和 0.033，在会计准则变革之后均值和中值分别为 0.049 和 0.027，呈下降趋势。

为了更好地反映发现投资过度在会计准则变革之前与会计准则变革之后的趋势及其变化，表 6.11 与图 6.3 列示了各年投资过度情况。由表 6.11 与图 6.3 看出，无论是从表的数值还是从图形趋势上均可以很清晰地发现，在会计准则变革之后投资过度有显著变化，投资过度呈现出抑制趋势，而且该趋势随着会计准则实施年限的增加而增强，这与本章预计的假说一致。

表 6.10 预期最优投资与投资过度数据统计

变量名称	变量代码	均值	标准差	25%分位	中值	75%分位	最小值	最大值
期望投资	ExpINV	0.067	0.048	0.033	0.056	0.087	-0.024	0.328
残差	R	0.000	0.061	-0.031	-0.010	0.016	-0.236	0.477
过度投资	Overinvest							
	整体	0.053	0.064	0.010	0.030	0.071	0.000	0.477
	之前	0.058	0.068	0.012	0.033	0.077	0.000	0.477
	之后	0.049	0.0613	0.009	0.027	0.066	0.000	0.375

表 6.11 按年计算的投资过度统计情况

	2003	2004	2005	2006	2007	2008	2009	2010	2011
平均值	0.0596	0.0601	0.0478	0.0646	0.0570	0.0584	0.0413	0.0476	0.0436
中位数	0.0371	0.0358	0.0245	0.0350	0.0300	0.0357	0.0186	0.0261	0.0269

表 6.12 列示了模型（6.5）中控制变量的描述性统计情况，对会计准则变革之前及会计准则变革之后分别进行了统计分析，同时还汇报了均值 T 检验值和 Wilcoxon 秩检验值。由表中数据可知，自由现金流量（FCF）在会计准则变革之前的均值和中值分别为-0.025 和-0.025，会计准则变革之后的均值和中值分别为-0.019 和-0.025，均值与 Wilcoxon 秩检验没有发现显著差异，说明自由现金流量（FCF）在会计准则变革前后平稳，与前文投资不足组一致；管理费用率（ME）在会计准则变革之前的均值和中值分别为 0.084 和 0.068，在会计准则变革之后分别为 0.076 和 0.063，均值与 Wilcoxon 秩检验均负显著，

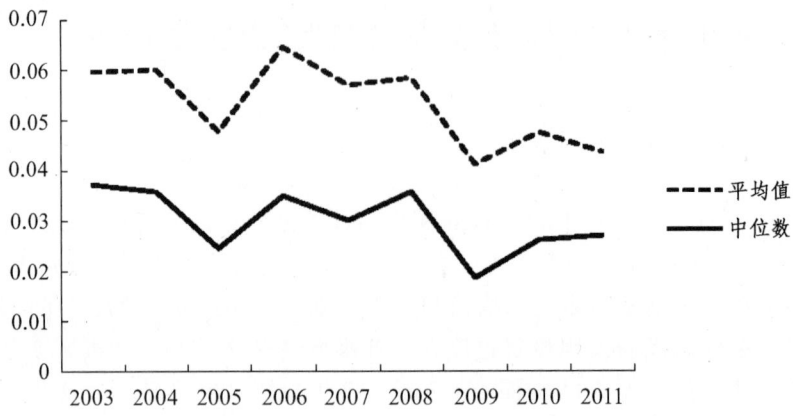

图 6.3 各年投资过度趋势

说明管理费用率（ME）在会计准则变革之后显著下降，与前文投资不足组一致；其他应收款（AR）的均值和中值在会计准则变革之前分别为 0.032 和 0.017，在会计准则变革之后分别为 0.019 和 0.010，均值与 Wilcoxon 秩检验均负显著，说明其他应收款（AR）在会计准则变革之后也有所下降，与前文投资不足组一致；经理与董事兼任（DM）的数值在会计准则变革之前的均值和中值分别为 1.886 和 2，而会计准则变革之后的均值和中值分别为 1.895 和 2，均值和 Wilcoxon 秩检验均为负，但不显著，并不能显示会计准则变革后的变化，与前文投资不足组一致；独立董事比例（IDP）在会计准则变革之前均值和中值分别为 0.342 和 0.333，而在会计准则变革之后分别为 0.360 和 0.333，均值和 Wilcoxon 秩检验均为正显著，说明会计准则变革之后独立董事比例（IDP）有所上升，与前文投资不足组结论一致。

表 6.12 变量描述性统计

变量	会计准则变革之前					会计准则变革之后					均值 T	中值 Z
	均值	标准差	中值	最小值	最大值	均值	标准差	中值	最小值	最大值		
FCF	-0.025	0.090	-0.025	-0.411	0.311	-0.019	0.104	-0.025	-0.397	0.376	1.272	0.505
ME	0.084	0.061	0.068	0.008	0.426	0.076	0.053	0.063	0.007	0.384	-3.39***	-3.084***
AR	0.032	0.043	0.017	0	0.291	0.019	0.025	0.010	0	0.195	-9.722***	-8.264***
DM	1.886	0.318	2	1	2	1.895	0.307	2	1	2	-0.717	-0.718
IDP	0.342	0.041	0.333	0.222	0.556	0.360	0.048	0.333	0.222	0.556	9.471***	8.840***

6.5.2 变量相关性分析

表 6.13 左下角报告了模型 6.5 中各变量的皮尔逊（Pearson）相关系数。其中过度投资与会计准则变革（NCAS）在 1%统计显著性水平下负相关，说明随着会计准则变革（NCAS），过度投资（Overinvest）在减少，这为假设 2 提供了初步的经验证据支持。过度投资（Overinvest）与自由现金流量（FCF）为正相关，但是不显著。过度投资（Overinvest）与管理费用率（ME）及独立董事比例（IDP）成负相关，但是统计不显著。过度投资（Overinvest）与其他应收款率（AR）在 1%统计显著性水平下负相关。过度投资（Overinvest）与经理董事兼任（DM）在 10%统计显著性水平下成负相关。由于表中变量之间的相关关系并没有控制其他相关变量的影响，仅为单变量分析，因此两者间的相关关系仅供初步判断之用，更为准确的关系分析有待后续的回归分析。

各解释变量之间相关系数最高的是其他应收款率（AR）与管理费用率（ME）之间的相关系数，为 0.255，按照统计经验可以判断各解释变量之间仅存在弱相关关系，解释变量之间存在完全共线性的可能性很小。为了更加全面科学地反映各变量之间的相关性情况，以及非连续变量，与前文一样也在表中列示了各变量之间的斯皮尔曼（Spearman）秩相关情况，具体数据如表 6.13 右上角所示。

表 6.13 变量相关性分析

Var.	Overinvest	NCAS	FCF	ME	AR	DM	IDP
Overinvest	1 .	-0.072*** (0.000)	-0.057*** (0.005)	-0.027 (0.182)	-0.181*** (0.000)	-0.052*** (0.010)	-0.021 (0.297)
NCAS	-0.064*** (0.002)	1 .	0.010 (0.614)	-0.062*** (0.002)	-0.167*** (0.000)	0.0145 (0.473)	0.179*** (0.000)
FCF	0.012 (0.550)	0.026 (0.203)	1 .	0.029 (0.157)	0.059*** (0.004)	0.003 (0.882)	0.017 (0.397)
ME	-0.018 (0.366)	-0.0705*** (0.000)	-0.001 (0.951)	1 .	0.240*** (0.000)	-0.099*** (0.000)	-0.036* (0.079)
AR	-0.133*** (0.000)	-0.193*** (0.000)	0.022 (0.287)	0.255*** (0.000)	1 .	0.026 (0.207)	0.002 (0.918)
DM	-0.035* (0.083)	0.015 (0.473)	0.004 (0.838)	-0.090*** (0.000)	-0.014 (0.503)	1 .	0.001 (0.962)
IDP	-0.010 (0.613)	0.188*** (0.000)	0.007 (0.737)	-0.009 (0.675)	-0.006 (0.766)	0.001 (0.961)	1 .

注：括号中的数值为 p 值。***表示在 0.01 的水平下显著（2-tailed），**表示在 0.05 的水平下显著（2-tailed），*表示在 0.1 的水平下显著（2-tailed）；对角线右上角为 Spearman 检验系数，而左下角为 Pearson 检验系数。

6.5.3 回归结果分析

表 6.14 列示了由 Richardson 模型估计的投资过度数据与会计准则变革等相关变量 OLS 回归结果。当模型仅引入会计准则变革指示变量时,投资过度(overinvest)与会计准则变革(NCAS)在 1%统计显著性水平下负相关,说明随着会计准则变革,过度投资在降低,如表中方程(1)所示。在加入多个控制变量后,投资过度(Overinvest)与会计准则变革变量(NCAS)仍在 1%统计显著性水平下负相关。这方程(1)到方程(8)一致的回归结果稳健地证明了 H_2,说明随着会计准则的变革,企业投资过度行为得到了一定的抑制。

另外,自由现金流量(FCF)与过度投资(Overinvest)呈现出正相关,且 1%统计显著性水平下显著,说明企业拥有现金越多越易产生投资过度行为,这与 Jensen(1976)的自由现金流量假说一致;财务杠杆(Lev)与过度投资(Overinvest)呈现出负相关,且 1%统计显著性水平下显著,说明负债能在一定程度上抑制过度投资,与债务治理假说一致;经理与董事兼任(DM)与投资过度(Overinvest)在近 5%统计显著性水平下成负相关,说明经理与董事长分离能够在一定程度上牵制管理层的投资过度行为。

表 6.14　方程回归结果

	变量代号	(1)	(2)	(3)	(4)	(5)	(6)	(7)	(8)
常数项	Intercept	0.057*** (0.000)	0.059*** (0.000)	0.057*** (0.000)	0.064*** (0.000)	0.220*** (0.000)	0.201*** (0.000)	0.214*** (0.000)	0.203*** (0.000)
准则变革	NCAS	-0.019*** (0.001)	-0.017*** (0.002)	-0.017*** (0.002)	-0.020*** (0.000)	-0.015*** (0.006)	-0.015*** (0.007)	-0.015*** (0.007)	-0.015*** (0.006)
自由现金流量	FCF		0.046*** (0.001)	0.047*** (0.001)	0.046*** (0.001)	0.040*** (0.003)	0.038*** (0.004)	0.039*** (0.004)	0.039*** (0.004)
管理费用	ME			0.018 (0.446)	0.045* (0.060)	0.017 (0.503)	-0.003 (0.907)	-0.006 (0.809)	-0.006 (0.805)
其他应收款	AR				-0.212*** (0.000)	-0.226*** (0.000)	-0.195*** (0.000)	-0.193*** (0.000)	-0.194*** (0.000)
企业规模	Size					-0.007*** (0.000)	-0.005*** (0.000)	-0.005*** (0.001)	-0.005*** (0.000)
财务杠杆	Lev						-0.046*** (0.000)	-0.046*** (0.000)	-0.046*** (0.000)

续表 6.14

变量代号		（1）	（2）	（3）	（4）	（5）	（6）	（7）	（8）
经济董事兼任	DM							-0.008* （0.056 0）	-0.008* （0.057 0）
独立董事比例	IDP								0.032 （0.244）
年份	Year	控制	控制	控制	控制	控制	控制	控制	控制
行业	Industry	控制	控制	控制	控制	控制	控制	控制	控制
	N	2 441	2 441	2 441	2 441	2 441	2 441	2 441	2 441
	Adj.R-sq	0.076 0	0.080 0	0.080 0	0.090 0	0.099 0	0.109	0.110	0.110

注：括号中的数值为经过 White 异方差调整后的 p 值。***表示在 0.01 的水平下显著（2-tailed），**表示在 0.05 的水平下显著（2-tailed），*表示在 0.1 的水平下显著（2-tailed）。

为了考察多元回归中解释变量之间的完全共线性问题，本章还在各方程回归后计算了方差膨胀因子 VIF，结果显示各变量的 VIF 值均远小于 5，且容忍度都远大于 0.1，说明回归模型中各解释变量之间并不存在完全共线性。此外，研究还计算了各方程相应的 D.W.值，均在 2 附近，说明模型基本不存在自相关问题[①]。

6.6 稳健性检验：变量替换稳健性检验

为了验证前文检验结果的稳健性，选择了影响模型稳健的几个关键变量进行了替换研究。本节的稳健性检验主要由三个部分组成：一是对企业投资变量的替换检验，二是对企业增长机会变量的替换检验，三是将前两个替换变量同时替换的综合稳健性检验。

1. 企业新增投资变量的替换

模型 6.3 中选用的新增投资（INV）是现金流量表中的"购买固定资产的现金支出-处置固定资产的现金支出"并用年初总资产进行平减处理。有学者对新增投资（INV）是利用资产负债表中的资产年度账面价值变化来表示，为此文章参照辛清泉（2007）、童盼（2005）、陆正飞（2006）等采用的"固定资产原值+投资+在建工程"变化额经年初资产平减后来进行替代。

---

① 限于本章篇幅和规范要求，并没有具体列示 VIF、Tolerance 和 D.W 数据。

表 6.15 方程回归结果

变量名	变量代号	投资不足		投资过度	
		（1）	（2）	（3）	（4）
常数项	Intercept	-0.069*** (0.000)	-0.074*** (0.000)	0.120*** (0.000)	0.255*** (0.001)
准则变革	NCAS	0.032*** (0.000)	0.031*** (0.000)	-0.060*** (0.000)	-0.051*** (0.000)
自由现金流量	FCF		0.026** (0.003)		0.137*** (0.000)
管理费用	ME		0.001 (0.272)		-0.005 (0.110)
其他应收款	AR		0.016*** (0.001)		-0.045* (0.014)
企业规模	Size		-0.056*** (0.000)		0.019 (0.715)
财务杠杆	Lev		-0.087*** (0.000)		-0.205* (0.015)
经济董事兼任	DM		-0.001 (0.730)		0.009 (0.330)
独立董事比例	IDP		-0.032** (0.038)		-0.035 (0.540)
	N	4 059	4 059	2 403	2 403
	Adj.R-sq	0.136	0.154	0.077 0	0.093 0

注：括号中的数值为经过 White 异方差调整后的 p 值。***表示在 0.01 的水平下显著（2-tailed），**表示在 0.05 的水平下显著（2-tailed），*表示在 0.1 的水平下显著（2-tailed）。

表 6.15 列示了企业新增投资替换后的最后回归结果①。表中方程（1）是没有考虑其他控制变量时，会计准则变革（NCAS）对投资不足行为（Underinvest）的影响情况，回归结果与前文一致，在 1%统计显著性水平下呈现显著正相关。方程（2）列示了引入控制变量后的回归结果，发现控制后的会计准则变革（NCAS）还在1%统计显著性水平下正相关，证明了 H_1。

表 6.15 中方程（3）为没有考虑其他控制变量时，会计准则变革（NCAS）

---

① 由于没有涉及单个变量的替换，且样本和模型均没有变化，为避免叙述累赘，因此本处直接提供最后的回归结果。

对投资过度（Overinvest）的影响情况，结果与前文一致，都是在 1%统计显著性水平下显著负相关。方程（4）列示了引入控制变量后的回归结果，发现控制后会计准则变革事件哑变量（NCAS）的符号与显著性和方程（3）一致，均是显著负相关，也证明了 H_2。

由此可见，利用资产负债表数据计算的企业新增投资变量也同样支持上文投资过度的研究结论。

2. 企业增长机会变量的替换

模型 6.3 中选用的企业增长机会是 Tobin Q 值，然而有学者认为 Tobin Q 值需要资本市场具有相当的成熟度，而我国资本市场尚未达到这种成熟度，Tobin Q 值并不能准确地反映企业的增长机会，提出应采用主营业务增长率（或营业收入增长率）来作为企业增长机会的替代。为此，本节也参照了翟云华（2010）、辛清泉（2007）、刘斌（2011）等采用的主营业务收入增长率来进行替代。

表 6.16 列示了企业增长机会替换后的最后回归结果。①表中方程（5）是没有考虑其他控制变量时，会计准则变革（NCAS）对投资不足（Underinvest）的影响情况，回归结果与前文一致，在 1%统计显著性水平下呈现显著正相关。方程（6）列示了引入控制变量后的回归结果，发现控制后的会计准则变革也在 1%统计显著性水平下正相关，也证明了 H_1。

方程（7）为没有考虑其他控制变量时，会计准则变革（NCAS）对投资过度（Overinvest）的影响情况，结果与前文一致，在 1%统计显著性水平下呈现显著负相关。方程（8）列示了引入控制变量后的回归结果，发现控制后的会计准则变革变量（NCAS）对投资过度（Overinvest）影响的符号和显著性均与方程（7）一致，均是显著负相关，也证明了 H_2。

由此可见，利用主营业务增长率来替代的企业增长机会变量同样支持验证 H_2。

表 6.16　方程回归结果

变量名	变量代号	投资不足		投资过度	
		（5）	（6）	（7）	（8）
常数项	Intercept	-0.030*** （0.000）	-0.065*** （0.000）	0.056*** （0.000）	0.203*** （0.000）
准则变革	NCAS	0.004** （0.019）	0.004*** （0.009）	-0.019*** （0.001）	-0.016*** （0.004）

---

① 由于没有涉及单个变量的替换，且样本和模型均没有变化，为避免叙述累赘，因此本处直接提供最后的回归结果。

续表 6.16

变量名	变量代号	投资不足		投资过度	
自由现金流量	FCF	0.066*** (0.000)		0.037*** (0.005)	
管理费用	ME	0.001*** (0.004)		-0.005*** (0.000)	
其他应收款	AR	0.014*** (0.000)		-0.044*** (0.000)	
企业规模	Size	-0.009 (0.207)		-0.007 (0.775)	
财务杠杆	Lev	0.031*** (0.003)		-0.196*** (0.000)	
经济董事兼任	DM	0.002 (0.111)		-0.007* (0.090)	
独立董事比例	IDP	-0.008 (0.353)		0.039 (0.165)	
	N	4 035	4 035	2 427	2 427
	Adj.R-sq	0.128	0.184	0.073 0	0.107

注：p 值为经过 White 异方差调整后的数值。***表示在 0.01 的水平下显著（2-tailed），**表示在 0.05 的水平下显著（2-tailed），*表示在 0.1 的水平下显著（2-tailed）。

3. 新增投资与增长机会同时替换

本部分的稳健性检验是对前两个稳健性检验的一个综合，旨在发现当两个变量同时替换时，对研究结论是否还稳健。

表 6.17 列示了企业新增投资与企业增长机会联合替换后的最后回归结果。①表中方程（9）是没有考虑其他控制变量时，会计准则变革（NCAS）对投资不足（Underinvest）的影响情况，回归结果与前文一致，在 1%统计显著性水平下呈现显著正相关。方程（10）列示了引入控制变量后的回归结果，发现控制后的会计准则变革也在 1%统计显著性水平下正相关，也证明了 H_1。

方程（11）为没有考虑控制变量时，会计准则变革（NCAS）对投资过度（Overinvest）的影响情况，结果与前文一致，均在 1%统计显著性水平下呈现显著负相关。方程（12）列示了引入控制变量后的回归结果，发现控制后的会计准则变革变量（NCAS）对投资过度（Overinvest）影响的符号与显著性和方程（11）一致，均为负显著相关，证明了 H_2。

---

① 由于没有涉及少量变量的替换，且样本和模型均没有变化，为避免叙述累赘，因此本处直接提供最后的回归结果。

由此可见，利用资产负债表数据计算的企业新增投资变量和主营业务增长率替换企业增长机会变量同样支持上文的研究结论。

表 6.17 方程回归结果

变量名	变量代号	投资不足		投资过度	
		（9）	（10）	（11）	（12）
常数项	Intercept	-0.069*** (0.000)	-0.074*** (0.000)	0.120*** (0.000)	0.255*** (0.001)
准则变革	NCAS	0.032*** (0.000)	0.031*** (0.000)	-0.060*** (0.000)	-0.051*** (0.000)
自由现金流量	FCF		0.026*** (0.003)		0.137*** (0.000)
管理费用	ME		0.001 (0.272)		-0.005 (0.110)
其他应收款	AR		0.016*** (0.001)		-0.045** (0.014)
企业规模	Size		-0.056*** (0.000)		0.019 (0.715)
财务杠杆	Lev		-0.087*** (0.000)		-0.205* (0.015)
经济董事兼任	DM		-0.001 (0.730)		0.009 (0.330)
独立董事比例	IDP		-0.032** (0.038)		-0.035 (0.540)
	N	4 059	4 059	2 403	2 403
	adj.R-sq	0.136	0.154	0.077 0	0.093 0

注：括号中的数值为经过 White 异方差调整后的 p 值。***表示在 0.01 的水平下显著（2-tailed），**表示在 0.05 的水平下显著（2-tailed），*表示在 0.1 的水平下显著（2-tailed）。

4. 稳健性检验结论

本节对模型中重要敏感变量——企业新增投资与企业增长机会，进行了替换。无论是企业新增投资变量与企业增长机会变量的单独替换回归结果，还是两者同时替换的联合回归结果，均显示会计准则变革能够抑制企业投资过度行为与缓解企业投资不足行为，与上文研究结论一致，体现了本章结论的稳健性。

6.7 本章小结

本章以检验会计准则变革对企业投资行为影响为目标，依据我国沪深两市上市公司 2003—2011 年的数据，借助于 Richardson（2006）模型对我国上市公司会计准则变革前后的投资过度与投资不足行为进行了度量。利用投资行为度量的结果作为被解释变量，置入第二与第三模型，将会计准则变革变量作为解释变量，并根据现有文献筛选出影响投资行为的其他重要变量（包括行业与年份控制变量）加入模型控制回归。

研究结论显示，随着新会计准则的推行实施，投资过度与投资不足均有显著变化，会计准则对投资过度呈现显著负相关，表现出抑制企业投资过度的趋势。会计准则对投资不足则呈现显著正相关，表现出缓解企业投资不足的趋势。此外，三个稳健性检验的结果同样也证实了上述研究结论。

综上可见，会计准则变革能够改善会计信息质量，在一定程度上提高借助于企业内部投资决策信息支持，改善内外部治理的效果，减少企业内外部信息不对称，有效改善企业投资行为。

7 会计准则变革对企业投资行为影响的实证检验：基于信息质量变革视角的进一步研究

上一章虽然论证发现了会计准则变革后企业投资行为得到了改善，但是并没有具体呈现会计准则变革是通过何种途径或路径来影响企业投资行为。会计准则可以通过减少信息不对称的逆向选择或减轻信息不对称的道德风险来实现优化企业投资行为。本章在前一章节基础上，进一步深入研究，区分会计准则变革对逆向选择与道德风险的影响，以发现准则变革对企业投资行为的作用途径。为此，本章安排了以下7个小节进行论述：7.1节理论分析与研究假设；7.2节模型设计与变量选择；7.3节会计准则变革、融资环境（逆向选择）与投资不足实证研究；7.4节会计准则变革、治理环境（道德选择）与投资过度实证研究；7.5节进一步检验：剔除投资效率划分失误影响的检验；7.6节稳健性检验：变量替换稳健性检验；7.7节本章小节。

7.1 理论分析与研究假设

企业投资行为一般都与融资行为有关，因此很多学者将投资与融资联系在一起来进行研究，如 Williamuson（1988）的投资行为与融资行为，Bond 和 Meghir（1994）的投资模型与公司融资政策。投资与融资之间的紧密关系源于企业投资除了具备看涨的投资机会外，还需要有足量的资金予以配合。历史上，企业投资与融资之间的关系经历了"无关论"到"有关论"两个阶段。无关论是建立在完全市场假设基础之上，对交易环境有严格要求。现实中融资市场存在摩擦，信息获取存在成本，市场交易存在信息不对称，MM 假想的世界很难出现。其中最为关键的摩擦源自信息不对称。Fazzari, Hubbard 和 Petersen（1988）（FHP）指出，企业内部与外部信息不对称造成企业内部与外部资金存在不对等，企业融资存在优序等级（Pecking Order 或 Financing

Hierarchy）。

企业投资资金按照来源不同可分为内源融资与外源融资。所谓内源融资就是依赖于企业内部，主要是企业经营所产生的自由现金流量，而企业外源融资主要是从企业外部的资本市场或金融市场获取的资金。当企业出现预期投资项目而企业内部没有足够资金时，就需要寻求外部融资，然而由于企业与外部资金提供者之间存在对投资项目的信息不对称，于是就形成了外部融资的"柠檬市场"。在这种信息不对称下，外部投资者则要求更高的回报来补偿监督成本与潜在的道德风险（Jensen and Meckling，1976；Bemlke，Gertler and Gilchrist，1996）。外部资金提供者索要的资本溢价导致企业外部资金成本高于内部资金成本。当管理层不愿意进行高成本的外部融资时，管理层就会放弃一些具有正净现值的项目，最终产生企业投资不足。这种现象也常被学者称为融资约束引起的投资不足。

Myers 和 Majluf（1984）指出，内部管理层要比外部资本市场对公司有更好的了解，因而产生了外部资本市场的逆向选择问题。为了度量企业受到融资约束的水平，FHP（1988）借助于投资现金敏感系数，即投资（INV）与内部现金流（CF）之间的显著相关性，来度量融资约束对于企业投资行为的影响程度。当投资（INV）与内部现金流（CF）存在的相关性越强，说明企业越可能存在融资约束。内部与外部融资成本越大而变得更加敏感。Cleary（2007）研究发现，信息不对称程度越严重的公司资本投资对内部现金流也越为敏感。

然而继 FHP 之后，又有学者发现投资现金流敏感性除了在企业存在融资约束时会产生，当企业存在由于代理问题时，也会出现投资现金流敏感性情况。Jensen（1986）认为，当公司具有多余现金流（即超过所有正净现值投资项目所需资金以外的多余资金），而股东监督又缺位或不完全时，管理层可以借助于信息不对称的机会优势，利用内部富余资金进行过度投资来提高自身福利，而不是将富余资金发放给股东，这就是自由现金流量假说。自利的经理人宁愿把多余的现金流投资于净现值为负的项目也不愿意返还给股东，由此导致了自由现金流的过度投资问题。Narayanan 明确指出，在一个信息不对称的世界里，外部人对投资项目质量知道得越少，企业就越可能投资于净现值为负的项目。这个现象可以概括为企业具有的自由现金流量越多，越易引发管理层的过度投资行为，这种现金流与投资行为之间的关系也会形成投资现金流敏感性。自由现金流假说得到了大量实证研究成果的支持。Richardson（2006）利用 1988—2002 年 58 053 公司的年数据发现，具有正自由现金流量的公司平均要过度投资 20% 水平的自由现金流量,而且大部分是投资金融资产。Lamont(1997)与 Berger 和 Hann(2003)研究发现,持有现金越多的企业越更会拥有绩效差的下属子公司。

　　总的来看,前一种是由外部融资"柠檬市场"逆向选择形成的投资不足,而后一种是由缺乏有效监管下道德风险而形成的投资过度,逆向选择和道德风险是现代企业信息不对称的两种主要类型。周红霞和欧阳凌(2004)指出,企业非效率投资决策和投资行为产生的主要原因就是信息不对称和代理问题,解决投资不足与投资过度的关键就是在于解决信息不对称问题。Biddle 和 Hilary(2006)指出,高质量的会计信息能够减少道德风险与逆向选择等引起的摩擦,提高投资效率。

　　会计准则制定者将会计准则定位于为公司提供一种向公司外部资本提供者和其他利益关系人报告公司财务状况和交易经营业绩方面信息成本相对低廉且可信的手段(Healy and Wahlen,1999)。此次新会计准则采取了与国际财务报告准则(IFRS)的实质趋同,目标在于提高企业的会计信息质量。(Christensen etal,2010)。吉利、邓博夫、毛洪涛(2012)指出,上市公司信息披露水平及质量的提高有利于股东与公司之间信息不对称程度的下降。新会计准则改善会计信息质量,有助于减轻事前信息不对称(即逆向选择)问题,减少外部人士对投资项目的错误定价,降低外部融资成本,缓解由信息不对称引起的融资约束。Biddle(2008)指出,高质量的财务报告能够使融资约束的公司通过将正 NVP 项目披露给投资者,吸引更多的资本提供,降低融资约束,缓解融资约束导致的投资不足。因此,随着新会计准则的实施,信息环境得到改善,高会计质量会通过改善外部融资环境,缓解融资约束,提高公司投资效率。Durnev(2004)研究发现,富含信息的股价通过降低公司内外部人的信息不对称,缓解了融资约束问题。

　　另外,损失确认的及时性,信息透明度的上升会加强企业与债权人之间的契约效率,降低了债权人的风险性,有利于债权人降低资金提供成本,减轻企业投资的融资约束问题。为此,可以建立如下假设:

　　H_1:新会计准则提高会计信息质量能够减轻内外部信息不对称引起的逆向选择问题,缓解融资约束产生的企业投资不足,即会计准则变革能改善企业融资环境缓解企业投资不足。

　　此外,财务报告是股东监督管理层的基础(Bushman and Smith,2001;Lambert,2001),是外部投资者获知公司信息的重要渠道(Bushman and Indjejikian,1993;Holmstrom and Tirole,1993;Kanodia and Lee,1998)。报

告中会计信息质量的高低直接决定外部利益相关者对企业内部管理层监管的效果。高质量的财务报告能够减少股东等相关利益者实施监督的成本,提高监督的积极性,增加股东及其他相关利益者对内部管理层投资行为的监督与约束,减少内部管理层机会主义的空间,降低内部管理层可能的道德风险。另外,Biddle(2008)指出高质量财务报告能够通过契约的完善来约束管理层从事帝国建造等过度投资行为。

另外,损失确认的及时性,特别是采用公允价值,使得管理层对于一些具有损失潜能的投资决策和战略的调整反应更加敏感,减少负 NPV 项目的投资。增加的企业透明度加上损失确认的及时性增强了股东与管理层之间契约的效率,降低了代理成本,增强了公司治理(Ball,2006)。为此,可以建立如下假设:

H_2:新会计准则提高会计信息质量,能够改善外部相关利益者对内部的监督,减轻内部管理层委托代理问题所引发的道德风险造成的过度投资行为,即会计准则变革改善治理环境,约束投资过度。

上述两个假设的原理可以通过图7.1予以说明。

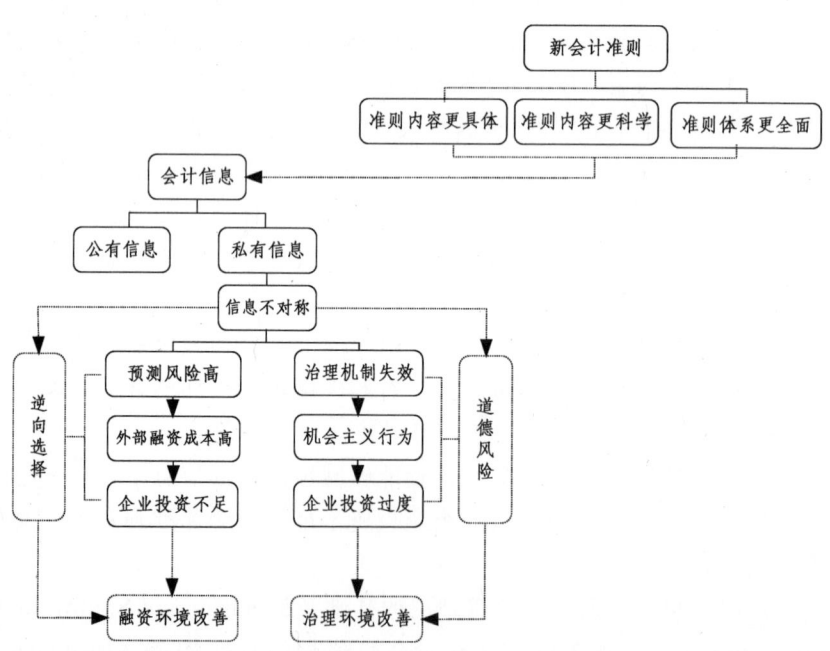

图7.1 会计准则变革、逆向选择(道德风险)与企业投资行为影响的假设机理

7.2 模型设计与变量选择

7.2.1 研究思路设计

(1) 按照投资不足与投资过度进行分组，分别用于代表逆向选择与道德风险情况。借助于上一章 Richardson（2006）模型估算出的残差，按照大小分成投资过度与投资不足组（残差为正的代表投资过度，残差为负的代表投资不足）。

(2) 检验投资不足组的投资现金敏感性及会计准则变革对投资现金流敏感性改善情况。首先检验投资不足组是否存在投资现金流敏感性，即是否存在融资约束，然后再发现会计准则变革是否减少投资现金流敏感性系数，即是否缓解融资约束。拟以 FHP（1988）模型为基础，考虑 Schleicher（2010）和 Hovakimian（2009）对 FHP 模型的修正，添加会计准则变革哑变量交叉项，并根据相关投资现金流敏感性文献，引入其他相关控制变量。

(3) 检验投资过度组的投资现金敏感性及会计准则变革对投资现金流敏感性的改善情况。首先检验投资过度组是否存在投资现金流敏感性，即是否符合自由现金流量假说；然后再发现会计准则变革是否减少投资现金流敏感性系数，即是否抑制管理层投资过度。

7.2.2 模型设计

1. FHP 模型

从现有研究文献看，投资现金流敏感性模型被引用最多的就是 Fazzari et al.（1988）的模型，简称 FHP 模型。[①]FHP 模型是考察控制投资机会后，企业内部现金流与企业投资之间的关系。具体模型如模型（7.1）所示。

$$INV_{i,t}/K_{i,t-1} = \beta_0 + \beta_1 FCF_{i,t}/K_{i,t-1} + \beta_2 Growth_{i,t} + \varepsilon_{i,t} \quad (7.1)$$

虽然 Kaplan 和 Zingales（1997）和 Cleary（1999）曾质疑 FHP（1988）的研究，但 Allayannis 和 Mozumdar（2004）已经指出 Kaplan 和 Zingales（1997）、

[①] 采用 FHP 模型的有：Hoshi, Kashyap and Scharfstein（1991）, Fazzari and Petersen（1993）, Whited（1992）and Hubbard（1998）, Hubbard（1998）, Biddle andHilary（2006）, Almeida and Campello（2007）, and Beatty, Liao, and Weber（2010）, Devereux and Schiantarelli（1990）, Himmelberg and Petersen（1994）, Bond and Meghir（1994）, Calomiris and Hubbard（1995）, Gilchrist and Himmelberg（1995）, and Kadapakkam et al.（1998）。

Cleary（1999）的研究结论与 FHP 不一致，主要原因是 Kaplan 和 Zingales（1997）、Cleary（1999）选择的样本包含了现金流为负的企业。Allayannis 和 Mozumdar 认为正是这些负现金流企业使得 Kaplan 和 Zingales（1997）及 Cleary（1999）最后的研究结果产生有偏，特别是现金流回归系数下偏，原因在于当公司已经处于财务困境时，投资必然不能和现金流有关。Allayannis 和 Mozumdar（2004）后来还采用 Kaplan 和 Zingales（1997）及 Cleary（1999）的研究样本，但对现金流量为负的企业予以了剔除，发现对于那些融资约束的企业，投资现金流敏感系数有了大幅提高，最后的结论与 Fazzari et al.（1988）基本一致。

为此，本章修正采用 Fazzari et al.（1988）模型，通过研究投资现金流敏感性来发现会计准则变革对投资行为的影响，以及利用分组发现这些影响到底是基于逆向选择还是道德风险。

2. 模型构建

由于本书需要研究2007年新会计准则实施前后我国上市公司的投资现金流敏感性及其变化情况，特别是要考察会计准则变革事件前后投资现金流敏感性的变化情况。为此，本章在经典的 FHP（1988）模型基础上，加入了代表会计准则变革事件的哑变量，构建了模型（7.2）。借助于会计准则变革变量（$NCAS$）与内部现金流量变量（CF）交叉项系数的变化来考察会计准则变革的影响。

$$INV_{i,t}/K_{i,t-1} = \beta_0 + \beta_1 FCF_{i,t}/K_{i,t-1} + \beta_2 NCAS + \beta_3 FCF_{i,t}/K_{i,t-1} \times NCAS + \beta_4 Growth_{i,t} + \varepsilon_{i,t} \quad (7.2)$$

为了更加稳健验证会计准则变革对企业投资行为的影响，本章不仅控制了其他因素可能对投资产生的影响，还综合参考了 Schleicher（2010）和 Hovakimian（2009）在研究投资现金流敏感性时加入了现金流滞后一期的情况 [如模型（7.3）]，即认为企业本期投资不仅受到本期现金流和投资机会的影响，还与上一期现金流有密切关系，为此本书在模型（7.2）的基础之上，加入了滞后一期现金流 $CF_{i,t-1}/K_{i,t-1}$，以消除企业前一期的现金流对企业投资的影响。另外，参考相关文献还添加了财务杠杆（Lev）与上市年限（Age）等控制变量，最终构建了模型（7.4）[1]：

---

[1] 因为本书选择的是平衡数据，上市年限对于企业的投资行为有一定的影响，因此进行了控制；另外，融资结构是影响投资的一个重要因素，因此也进行了控制。这些控制的选择都有相应的文献作为支撑。

$$INV_{i,t}/K_{i,t-1} = \beta_0 + \beta_1 FCF_{i,t}/K_{i,t-1} + \beta_2 FCF_{i,t-1}/K_{i,t-1} \\ + \beta_3 Growth_{i,t} + \varepsilon_{i,t} \tag{7.3}$$

$$INV_{i,t}/K_{i,t-1} = \beta_0 + \beta_1 FCF_{i,t}/K_{i,t-1} + \beta_2 FCF_{i,t-1}/K_{i,t-1} \\ + \beta_3 NCAS + \beta_4 FCF_{i,t-1}/K_{i,t-1} \times NCAS \\ + \beta_5 Growth_{i,t} + \beta_6 Lev_{i,t-1} + \beta_7 Age_{i,t-1} + \varepsilon_{i,t} \tag{7.4}$$

7.2.3 变量选择

1. 被解释变量

本章的被解释变量为企业新投资行为,即企业投资支出,用 INV 表示。与前一章节一样选择"购建固定资产、无形资产和其他长期资产支付的现金"与"处置固定资产、无形资产与其他长期资产收回的现金净额"之差表示,并用公司期初的总资产进行平减处理,以消除不同规模企业可能产生的规模影响。

2. 解释变量

模型中涉及的被解释变量有内部现金流(CF),会计准则变革($NCAS$),会计准则变革($NCAS$)和内部现金流(CF)的交叉项。

关于内部现金流(CF)变量,有的学者采用现金流量表中的"经营活动现金净流量"来表示,还有学者使用现金流量表中的"经营活动现金净流量"与当期"折旧与摊销"之差来表示。作者认为将当期的折旧与摊销从"经营活动现金净流量"中予以扣除更为科学。因此,本研究选择后者的计算方法,并用公司期初的总资产进行平减处理。

会计准则变革($NCAS$)与前一章节一致,是一个事件哑变量。当事情发生时取值为1,而当事情未发生时,则取值为0[即2007年以前取值为0,2007年(包含2007年)取值为1]。

会计准则变革($NCAS$)和内部现金流(CF)交叉项的系数将度量会计准则变革之后内部现金流(CF)对投资行为(INV)影响的增量部分。交叉项采用会计准则变革($NCAS$)指示变量乘以经公司期初账面总资产平减后的内部现金流(CF)。

3. 控制变量

模型 7.4 中涉及的主要控制变量有企业增长机会($Growth$),财务杠杆(Lev),上市年限(Age)与内部现金流(CF)的滞后。

企业增长机会（Growth），同前一章采用大部分学者用的 Tobin Q 值；财务杠杆（Lev）采用资产负债率，即账面总负债除以账面总资产；企业上市年限（Age），采用到数据采集当年企业已经上市的年限；内部现金流（CF）的滞后就是采用上一期的内部现金流（CF）数据，并用公司当年期初的总资产进行平减处理。

模型 7.4 中涉及的各变量的具体计算说明如表 7.1 所示。

表 7.1 模型变量的定义

变量类型	变量名称	变量符号	变量定义
被解释变量	投资额	INV	（购买固定资产的现金支出-处置固定资产的现金收入）/年初总资产
解释变量	现金流	CF	（经营活动现金净流量-折旧-摊销）/年初总资产
	准则变革与现金流交叉	$NCAS \times CF$	会计准则变革变量与内部现金流变量相乘
控制变量	增长率	Growth	托宾 Q 值
	准则变革	NCAS	准则变革前取值为 0，变革后取值为 1
	财务杠杆	Lev	账面总负债除以账面总资产
	上市年限	Age	截至当年年末的公司上市年龄

7.2.4 样本选择与数据来源

为了保持研究的一致性，本章样本数据与第五章研究样本相同，对样本做了如下筛选：

（1）选择 2002—2011 年在上海和深圳主板上市的所有公司，考虑到金融保险行业的特殊性可能会对研究结论造成有偏，为此将这两个行业的上市公司从样本中予以删除。

（2）为避免新上市和这一期间退市的公司因执行准则的不同给研究造成影响，本章选定平衡面板数据进行研究，对 2003 年及以后上市的公司进行剔除；为保证非正常财务绩效的公司不对本书产生影响，按年将 ST、*ST 与 S*ST 等公司进行剔除。

（3）考虑到 B 股公司的特殊性，将样本中的 B 股公司予以剔除。

（4）考虑到本章投资模型需要利用到滞后一期的数据（以及减少内生性等需要），虽然时间窗口是 2003—2011，但必须考虑 2002 年的数据，为了保持前后章节研究的一致，本章对 2002 年数据缺失的上市的企业予以剔除，最终得到 718 家公司样本数，6 462 个公司年数据（Firm-year）。

为减轻变量指标可能存在的极端值对最小二乘法回归造成偏差，研究在回归之前对所有连续变量按年度首尾1%和99%进行了Winsorize处理。

本章所使用的公司财务数据、公司治理数据、股票数据及公司基本信息数据来自上海万德（WIND）、香港理工大学和深圳国泰安信息技术有限公司合作的《中国股票市场研究数据库（CSMAR）》（简称国泰安数据库）。行业分类也参照中国证监会的上市公司行业分类。数据的统计分析运用STATA11.0软件和EXCEL2007软件。

由于道德风险与逆向选择均会导致企业投资现金流敏感度上升，而本章节的目标旨在深入发现会计准则是否通过改善信息不对称的逆向选择来缓解投资不足，以及是否通过降低道德风险来抑制投资过度。为此，本章利用上一章节Richardson模型估计的结果，将样本组分成投资不足组与投资过度组，然后分别来研究会计准则变革对企业投资行为的影响情况。

7.3 会计准则变革、融资环境（逆向选择）与投资不足实证研究

7.3.1 变量描述性统计

表7.2列示了投资不足组模型（7.4）中所涉及变量的描述性统计，分会计准则变革之前与会计准则变革之后分别进行了描述，并同时汇报了均值T检验值和Wilcoxon秩检验值。投资变量（INV）的均值和中值在会计准则变革之前分别为0.035和0.025，会计准则变革之后均值和中值分别为0.031和0.023，均值与Wilcoxon秩检验均负显著，说明投资变量（INV）在会计准则变革呈显著下降。企业增长机会变量（Growth）的均值和中值在会计准则变革之前为1.170和1.094，会计准则变革之后为1.786和1.446，均值和Wilcoxon秩检验均成正显著，说明会计准则变革之后企业增长机会变量（Growth）有显著增长。财务杠杆（Lev）在会计准则变革之前的均值和中值分别为0.458与0.471，而在会计准则变革之后分别为0.497与0.511，均值和Wilcoxon秩检验均成正显著，说明财务杠杆在会计准则变革后呈现显著上升趋势。内部现金流（CF）在会计准则变革之前的均值和中值分别为0.027与0.023，会计准则变革之后分别为0.023与0.019，均值和Wilcoxon秩检验成负显著，说明内部现金流（CF）在会计准则变革之后有减少趋势。此外，内部现金流（CF）的标准差是均值的3倍以上，说明样本企业间的内部现金流分布差异比较大。

现金流的滞后（CF_{t-1}）在会计准则变革之前均值和中值分别为 0.030 与 0.029，会计准则变革之后分别为 0.033 与 0.027，均值和 Wilcoxon 秩检验均不显著，说明会计准则变革后现金流的滞后（CF_{t-1}）变化并不显著。

表 7.2　变量描述性统计

变量	会计准则变革之前					会计准则变革之后					均值	中值
	均值	标准差	中值	最小值	最大值	均值	标准差	中值	最小值	最大值	T	Z
INV_t	0.035	0.039	0.025	-0.047	0.244	0.031	0.037	0.023	-0.075	0.265	-3.374***	-3.647***
$Growth_{t-1}$	1.170	0.291	1.094	0.752	3.036	1.786	1.049	1.446	0.745	8.081	24.282***	24.828***
Lev	0.458	0.172	0.471	0.065	0.812	0.497	0.175	0.511	0.0760	0.857	7.031***	6.887***
Age	7.517	2.946	7	1	16	11.92	3.084	12	5	21	45.954***	37.496***
CF_t	0.027	0.086	0.028	-0.358	0.315	0.023	0.091	0.019	-0.315	0.406	-1.312*	-3.379***
CF_{t-1}	0.030	0.087	0.029	-0.279	0.323	0.033	0.095	0.027	-0.279	0.323	0.957	-0.312

7.3.2　变量相关性分析

表 7.3 列示了投资不足组模型（7.4）变量的相关性情况。从左下角 Pearson 相关系数分析可知，投资（INV）与会计准则变革（$NCAS$）在 1%统计显著性水平下负相关，说明会计准则变革后企业投资水平较会计准则变革之前有所下降。投资（INV）与上市年限（Age）、企业增长机会（$Grwoth$）在 1%统计显著性水平下负相关。投资（INV）与本期现金流（CF_t）和上期现金流（CF_{t-1}）在 1%统计显著性水平下呈现正相关，显示企业现金越多，投资也越多。投资（INV）与财务杠杆（Lev）之间并没显著的相关关系，说明债务治理在投资不足组发挥的治理作用并不显著。由于表中变量之间的相关关系并没有控制其他相关变量的影响，仅为单变量分析，因此两者间的相关关系仅供初步判断之用，更为准确的关系分析有待后续的回归分析。

表 7.3 中各解释自变量相关系数绝对值最大的为上市年限（Age）与会计准则变革（$NCAS$）变量之间，0.587，中等相关。相关性高的原因是两者仅在增长趋势上类似，但是无法完全一致，因为上市年限成逐年递增，而会计准则事件哑变量仅在 2007 年出现单次转折。由此基本可以认为模型各解释变量之间不会出现完全共线性。为了更加全面与科学反映各变量之间的相关性，在表 7.3 中还列示了各变量之间的斯皮尔曼（Spearman）秩相关情况，具体数据如表 7.3 右上角所示。

表 7.3 变量相关性分析

	INV	NCAS	Lev_{t-1}	Age_{t-1}	$Growth_{t-1}$	CF_t	CF_{t-1}
INV	1	-0.058***	-0.039**	-0.191***	-0.051***	0.182***	0.205***
	.	(0.000)	(0.013)	(0.000)	(0.001)	(0.000)	(0.000)
NCAS	-0.053***	1	0.109***	0.591***	0.392***	-0.053***	-0.005
	(0.001)	.	(0.000)	(0.000)	(0.000)	(0.000)	(0.755)
Lev_{t-1}	0.001	0.110***	1	0.128***	-0.206***	-0.089***	-0.102***
	(0.967)	(0.000)	.	(0.000)	(0.000)	(0.000)	(0.000)
Age_{t-1}	-0.183***	0.587***	0.127***	1	0.283***	-0.065***	-0.023
	(0.000)	(0.000)	(0.000)	.	(0.000)	(0.000)	(0.147)
$Growth_{t-1}$	-0.041***	0.358***	-0.210***	0.284***	1	0.017	0.0766***
	(0.009)	(0.000)	(0.000)	(0.000)	.	(0.275)	(0.000)
CF_t	0.151***	-0.021	-0.082***	-0.045***	0.0523***	1	0.296***
	(0.000)	(0.189)	(0.000)	(0.005)	(0.001)	.	(0.000)
CF_{t-1}	0.194***	0.015	-0.095***	-0.005	0.124***	0.239***	1
	(0.000)	(0.339)	(0.000)	(0.761)	(0.000)	(0.000)	.

注：括号中的数值为 p 值。***表示在 0.01 的水平下显著（2-tailed），**表示在 0.05 的水平下显著（2-tailed），*表示在 0.1 的水平下显著（2-tailed）；对角线右上角为 Spearman 检验系数，而左下角为 Pearson 检验系数。

7.3.3 回归结果分析

本章采用最小二乘法（OLS）多元回归进行分析，并在回归时采用了逐渐添加控制变量的方式进行，在表 7.4 中列示了回归结果。从表 7.4 方程（1）的回归结果看，本期内部现金流（CF_t）与投资（INV）在 1%统计显著性水平下正相关，说明投资不足的上市公司存在投资现金流敏感性，即存在融资约束，与 FHP 结论一致。方程（2）在本期现金流（CF_t）基础上引入了滞后一期现金流（CF_{t-1}），发现本期投资（INV）与上期现金流（CF_{t-1}）也在 1%统计显著性水平下显著正相关。方程（3）列示了加入了控制变量后的回归，发现本期现金流（CF_t）与投资（INV）仍在 1%统计显著性水平下正相关，而 $NCAS \times CF_t$ 则在 1%统计显著性水平下呈现负相关，说明随着会计准则的变革,投资现金流敏感系数在下降,显示会计准则能够改善融资约束导致的投资不足,证明了 H_1。

为了保证模型回归的有效性,本部分还考察了多元回归可能存在的解释变量之间完全共线性问题,在各方程回归后计算了方差膨胀因子 VIF,结果显示各变量的 VIF 值均远小于 5,且容忍度都远大于 0.1,说明回归模型中各解释变量之间并不存在完全共线性。此外,还计算了各方程相应的 D.W.值,均在 2 附近,说明模型基本不存在自相关问题。①

表 7.4 方程回归结果

变量名称	变量代号	(1)	(2)	(3)
常数项	Intercept	0.031*** (0.000)	0.030*** (0.000)	0.0460*** (0.000)
本期现金流	CF_t	0.065*** (0.000)	0.048*** (0.000)	0.060*** (0.000)
滞后一期现金流	CF_{t-1}		0.070*** (0.000)	0.073*** (0.000)
财务杠杆	Lev_{t-1}			0.009** (0.014)
上市年限	Age_{t-1}			-0.002*** (0.000)
企业增长机会	$Growth_{t-1}$			-0.001 (0.156)
会计准则变革	NCAS			0.007*** (0.000)
会计准则变革与现金流交叉项	$NCAS \times CF_t$			-0.025* (0.052)
	Observations	4 021	4 021	4 021
	Adj.R-squared	0.023	0.049	0.088

注:括号中的数值为经过 white 异方差矫正后的 p 值。*** 表示在 0.01 的水平下显著(2-tailed),** 表示在 0.05 的水平下显著(2-tailed),* 表示在 0.1 的水平下显著(2-tailed)。

---

① 限于本章篇幅和规范要求,并没有具体列示 VIF、Tolerance 和 D.W 数据。

7.4 会计准则变革、治理环境（道德风险）与投资过度实证研究

7.4.1 变量描述性统计

表 7.5 列示了投资过度组模型（7.4）中所涉及变量的描述性统计，分会计准则变革之前与会计准则变革变革之后分别进行描述，并同时汇报了均值 T 检验值和 Wilcoxon 秩检验值。由投资（INV）的均值和中值看，会计准则变革之前的均值和中值分别为 0.136 和 0.108，会计准则变革之后的均值和中值分别为 0.113 和 0.090，均值和 Wilcoxon 秩检验均负显著，说明投资变量（INV）在会计准则变革之后呈显著下降趋势，与投资不足组变化趋势一致。企业增长机会（Growth）在会计准则变革之前的均值和中值分别为 1.185 和 1.111，会计准则变革之后分别为 1.757 和 1.475，均值和 Wilcoxon 秩检验均负显著，说明企业增长机会（Growth）在会计准则变革之后有大幅度提升，与投资不足组的变化趋势一致。财务杠杆（Lev）在会计准则变革之前的均值和中值分别为 0.463 和 0.475，会计准则变革之后的均值和中值分别为 0.522 和 0.535，均值和 Wilcoxon 秩检验均正显著，说明财务杠杆（Lev）在会计准则变革之后有显著上升趋势，与投资不足组趋势一致。本期内部现金流（CF_t）在会计准则变革之前的均值和中值分别为 0.054 和 0.050，会计准则变革之后的均值和中值分别为 0.044 和 0.037，均值和 Wilcoxon 秩检验均负显著，说明本期内部现金流（CF_t）在会计准则变革之后呈减少趋势，与投资不足组变化趋势一致，但是本期内部现金流（CF_t）的样本间差异幅度要比投资不足组小。滞后一期现金流（CF_{t-1}）在会计准则变革之前的均值和中值分别为 0.045 和 0.046，会计准则变革之后的均值和中值分别为 0.042 与 0.038，均值检验为负，但不显著，而 Wilcoxon 秩检验负显著，呈现减少趋势。

表 7.5 变量描述性统计

变量	会计准则变革之前					会计准则变革之后					均值	中值
	均值	标准差	中值	最小值	最大值	均值	标准差	中值	最小值	最大值	T	Z
INV_t	0.136	0.097	0.108	-0.002	0.488	0.113	0.089	0.090	0	0.449	-6.122***	-6.425***
$Growth_{t-1}$	1.185	0.290	1.111	0.752	3.036	1.757	0.924	1.475	0.745	8.081	19.349***	20.074***
Lev	0.463	0.158	0.475	0.065	0.812	0.522	0.165	0.535	0.076	0.857	8.868***	8.769***
Age	7.399	3.014	7	1	16	12.06	3.110	12	5	21	37.178***	29.827***
CF_t	0.054	0.084	0.050	-0.358	0.315	0.044	0.098	0.037	-0.315	0.406	-2.581***	-3.806***
CF_{t-1}	0.045	0.084	0.046	-0.279	0.323	0.042	0.092	0.038	-0.279	0.323	-0.823	-2.116**

7.4.2 变量相关性分析

表 7.6 列示了投资过度组变量的相关性情况。从左下角 Pearson 相关系数分析，投资（INV）与会计准则变革（NCAS）在 1%统计显著性水平下负相关，说明会计准则变革后的投资水平较会计准则变革之前有所下降。投资（INV）与财务杠杆（Lev）在 1%统计显著性水平下负相关，说明随着负债的增加，投资呈递减趋势，体现出负债的治理效应。投资（INV）与上市年限（Age）在 1%统计显著性水平下负相关，说明上市越久，投资越趋稳。投资（INV）与企业增长机会（Growth）在 1%统计显著性水平下正相关，说明投资机会多的企业，投资也相应会较多。本期现金流（CF_t）和上期现金流（CF_{t-1}）在 1%统计显著性水平下呈现相关，显示企业现金越多，投资也呈现越多。由于表中变量之间的相关关系并没有控制其他相关变量的影响，仅为单变量分析，因此两者间的相关关系仅供初步判断之用，更为准确的关系分析有待后续的回归分析。

表中各解释自变量相关系数的绝对值最大的为上市年限（Age）与会计准则变革（NCAS）之间，为 0.601，与投资不足组分析一样，两者不会出现完全共线性，基本可以判断模型各解释变量之间不会出现完全共线性。与前文一致，为了更加全面与科学地反映各变量之间的相关性情况，与前文一致，在表 7.6 还列示了各变量之间的斯皮尔曼（Spearman）秩相关情况，具体数据如表 7.6 右上角所示。

表 7.6　变量相关性分析

	I	NCAS	Lev_{t-1}	Age_{t-1}	$Growth_{t-1}$	CF_t	CF_{t-1}
I	1	-0.130***	-0.223***	-0.265***	0.054***	0.218***	0.304***
	.	(0.000)	(0.000)	(0.000)	0.008	(0.000)	(0.000)
NCAS	-0.123***	1	0.177***	0.604***	0.406***	-0.077***	-0.043**
	(0.000)	.	(0.000)	(0.000)	(0.000)	(0.000)	(0.034)
Lev_{t-1}	-0.201***	0.177***	1	0.205***	-0.200***	-0.096***	-0.134***
	(0.000)	(0.000)	.	(0.000)	(0.000)	(0.000)	(0.000)
Age_{t-1}	-0.237***	0.601***	0.202***	1	0.274***	-0.061***	-0.046**
	(0.000)	(0.000)	(0.000)	.	(0.000)	(0.003)	(0.023)

续表 7.6

	I	NCAS	Lev_{t-1}	Age_{t-1}	$Growth_{t-1}$	CF_t	CF_{t-1}
$Growth_{t-1}$	0.055***	0.365***	-0.220***	0.253***	1	-0.002	0.101***
	(0.007)	(0.000)	(0.000)	(0.000)	.	(0.927)	(0.000)
CF_t	0.210***	-0.052***	-0.108***	-0.051**	0.051**	1	0.309***
	(0.000)	(0.010)	(0.000)	(0.012)	(0.012)	.	(0.000)
CF_{t-1}	0.259***	-0.017	-0.137***	-0.044**	0.140***	0.251***	1
	(0.000)	(0.411)	(0.000)	(0.030)	(0.000)	(0.000)	.

注：括号中的数值为 p 值。***表示在 0.01 的水平下显著（2-tailed），**表示在 0.05 的水平下显著（2-tailed），*表示在 0.1 的水平下显著（2-tailed）；对角线右上角为 Spearman 检验系数，而左下角为 Pearson 检验系数。

7.4.3 回归结果分析

表 7.7 中列示了回归结果，也采用了逐个添加控制变量的方法，可以看出调整后的 R^2 随着控制变量的逐个引入，呈上升趋势，由 4.4%上升至 15.8%。从表 7 中方程（4）分析，本期现金流（CF_t）与投资（INV）在 1%统计显著性水平下正相关，说明投资过度组上市公司存在投资现金流敏感性，与 Jensen 提出的自由现金流假说一致。方程（5）在本期现金流（CF_t）基础上引入了滞后一期现金流（CF_{t-1}），发现本期投资（INV）与上期现金流（CF_{t-1}）也在 1%统计显著性水平下显著正相关，说明现金流对投资的影响具有一定的滞后性。方程（6）列示了加入了控制变量后的回归，发现现金流（CF_t）与投资（INV）仍在 1%统计显著性水平下正相关，而 NCAS×CF_t 则在 1%统计显著性水平下呈负相关，说明随着会计准则变革的发生，投资现金流敏感系数在下降，显示会计准则变革能够改善道德风险，改善监督治理的效用，从而约束管理层的投资过度行为，证实了 H_2。

与前文一致，本章在各方程回归后计算了方差膨胀因子 VIF，结果显示各变量的 VIF 值均远小于 5，且容忍度都远大于 0.1，说明回归模型中各解释变量之间并不存在完全共线性。各方程相应的 D.W.值，均在 2 附近，说明模型基本不存在自相关问题。①

---

① 限于本章篇幅和规范要求，并没有具体列示 VIF、Tolerance 和 D.W 数据。

表 7.7　方程回归结果

变量名称	变量代号	(4)	(5)	(6)
常数项	Intercept	0.113*** (0.000)	0.105*** (0.000)	0.178*** (0.000)
本期现金流	CF_t	0.212*** (0.000)	0.156*** (0.000)	0.219*** (0.000)
滞后一期现金流	CF_{t-1}		0.231*** (0.000)	0.203*** (0.000)
财务杠杆	Lev_{t-1}			-0.061*** (0.000)
上市年限	Age_{t-1}			-0.006*** (0.000)
企业增长机会	$Growth_{t-1}$			0.006** (0.023)
会计准则变革	NCAS			0.011** (0.024)
会计准则变革与现金流交叉	$NCAS \times CF_t$			-0.126*** (0.001)
	N	2 441	2 441	2 441
	R-squared	0.044	0.089	0.158

注：p 值为经过 white 异方差矫正后的数值。***表示在 0.01 的水平下显著（2-tailed），**表示在 0.05 的水平下显著（2-tailed），*表示在 0.1 的水平下显著（2-tailed）。

7.5　进一步检验：剔除投资效率划分失误影响的检验

前一章研究是利用 Richardson（2006）模型估计的数值结果进行分组，残差数值大小能刻画投资不足与投资过度的程度，而本章并没有直接利用 Richardson（2006）模型估计结果数值，直接利用零作为分界点进行分组，这会导致忽视组内投资不足与投资过度差异程度，视组内元素为均等，对于处于投资不足与投资过度边缘部分的样本（即残差零附近的度量）会造成一定的偏差。Richardson（2006）模型度量和划分投资不足与投资过度有一个假定，要求上市公司的投资行为必须是正常的，即不存在系统性的投资过度或投资不足。否则，在使用模型的残差度量投资过度和投资不足时，容易产生系统性偏差。上述论证说明，以零为划分界限不一定科学，为此本节尝试采用其他的划分标准来进行进一步检验。

7.5.1 样本选择与数据来源

根据前一章 Richardson（2006）模型估计得到的投资过度和投资不足样本数量分布看（如图 7.2 所示），企业投资不足在数量上比企业投资过度要高，峰度在零处左偏，即偏向投资不足。为了避免系统性偏差可能造成本书结论的偏误，本章采用了蒋瑜峰（2010）的投资效率划分标准，即将由 Richardson（2006）模型估计得到的投资过度和投资不足组，按大小各自等分成五组，剔除掉各自离 0 最近的一组（即投资不足与投资过度均除去离零最近的 20%的样本）。[①]投资不足剔除后样本为 3 217 个（未剔除前为 4 021 个，剔除 804 个），投资过度剔除后样本为 1 953 个（未剔除前为 2 441 个，剔除 488 个）。

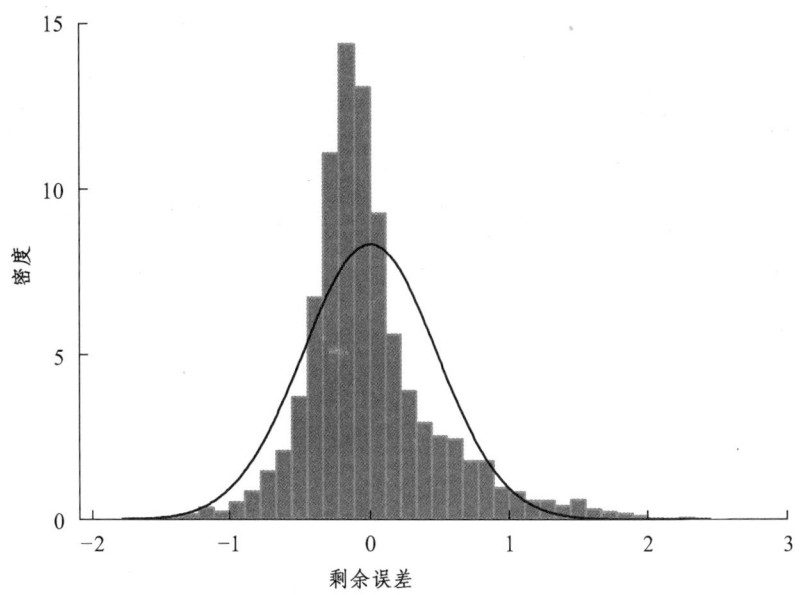

图 7.2 投资不足与投资过度样本分布图

注：左侧为公司数量，底部为投资不足与投资过度的程度。

---

① 一般认为 Richardson 估计的残差结果在 0 处，误判的可能性较大。

7.5.2 变量描述性分析

表 7.8 和表 7.9 列示了投资不足组 5 分位组模型各变量在会计准则变革之前与会计准则变革之后的描述性统计，同时还汇报了均值 T 检验值和 Wilcoxon 秩检验值，以及 5 分组与以零为标准划分组的比较。投资（INV）在会计准则变革前后变化趋势上与以零为标准的分组一致，但投资总额却比以零为标准的分组偏小很多。由此可见，偏离残差零越远的样本（投资不足程度越大），投资额越小，这也验证了 Richardson 对于投资不足度量的准确性。企业增长机会（Growth）在会计准则变革前后变化趋势也与以零为标准分组一致，但与以零为标准的分组略偏高一点。财务杠杆（Lev）在会计准则变革前后变化趋势也与以零为标准的分组一致，但比以零为标准的分组的略偏低一点。上市年限（Age）在会计准则变革前后变化趋势也与以零为标准的分组一致，但比以零为标准的分组相比，会计准则变革之前偏小，而准则变革之后相近。本期现金流（CF）与现金流滞后一期（CF_{t-1}）在会计准则变革前后变化趋势均与以零为标准的分组一致，两者整体均比与以零为标准分组偏小，这在一定程度上验证了现金流越少的公司越易投资不足。

表 7.8　5 分组投资不足组变量描述性统计

变量	会计准则变革之前					会计准则变革之后					均值	中值
	均值	标准差	中值	最小值	最大值	均值	标准差	中值	最小值	最大值	T	Z
INV	0.034	0.038	0.024	-0.047	0.234	0.03	0.039	0.022	-0.075	0.265	-2.870***	-2.390***
Growth	1.175	0.290	1.098	0.752	3.036	1.849	1.119	1.487	0.745	8.081	9.710***	10.120***
Lev	0.449	0.173	0.456	0.065	0.812	0.483	0.178	0.492	0.076	0.857	3.210***	3.120***
Age	7.340	2.931	7	1	16	11.810	3.012	12	5	21	17.120***	14.470***
CF	0.027	0.085	0.027	-0.358	0.315	0.024	0.089	0.02	-0.315	0.406	-1.170***	-2.710***
CF_{t-1}	0.031	0.087	0.029	-0.279	0.323	0.035	0.094	0.028	-0.279	0.323	-0.270	-1.720*

注：*** 表示在 0.01 的水平下显著（2-tailed），** 表示在 0.05 的水平下显著（2-tailed），* 表示在 0.1 的水平下显著（2-tailed）。

7 会计准则变革对企业投资行为影响的实证检验：基于信息质量变革视角的进一步研究

表7.9 5 分组与以零划分组变量描述性统计

变量	会计准则变革之前					会计准则变革之后				
	均值	标准差	中值	最小值	最大值	均值	标准差	中值	最小值	最大值
INV_{t5}	0.034	0.038	0.024	-0.047	0.234	0.030	0.039	0.022	-0.075	0.265
INV_{t0}	0.051	0.065	0.032	-0.047	0.488	0.050	0.064	0.032	-0.075	0.449
$\triangle INV$	-0.017	-0.027	-0.008	0	-0.254	-0.020	-0.025	-0.010	0	-0.184
$Growth_{t5}$	1.175	0.290	1.098	0.752	3.036	1.849	1.119	1.487	0.745	8.081
$Growth_{t0}$	1.172	0.290	1.091	0.752	3.036	1.794	1.059	1.445	0.745	8.081
$\triangle G$	0.003	0	0.007	0	0	0.055	0.06	0.042	0	0
Lev_{t5}	0.449	0.173	0.456	0.065	0.812	0.483	0.178	0.492	0.076	0.857
Lev_{t0}	0.459	0.170	0.468	0.065	0.812	0.503	0.176	0.514	0.076	0.857
$\triangle Lev$	-0.01	0.003	-0.012	0	0	-0.020	0.002	-0.022	0	0
Age_{t5}	7.340	2.931	7	1	16	11.810	3.012	12	5	21
Age_{t0}	7.571	2.953	7	1	16	11.803	3.050	12	5	20
$\triangle Age$	-0.231	-0.022	0	0	0	0.007	-0.038	0	0	1
CF_{t5}	0.027	0.085	0.027	-0.358	0.315	0.024	0.089	0.020	-0.315	0.406
CF_{t0}	0.032	0.085	0.031	-0.358	0.315	0.031	0.091	0.026	-0.315	0.405
$\triangle CF_t$	-0.005	0	-0.004	0	0	-0.007	-0.002	-0.006	0	0.001
$CF_{t-1 5}$	0.031	0.087	0.029	-0.279	0.323	0.035	0.094	0.028	-0.279	0.323
$CF_{t-1 0}$	0.032	0.086	0.032	-0.279	0.323	0.038	0.092	0.032	-0.279	0.323
$\triangle CF_{t-1}$	-0.001	0.001	-0.003	0	0	-0.003	0.002	-0.004	0	0

表7.10 和表7.11 列示了投资过度 5 分位组模型各变量在会计准则变革之前与会计准则变革之后的描述性统计，同时汇报了均值 T 检验和 Wilcoxon 秩检验，以及与零为标准划分组的比较。投资（INV）在会计准则变革前后变化趋势上与以零为标准的分组一致，但投资总额却比以零为标准的分组偏大很多，可以看出偏离残差零越远的样本（投资过度程度越大），投资额越大，与前述投资不足分析一样，也验证了 Richardson 对于投资过度度量的准确性。企业增长机会（Growth）在会计准则变革前后变化趋势也与以零为标准的分组一致，但比以零为标准的分组机会略偏高一点。财务杠杆（Lev）在会计准则变革前后变化趋势也与以零为标准的分组一致，但在会计准则变革之前比以零为标准的分组略偏低一点，而在会计准则变革之后则又比以零为标准的分组略偏高一点。上市年限（Age）在会计准则变革前后变化趋势也与以零为标准的分组一致，但比以零为标准的分组相比偏小，这可能与企业成熟度有

关。本期现金流（CF_t）与现金流滞后一期（CF_{t-1}）在会计准则变革前后变化趋势均与以零为标准的分组一致，两者整体均比与以零为标准的分组偏大，一定程度上验证了现金流越多的公司越易投资过度。

表 7.10　5 分组投资过度组变量描述性统计

变量	会计准则变革之前					会计准则变革之后					均值	中值
	均值	标准差	中值	最小值	最大值	均值	标准差	中值	最小值	最大值	T	Z
INV	0.153	0.097	0.13	0.001	0.488	0.132	0.089	0.110	0.001	0.449	-3.470***	-4.030***
Growth	1.187	0.295	1.115	0.752	3.036	1.808	0.968	1.517	0.745	8.081	7.300***	7.160***
Lev	0.451	0.16	0.456	0.065	0.812	0.516	0.165	0.534	0.079	0.857	1.710**	1.700*
Age	7.256	3.003	7	1	16	11.910	3.077	12	5	21	15.820***	12.870***
CF	0.058	0.084	0.053	-0.358	0.315	0.050	0.097	0.041	-0.310	0.406	-1.400*	-2.050**
CF_{t-1}	0.049	0.081	0.049	-0.279	0.323	0.050	0.087	0.044	-0.279	0.323	-1.380	-1.950*

注：***表示在 0.01 的水平下显著（2-tailed），**表示在 0.05 的水平下显著（2-tailed），*表示在 0.1 的水平下显著（2-tailed）。

表 7.11　5 分组与总样本投资过度变量比较描述性统计

变量	会计准则变革之前					会计准则变革之后				
	均值	标准差	中值	最小值	最大值	均值	标准差	中值	最小值	最大值
INV_{t5}	0.153	0.097	0.130	0.001	0.488	0.132	0.089	0.110	0.001	0.449
INV_{t0}	0.108	0.095	0.081	-0.047	0.488	0.084	0.085	0.060	-0.075	0.449
△INV	0.045	0.002	0.049	0.048	0	0.048	0.004	0.050	0.076	0
$Growth_{t5}$	1.187	0.295	1.115	0.752	3.036	1.808	0.968	1.517	0.745	8.081
$Growth_{t0}$	1.182	0.290	1.110	0.752	3.036	1.743	0.900	1.467	0.745	6.823
△G	0.005	0.005	0.005	0	0	0.065	0.068	0.050	0	1.258
Lev_{t5}	0.451	0.160	0.456	0.065	0.812	0.516	0.165	0.534	0.079	0.857
Lev_{t0}	0.462	0.163	0.479	0.065	0.812	0.513	0.164	0.529	0.076	0.857
△Lev	-0.011	-0.003	-0.023	0	0	0.003	0.001	0.005	0.003	0
Age_{t5}	7.256	3.003	7	1	16	11.910	3.077	12	5	21
Age_{t0}	7.308	2.995	7	1	16	12.260	3.146	12	5	21
△Age	-0.052	0.008	0	0	0	-0.350	-0.069	0	0	0
CF_{t5}	0.058	0.084	0.053	-0.358	0.315	0.050	0.097	0.041	-0.310	0.406
CF_{t0}	0.044	0.088	0.042	-0.358	0.315	0.031	0.099	0.024	-0.315	0.405
$△CF_t$	0.014	-0.004	0.011	0	0	0.019	-0.002	0.017	0.005	0.001
CF_{t-15}	0.049	0.081	0.049	-0.279	0.323	0.050	0.087	0.044	-0.279	0.323
CF_{t-10}	0.041	0.086	0.041	-0.279	0.323	0.035	0.097	0.030	-0.279	0.323
$△CF_{t-1}$	0.008	-0.005	0.008	0	0	0.015	-0.010	0.014	0	0

7.5.3 变量相关性分析

表 7.12 中列示了投资不足组变量的相关性数据，与表 7.3 的相关性进行对比发现，除了财务杠杆（Lev）与投资（INV）相关性的显著性发生变化外，其余变量之间的相关性并没有显著变化。财务杠杆（Lev）与投资（INV）的相关性在以零为划分标准时成正相关但不显著，而本组财务杠杆（Lev）与投资（INV）的相关性为正，且在近 1%的统计显著性水平下显著。

表 7.13 中列示了投资过度组变量的相关性数据，与表 7.6 的相关性进行对比发现，除了企业增长机会（Growth）与投资（INV）相关性的显著性发生变化外，其余变量之间的相关性并没有显著变化。企业增长机会（Growth）与投资（INV）的相关性在以零为划分标准时正显著相关，而本组财务杠杆（Lev）与投资（INV）相关性为正，但并不显著。

以上变量的相关性还进行了斯皮尔曼（Spearman）相关性分析，数据分别列在表 7.12 和表 7.13 的右上角。

表 7.12 5 分组投资不足组变量相关性

	I	NCAS	Lev_{t-1}	Age_{t-1}	$Growth_{t-1}$	CF_t	CF_{t-1}
I	1	-0.056***	0.011	-0.184***	-0.079***	0.169***	0.205***
	.	(0.001)	(0.553)	(0.000)	(0.000)	(0.000)	(0.000)
NCAS	-0.048***	1	0.0963***	0.607***	0.405***	-0.042**	0.011
	(0.007)	.	(0.000)	(0.000)	(0.000)	(0.017)	(0.539)
Lev_{t-1}	0.045**	0.0986***	1	0.105***	-0.216***	-0.086***	-0.087***
	(0.011)	(0.000)	.	(0.000)	(0.000)	(0.000)	(0.000)
Age_{t-1}	-0.177***	0.600***	0.102***	1	0.298***	-0.0586***	-0.0108
	(0.000)	(0.000)	(0.000)	.	(0.000)	(0.001)	(0.541)
$Growth_{t-1}$	-0.0547***	0.373***	-0.205***	0.303***	1	0.0119	0.0713***
	(0.002)	(0.000)	(0.000)	(0.000)	.	(0.498)	(0.000)
CF_t	0.141***	-0.014	-0.078***	-0.033*	0.056***	1	0.312***
	(0.000)	(0.445)	(0.000)	(0.065)	(0.002)	.	(0.000)
CF_{t-1}	0.192***	0.024	-0.077***	0.008	0.123***	0.248***	1
	(0.000)	(0.172)	(0.000)	(0.646)	(0.000)	(0.000)	.

注：***表示在 0.01 的水平下显著（2-tailed），**表示在 0.05 的水平下显著（2-tailed），*表示在 0.1 的水平下显著（2-tailed）；对角线右上角为 Spearman 检验系数，而左下角为 Pearson 检验系数。

表 7.13 5 分组投资过度组变量相关性分析

	I	NCAS	Lev_{t-1}	Age_{t-1}	$Growth_{t-1}$	CF_t	CF_{t-1}
I	1	-0.116***	-0.192***	-0.237***	0.037	0.191***	0.273***
	.	(0.000)	(0.000)	(0.000)	(0.104)	(0.000)	(0.000)
NCAS	-0.114***	1	0.197***	0.608***	0.429***	-0.067***	-0.0237
	(0.000)	.	(0.000)	(0.000)	(0.000)	(0.003)	(0.294)
Lev_{t-1}	-0.176***	0.195***	1	0.212***	-0.189***	-0.090	-0.131***
	(0.000)	(0.000)	.	(0.000)	(0.000)	(0.000)	(0.000)
Age_{t-1}	-0.211***	0.605***	0.207***	1	0.283***	-0.047**	-0.022
	(0.000)	(0.000)	(0.000)	.	(0.000)	(0.040)	(0.343)
$Growth_{t-1}$	0.036	0.381***	-0.205***	0.267***	1	0.003***	0.105***
	(0.114)	(0.000)	(0.000)	(0.000)	.	(0.890)	(0.000)
CF_t	0.190***	-0.044*	-0.095***	-0.037***	0.047**	1	0.318***
	(0.000)	(0.055)	(0.000)	(0.102)	(0.037)	.	(0.000)
CF_{t-1}	0.236***	0.004	-0.127***	-0.011***	0.144***	0.275***	1
	(0.000)	(0.848)	(0.000)	(0.644)	(0.000)	(0.000)	.

注：***表示在 0.01 的水平下显著（2-tailed），**表示在 0.05 的水平下显著（2-tailed），*表示在 0.1 的水平下显著（2-tailed）；对角线右上角为 Spearman 检验系数，而左下角为 Pearson 检验系数。

7.5.4 回归结果分析

表 7.14 中列示了投资不足组的回归结果。由方程（1）看，本期现金流（CF）与投资（INV）在 1%统计显著性水平下正相关，与前文一致，说明投资不足组的上市公司存在融资约束，具有投资现金流敏感性。方程（2）中引入上一期现金流（CF_{t-1}），回归结果显示本期现金流（CF）与上一期现金流（CF_{t-1}）均在 1%统计显著性水平下正相关，方程（3）加入全部控制变量，也发现本期现金流（CF）与上一期现金流（CF_{t-1}）均在 1%统计显著性水平下正相关，与前文一致。NCAS×CF 的系数在 10%统计显著性水平下负相关，说明随着会计准则变革投资现金流敏感性系数在显著减少，与上文结论一致，证明了 H_1。

表 7.14　5 分组投资不足方程回归结果

变量名称	变量代号	（1）	（2）	（3）
常数项	Intercept	0.030*** （0.000）	0.028*** （0.000）	0.042*** （0.000）
本期现金流量	CF_t	0.063*** （0.000）	0.044*** （0.000）	0.058*** （0.000）
上期现金流量	CF_{t-1}		0.071*** （0.000）	0.075*** （0.000）
资产负债率	Lev_{t-1}			0.016*** （0.000）
上市年限	Age_{t-1}			-0.002*** （0.000）
企业增长机会	$Growth_{t-1}$			-0.001 （0.122）
会计准则变革	NCAS			0.008*** （0.000）
本期现金流量与会计准则变革交叉	$NCAS \times CF_t$			-0.027* （0.075）
	N	3 217	3 217	3 217
	Adj.R-squared	0.020	0.046	0.090

注：括号中的数值为经过 White 异方差调整后的 p 值。*** 表示在 0.01 的水平下显著（2-tailed），** 表示在 0.05 的水平下显著（2-tailed），* 表示在 0.1 的水平下显著（2-tailed）。

表 7.15 中列示了投资过度组的回归结果。由方程（4）看出，本期现金流（CF）与投资（INV）在 1%统计显著性水平下正相关，与前文一致，说明投资过度组的上市公司具有投资现金流敏感性。方程（5）中引入上一期现金流（CF_{t-1}），回归结果显示本期现金流（CF_t）与上一期现金流（CF_{t-1}）均在 1%统计显著性水平下正相关，方程（6）加入全部控制变量，发现本期现金流（CF_t）与上一期现金流（CF_{t-1}）均在 1%统计显著性水平下正相关，与前文一致。$NCAS \times CF$ 的系数在 1%统计显著性水平下负相关，说明随着会计准则变革投资现金流敏感性系数在减少，与上文结论一致，证明了 H_2。

本章在对投资不足组与投资过度组各方程回归后计算了方差膨胀因子

VIF，结果显示各变量的 VIF 值均远小于 5，且容忍度都远大于 0.1，说明回归模型中各解释变量之间并不存在完全共线性。各方程相应的 D.W.值，均在 2 附近，说明模型基本不存在自相关问题①。

综上可见，对于划分投资不足与投资过度标准进行重新分组分析，并没有改变原有的研究结论，证明了本章结论具有稳健性。

表 7.15　5 分组投资过度方程回归结果

变量名称	变量代号	（4）	（5）	（6）
常数项	Intercept	0.131*** （0.000）	0.123*** （0.000）	0.187*** （0.000）
本期现金流量	CF_t	0.195*** （0.000）	0.139*** （0.000）	0.212*** （0.000）
上期现金流量	CF_{t-1}		0.220*** （0.000）	0.204*** （0.000）
资产负债率	Lev_{t-1}			-0.0537*** （0.000）
上市年限	Age_{t-1}			-0.00511*** （0.000）
企业增长机会	$Growth_{t-1}$			0.00395 （0.161）
会计准则变革	NCAS			0.0119** （0.042）
本期现金流量与会计准则变革交	$NCAS \times CF_t$			-0.138*** （0.002）
	N	1 953	1 953	1 953
	Adj.R-squared	0.036	0.073	0.130

注：括号中的数值为经过 White 异方差调整后的 p 值。***表示在 0.01 的水平下显著（2-tailed），**表示在 0.05 的水平下显著（2-tailed），*表示在 0.1 的水平下显著（2-tailed）。

7.6　稳健性检验：变量替换稳健性检验

为了考察上文研究结果的稳健性，本章选择了关键变量替换的方式来进行检验。整个稳健性检验包括三个部分：一是对检验方程中的企业新增投资

---

① 限于本章篇幅和规范要求，并没有具体列示 VIF、Tolerance 和 D.W 数据。

进行替换；二是对检验方程中的企业增长机会进行替换；三是对检验方程中的企业新增投资与企业增长机会同时进行替换。限于篇幅限制，本章仅对企业新增投资（INV）与企业增长机会同时替换的结果进行了详细列示。

上文模型中选用的企业新增投资（INV）是从现金流量表中选择的"购买固定资产的现金支出—处置固定资产的现金支出"并用年初总资产进行平减处理，以实际的资产现金支出来度量。有学者从资产负债表中利用资产的年度账面价值变化来表示，为此文章参照辛清泉（2007）、童盼（2005）、陆正飞（2006）等采用的"固定资产原值+投资+在建工程"变化额经年初资产平减后来进行替代。重复上述检验过程，结论仍然成立。

上文模型中选用的企业增长机会是 Tobin Q 值，有学者认为 Tobin Q 值需要资本市场具有相当的成熟度，而我国资本市场尚未达到这种成熟度，Tobin Q 值并不能准确地反映企业的增长机会。很多学者提出用主营业务增长率（或营业收入增长率）来替代企业增长机会。为此，本节也参照了辛清泉（2007）、刘斌（2011）等采用主营业务收入增长率进行替代。重复上述检验过程，结论仍然成立。

对企业新增投资（INV）与企业增长机会（Growth）同时替换，重复上述检验过程，得到如下数据结果与研究结论。

表 7.16 列示了投资不足组的回归结果。[①] 由方程（1）看，本期现金流（CF）与投资（INV）在 1%统计显著性水平下正相关，与前文一致，说明投资不足组的上市公司具有投资现金流敏感性，即投资不足组存在融资约束现象。方程（2）中引入上一期现金流（CF_{t-1}），回归结果显示本期现金流（CF）与上一期现金流（CF_{t-1}）均在 1%统计显著性水平下正相关。方程（3）中加入全部控制变量，发现本期现金流（CF）与上一期现金流（CF_{t-1}）均在 1%统计显著性水平下正相关，与前文一致。NCAS×CF 的系数在 10%统计显著性水平下呈现负相关，说明随着会计准则变革投资现金流敏感性系数在减少，即由融资约束引起的投资不足得到缓解，与上文结论一致，也证明了 H_1。

表 7.17 列示了投资过度组的回归结果。[②] 由方程（4）看，本期现金流（CF）与投资（INV）在 1%统计显著性水平下正相关，与前文一致，说明投资过度组的上市公司具有投资现金流敏感性，即过度投资与现金流之间存在相关性，与自由现金流量假说一致。方程（5）中引入上一期现金流（CF_{t-1}），结果显示本期现金流（CF）与上一期现金流（CF_{t-1}）均在 1%统计显著性水平下正

---

① ② 由于没有涉及单个变量的替换，且样本和模型均没有变化，为避免叙述累赘，因此本处直接提供最后的回归结果。

相关。方程（6）加入全部控制变量，发现本期现金流（CF）与上一期现金流（CF_{t-1}）均在1%统计显著性水平下正相关，与前文一致。$NCAS \times CF$ 的系数在1%统计显著性水平下呈现负相关，说明随着会计准则变革投资现金流敏感性系数在减少，与上文结论一致，证明了 H_2。

综上所述，将企业新增投资（INV）与企业增长机会（Growth）同时替换并不影响会计准则变革对投资不足与投资过度影响的研究结论，本章研究结论具有一定的稳健性。

表 7.16　变量替换后投资不足方程回归结果

变量名称	变量代号	（1）	（2）	（3）
常数项	Intercept	0.029 4*** （0.000）	0.028 0*** （0.000）	0.043 8*** （0.000）
企业增长机会	$Growth_{t-1}$	0.001*** （0.000）	0.008*** （0.000）	0.007*** （0.000）
本期现金流量	CF_t	0.063*** （0.000）	0.047*** （0.000）	0.058*** （0.000）
上期现金流量	CF_{t-1}		0.066*** （0.000）	0.068*** （0.000）
资产负债率	Lev_{t-1}			0.007** （0.026）
上市年限	Age_{t-1}			-0.002 28*** （0.000）
会计准则变革	NCAS			0.006 49*** （0.000）
本期现金流量与会计准则变革交叉	$NCAS \times CF_t$			-0.023 3* （0.075）
	N	4 021	4 021	4 021
	Adj.R-squared	0.034	0.057	0.093

表 7.17　变量替换后投资过度方程回归结果

变量名称	变量代号	（4）	（5）	（6）
常数项	Intercept	0.110*** （0.000）	0.104*** （0.000）	0.186*** （0.000）
企业增长机会	$Growth_{t-1}$	0.013*** （0.008）	0.006 （0.229）	0.006 （0.170）
本期现金流量	CF_t	0.212*** （0.000）	0.157*** （0.000）	0.218*** （0.000）

续表 7.17

变量名称	变量代号	（4）	（5）	（6）
上期现金流量	CF_{t-1}		0.227*** （0.000）	0.204*** （0.000）
资产负债率	Lev_{t-1}			-0.071*** （0.000）
上市年限	Age_{t-1}			-0.005*** （0.000）
会计准则变革	NCAS			0.015*** （0.003）
本期现金流量与会计准则变革交叉	$NCAS \times CF_t$			-0.121*** （0.002）
	N	2 441	2 441	2 441
	Adj.R-squared	0.047	0.090	0.157

注：括号中的数值为经过 White 异方差调整后的 p 值。***表示在 0.01 的水平下显著（2-tailed），**表示在 0.05 的水平下显著（2-tailed），*表示在 0.1 的水平下显著（2-tailed）。

7.7 本章小结

本章以检验会计准则变革是否通过改善逆向选择来缓解投资不足及是否通过改善道德风险来抑制投资过度为目标，以我国沪深两市上市公司 2003—2011 年数据，参照前一章 Richardson（2006）模型估计的投资不足与投资过度数据进行分组，并修正利用了经典的 FHP 模型，借助于投资现金流敏感性系数来研究会计准则变革、逆向选择与投资不足，会计准则变革、道德风险与投资过度这两个方面的影响关系。

研究结论显示，投资不足组与投资过度组均存在投资现金流敏感性，说明投资不足组存在融资约束，而投资过度组存在过度投资与内部现金流相关性。此外，研究还发现，随着会计准则的变革，投资不足组与投资过度组的投资现金流敏感性均显著下降，即证实会计准则可以通过提高会计信息质量改善信息不对称引起的逆向选择，缓解融资约束对投资不足的影响，以及会计准则可以减轻信息不对称引起的道德风险，改善外部相关利益者对内部管理层行为的监督，抑制内部管理人的投资过度行为。

最后，本章还对投资不足与投资过度标准的失误进行了剔除分析，研究结论一致。另外，本章还通过关键变量替换进行了稳健性检验，稳健性检验结果也证实了上述研究结论。

8 会计准则变革对企业投资行为影响的实证检验：基于准则理念变革视角

一方面会计准则变革通过会计准则内容体系的完善提高会计信息质量，另一方面会计准则的具体内容与深层理念转变也影响着企业的经营理念、模式与投资行为，特别是从"成本"到"价值"，从"利润经营"到"资本经营"的理念转变。这些准则理念转变将会引导企业更加注重投资的价值创造。本章主要结合我国实际数据来检验会计准则理念变革是否引导企业更重视价值的投资。各节安排如下：8.1 节理论分析与研究假设；8.2 节模型设计与变量选择；8.3 节实证结果分析；8.4 节调整时间区间的稳健性检验；8.5 节投资效率分组的稳健性检验；8.6 本章小结。

8.1 理论分析与研究假设

由于历史的原因，长期以来我国一直对利润绩效颇为关注，也形成了以利润绩效（特别是 ROA，ROE）为基础的薪酬激励契约。Bushman 和 Smith（2001）指出会计绩效指标与经营者的薪酬水平存在显著的正向关系。这些绩效指引着管理层采取基于利润创造的经营管理模式，注重管理层短期绩效的获取，而忽视长期绩效的积累与开发，以及股东财富可持续增值的创造。

新会计准则强调公允价值计量，强调以价值来全面衡量企业的损益情况。以价值为基础的计量必然会引导企业关注价值的变动，关注企业价值的持续创造与实现。Weissenberger（2004）指出，IFRS 有利于实施基于价值的管理，原因在于 IFRS 描绘了一个动态的公司经济状态，而不是前期的绩效度量，有利于企业基于价值的管理；新会计准则由"损益表观"转向"资产负债表观"，由关注投资产出"效率"到净剩余"财富"，将管理者作为股东权益的看护者和管理者，关注权益的保持和增值，引导管理层调整原有的利润创造管理模式至价值创造管理模式。股东是一个强调资本增值为目标的利益体，他追求投入资本的最大化增值。Carter（2007）研究发现，会计政策调整后薪酬设计方案也得到了相应的调整。会计准则变革后，股东必然会要求与管理层重新签约，以净资产增长或以价值创造为基础的业绩考核评价体系或激励契约，要求管理层调整自己的管理理念与管理行为来迎接股东价值创造时代的到来，要求管理层要保证资产价值的持续性和再创造性，引导注重优质资产的投资和价值空间大的资产的投资，关注企业的长效投资。

Lambert（2001）指出一方面会计指标引导企业管理者行为，另一方面会计指标对管理者行为反映约束。会计信息质量的改善使企业内外部信息透明加大，降低了管理层可获取的信息"租金"，外部相关利益者可以更迅速、更清晰地了解公司的运营状况，降低了外部相关利益者对内部管理层监督的成本，调动了监督的积极性，增强了相关利益者对管理层契约的监督（Ball，2006）。Marra（2011）研究了 IFRS 实施前后董事会对于盈余管理的约束影响情况，研究发现董事会的独立性和审计委员会在 IFRS 实施后对盈余管理约束具有重要作用，会计准则变革对两种公司治理机制的有效性具有积极而显著的贡献。

激励契约的变革，监督机制的加强，双管齐下，约束了管理层的机会主义行为。损失确认的及时性又将提升管理者对资产投资的谨慎性与对投资决策和战略反应的迅速性。Wu 和 Zhang（2009）研究发现，CEO 流转与员工辞退在 IFRS 后更加与会计绩效变得敏感。

另外，刘玉廷（2006）还指出会计准则是企业的一项重要管理制度。新会计准则中大量的新理念随着执行慢慢渗透至企业的文化与其他相关管理制度中，引导企业的经营理念与文化等内环境的变化，从而影响企业的经营管理行为。

综合可见，会计准则变革不仅仅是会计领域的一个深刻变化，对管理哲学也是一次重大影响，对企业经营理念也是一次改革。它引导股东和管理层关注价值的创造和实现，关注资本经营，重视价值创造的公司治理与经营管理，重视以价值为核心的投资。因此，可以形成如下假设：

H_1：会计准则变革将引导企业更注重以价值为核心的投资行为。

上述假设可以用图 8.1 予以说明。

8.2 模型设计与变量选择

8.2.1 研究思路设计

首先，发现体现会计准则理念与投资行为的关键变量。由于企业投资行

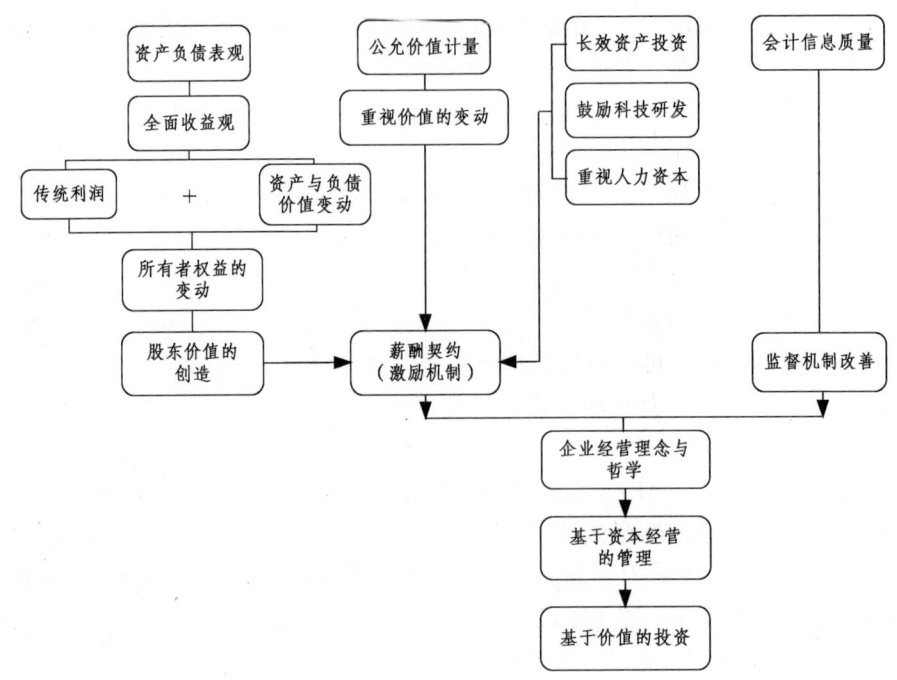

图 8.1　会计准则变革、经营管理与企业投资行为影响的假设机理

为并非像财务会计信息一样可以公开且详细地搜集。投资项目信息一般属于非公开信息,无法直接观察与准确度量,很多时候只能收集到投资金额,因此无法像企业决策者一样去判断企业投资行为是否属于有价值的投资。李焰(2011)指出,投资效率的直接检验是难以进行的,因为存在数据收集上的困难。但是,如果管理者所选择的投资行为对企业绩效产生了正面的影响,那么,这样的投资行为就是有效率的;反之,则是无效率的。为此,本章考虑由投资行为的结果进行推测企业投资行为的价值创造情况,借助于考察投资对企业价值的贡献(或影响)来发现投资行为的价值创造能力。

其次,构建准则理念变革对投资行为影响模型。选择国内外研究投资行为与企业价值的模型,并做好修正,选择好恰当的控制变量。为了清晰反映企业投资行为在会计准则变革之前与之后对企业价值贡献(或影响)情况,可以考虑分会计准则变革前后分别进行对比观察,也可以考虑在模型中添加事件哑变量与投资的交叉项来直观显示企业投资行为对企业价值在会计准则变革前后的增量影响。

最后,模型回归发现会计准则变革是否能够引导企业进行更为有价值的投资行为。会计准则变革之后,如果企业投资行为对企业价值的增量贡献(或影响）正显著，则说明会计准则变革后企业投资行为更具投资价值创造效应。

8.2.2 模型设计

本章以 Brio（2003）研究企业投资行为与企业价值的模型为基础，结合本部分的研究目标（新会计准则中基于价值的准则理念变革能否影响企业投资行为，引导企业进行价值创造的投资）对模型进行修正。在 Brio（2003）模型基础上添加了会计准则变革哑变量与企业投资行为变量的交叉项来反映投资行为的价值创造是否发生显著增量变化。为了尽可能地控制其他因子对企业价值创造可能产生的影响，在模型构建时，本书综合借鉴了国内学者杜兴强（2011）的过度投资与企业价值研究，叶蓓（2008）和张洪辉（2009）的企业投资与企业价值研究，陈海声（2011）与罗婷（2009）的研发投入与企业价值研究等相关文献，添加了相关控制变量。最后构建了如下模型 [模型（8.1）与模型（8.2）]：

$$V_{i,t} = \beta_0 + \beta_1 INV_{i,t} + \beta_2 Lev_{i,t} + \beta_3 Size_{i,t} \\ + \beta_4 CF_{i,t} + \beta_5 Age_{i,t} + \sum Year + \sum Industry \quad (8.1)$$

$$V_{i,t} = \beta_0 + \beta_1 INV_{i,t} + \beta_2 NCAS_{i,t} + \beta_3 Lev_{i,t} + \beta_4 Size_{i,t} \\ + \beta_5 CF_{i,t} + \beta_6 INV_{i,t} \times NCAS_{i,t} \\ + \beta_7 Age_{i,t} + \sum Year + \sum Industry \quad (8.2)$$

8.2.3 变量选择

（1）被解释变量。

模型（8.1）（8.2）中被解释变量均为企业价值（V）。对于企业价值（V）的衡量，国内外学者采用多种计量方法。有的学者直接利用股价为基础的市值，即股票价格乘以股本总额，但也有学者认为以股价为基础的市值计算适用于欧美国家等全流通资本市场，我国股权特殊性（限制流通股票与非限制流通股票等）决定着这种计算存在偏差。他们提出，在计算时，对于不能完全流通的部分需要采用每股账面净资产数据来代替。还有学者采用 Tobin Q 值 [（流通股市场价值+非流通股账面价值+负债账面价值）/资产账面总额]。Tobin Q 值的基本原理与企业市值计算一致，差异仅在于 Tobin Q 值需要企业市值除以账面总资产。

本章考虑到模型中企业投资（INV）、现金流量（CF）都是采用年初总资产平减，为了保持计算上的一致性，所以本章的企业价值采用企业市值（考虑不同股份流通性差异）除以年初总资产来计算。

（2）解释变量。

模型（8.1）中的解释变量为企业投资行为，即企业新增投资支出，用INV表示。本章与前两章节一样选择"购建固定资产、无形资产和其他长期资产支付的现金"与"处置固定资产、无形资产与其他长期资产收回的现金净额"之差来作为企业投资支出，并用公司期初的总资产进行平减处理。

会计准则变革（NCAS）与前两章节一致，是一个事件哑变量，或者成为开关哑变量。当事情发生时取值为1，而当事情未发生时，则取值为0 [即2007年以前取值为0，2007年（包含2007年）取值为1]。

会计准则变革（NCAS）和投资行为（INV）交叉项采用会计准则变革（NCAS）指示变量乘以经公司期初账面总资产平减后的新增投资行为（INV）。交叉项系数将度量会计准则变革之后投资行为（INV）对企业价值创造效应的增量部分。

（3）控制变量。

模型（8.2）中涉及的控制变量有财务杠杆（Lev）、上市年限（Age）、现金流（CF）、企业规模（Size）。财务杠杆（Lev）采用的是账面负债总额除以账面资产总额。上市年限（Age）由截至当年年初的公司上市年龄度量。现金流（CF）采用当年的经营活动现金流量，经公司当年期初的总资产进行平减处理。企业规模（Size）按照研究惯例，采用当年年末账面总资产的自然对数。

关于模型中各变量的定义如表8.1所示。

表8.1 模型变量的定义

变量名称	变量符号	变量定义
企业价值	V	（流通股市场价值+非流通股账面价值+负债账面价值）/年初总资产
企业投资	INV	（购买固定资产的现金支出-处置固定资产的现金支出）/年初总资产
交叉项	NCAS×INV	会计准则变革事件哑变量乘以企业投资
财务杠杆	Lev	年末的资产负债率

续表 8.1

变量名称	变量符号	变量定义
上市年限	Age	截至当年初的公司上市年龄
企业规模	Size	年末公司总资产的自然对数
会计准则变革	NCAS	虚拟变量,当处于 2007—2011 年时取 1,否则取 0
行业	Industry	行业虚拟变量,行业按证监会的分类标准(除制造业继续划分为小类外,其他行业以大类为准)
年份	Year	年度虚拟变量,控制不同年份宏观经济因素的影响

8.2.4 样本选择与数据来源

为了保持研究的一致性,本章样本数据与第五章研究样本相同,也对样本做了如下筛选。

(1)选择 2002—2011 年在上海和深圳主板上市的所有公司,考虑到金融保险行业的特殊性可能会对本书的研究结论造成有偏,为此将这两个行业的上市公司从样本中予以删除。

(2)为避免新上市和这一期间退市的公司因执行准则的不同给研究造成影响,本章选定平衡面板数据来进行研究,对 2003 年及以后上市的公司进行剔除;①此外,为保证非正常财务绩效的公司不对本研究产生影响,研究按年将 ST,*ST 与 S*ST 等公司进行剔除。

(3)考虑到 B 股公司的特殊性,将样本中的 B 股公司予以剔除。

(4)考虑到本章投资模型需要利用到滞后一期的数据(以及减少内生性等需要),虽然时间窗口是 2003—2011 年,但必须考虑 2002 年的数据,为了保持前后章节研究的一致,文章对 2002 年数据缺失的上市的企业予以剔除,最终得到 718 家公司样本数,6 462 个公司年数据(Firm-year)。

为减轻变量指标可能存在的极端值对最小二乘法回归造成偏差,研究在回归之前对所有连续变量按年度首尾 1%和 99%进行了 Winsorize 处理。

---

① 吉利,邓博夫,毛洪涛:载《立信会计学院学报》(取 2004 年以前)2012 年第 5 期;
王鲁平,毛伟平:《财务杠杆、投资机会与公司投资行为——基于制造业上市公司 Panel Data 的证据》,载《管理评论》2010 年第 22 卷第 11 期,第 99~110 页(平衡面板);
李姝,黄雯:《长期资产减值、盈余管理与价值相关性——基于新会计准则变化的实证研究》,载《管理评论》2011 年第 23 卷第 10 期,第 144~151 页(删除 2007 以后上市的公司);
朱松,夏冬林:《稳健会计政策、投资机会与企业投资效率》,载《财经研究》2010 年第 36 卷第 6 期,第 69~79 页(平衡数据)。

本章所使用的公司财务数据、公司治理数据、股票数据及公司基本信息数据也来自上海万德（WIND）、香港理工大学和深圳国泰安信息技术有限公司合作的《中国股票市场研究数据库（CSMAR）》（简称国泰安数据库）。行业分类也参照中国证监会的上市公司行业分类。数据的统计分析运用STATA11.0软件和EXCEL2007软件。

8.3 实证研究与分析

8.3.1 变量描述性统计

表 8.2 列示了模型 8.1 中各变量的描述性统计结果，分会计准则变革之前与会计准则变革之后分别进行了统计，同时还汇报了均值 T 检验和 Wilcoxon 秩检验。由表 8.2 中企业价值指标（V）分析，它在会计准则变革之前的均值和中值分别为 1.313 和 1.202，而在会计准则变革之后的均值和中值分别为 2.180 与 1.773，均值和 Wilcoxon 秩检验均正显著，说明会计准则变革后企业价值指标（V）显著上升，标准差在会计准则变革之前为 0.445，而会计准则变革之后则变为 1.378，翻了近 3 倍，说明企业价值（V）在会计准则变革之后呈现出波动增大趋势。投资指标（INV）在会计准则变革之前的均值和中值分别为 0.072 和 0.046，而会计准则变革之后均值和中值分别为 0.063 和 0.040，均值和 Wilcoxon 秩检验均负显著，说明投资（INV）在会计准则变革之后，呈显著下降；上市年限（Age）最少的为上市 2 年，最长的已经上市近 20 年；财务杠杆（Lev）在会计准则变革之前的均值和中值分别 0.478 和 0.494，而在会计准则变革之后的均值和中值分别为 0.510 和 0.521，均值和 Wilcoxon 秩检验均正显著，说明财务杠杆（Lev）在会计准则变革后有呈显著上升趋势；企业现金流量（CF）在会计准则变革之前的均值和中值分别为 0.037 和 0.035，而会计准则变革之后的均值和中值分别为 0.031 和 0.025，均值和 Wilcoxon 秩检验均负显著，说明企业现金流量（CF）在会计准则变革之后呈显著下降。从企业现金流量（CF）标准差以及最大值和最小值看，在会计准则变革之后，企业现金流量（CF）的差异程度略有增大；公司规模（$Size$）在会计准则变革之前的均值和中值分别为 21.50 和 21.43，而在会计准则变革之后分别为 22.10 和 21.95，均值和中值检验均正显著，说明公司规模（$Size$）在会计准则变革之后呈增长趋势。

表 8.2 变量描述性统计

变量	会计准则变革之前					会计准则变革之后					均值	中值
	均值	标准差	中值	最小值	最大值	均值	标准差	中值	最小值	最大值	T	Z
V	1.313	0.445	1.202	0.641	4.063	2.180	1.378	1.773	0.602	10.620	32.390***	36.920***
INV	0.072	0.082	0.046	-0.047	0.488	0.063	0.074	0.040	-0.075	0.449	-4.780***	-4.550***
Age	8.474	2.971	8	2	15	12.970	3.095	13	6	20	59.120***	47.940***
Lev	0.478	0.168	0.494	0.067	0.824	0.510	0.175	0.521	0.077	0.880	7.354***	7.275***
CF	0.037	0.087	0.035	-0.358	0.315	0.031	0.094	0.025	-0.315	0.406	-2.400***	-4.860***
$Size$	21.500	0.886	21.430	19.690	24.490	22.10	1.118	21.950	19.960	25.380	23.490***	21.810***

注：***表示在0.01的水平下显著（2-tailed），**表示在0.05的水平下显著（2-tailed），*表示在0.1的水平下显著（2-tailed）；

8.3.2 变量相关性分析

表8.3的左下角报告了模型中各变量的皮尔逊（Pearson）相关系数。其中，企业价值（V）与企业投资（INV）在1%的统计显著性水平下正相关，说明企业投资越多，企业价值也相应越大。企业价值（V）与企业规模（$Size$）在1%的统计显著性水平下负相关，说明规模大的企业，企业价值可能越小。企业价值（V）与上市年限（Age）在1%的统计显著性水平下正相关，上市越久，企业价值越高。企业价值（V）与财务杠杆（Lev）在1%的统计显著性水平下负相关，说明资产负债率越高的企业，企业价值反而越低。企业价值（V）与现金流（CF）在1%的统计显著性水平下正相关，说明现金流多的企业，价值相应也高。由于表中变量之间的相关关系并没有控制其他相关变量的影响，仅为单变量分析，因此两者间的相关关系仅供初步判断之用，更为准确的关系分析有待后续的回归分析。

表中各解释变量之间相关系数最高的是财务杠杆（Lev）与规模（$Size$）之间的系数，为0.337。按照统计经验可以判断各解释变量之间仅存在弱相关关系，存在完全共线性的可能性很小。为了更加全面科学地反映各变量之间的相关性，表8.3中还列示了各变量之间的斯皮尔曼（Spearman）秩相关情况，具体数据如表8.3右上角所示。

表 8.3　变量相关性分析

Var.	V	INV	Size	Age	Lev	CF
V	1	0.115***	-0.038***	0.254***	-0.100***	0.111***
	.	（0.000）	（0.003）	（0.000）	（0.000）	（0.000）
INV	0.105***	1	0.216***	-0.171***	0.020	0.226***
	（0.000）	.	（0.000）	（0.000）	（0.116）	（0.000）
Size	-0.043 4***	0.191***	1	0.196***	0.339***	0.044***
	（0.001）	（0.000）	.	（0.000）	（0.000）	（0.000）
Age	0.201***	-0.155***	0.196***	1	0.116***	-0.061***
	（0.000）	（0.000）	（0.000）	.	（0.000）	（0.000）
Lev	-0.150***	0.045***	0.337***	0.113***	1	-0.117***
	（0.000）	（0.000）	（0.000）	（0.000）	.	（0.000）
CF	0.167***	0.212***	0.0326***	-0.045***	-0.115***	1
	（0.000）	（0.000）	（0.000）	（0.000）	（0.000）	

注：括号中的数值为 p 值。***表示在 0.01 的水平下显著（2-tailed），**表示在 0.05 的水平下显著（2-tailed），*表示在 0.1 的水平下显著（2-tailed）；对角线右上角为 Spearman 检验系数，而左下角为 Pearson 检验系数。

8.3.3　回归结果分析

表 8.4 报告了会计准则变革之前模型（8.1）最小二乘法（OLS）的回归结果。从表 8.4 中的回归结果看，方程（1）到（5）投资变量（INV）与企业价值（V）均为正显著，方程（5）中投资变量（INV）的回归系数为 1.763，在 1%显著性水平下显著，说明投资对企业价值具有正向影响关系；上市年限变量（Age）对企业价值（V）的影响并不显著。财务杠杆变量（Lev）的回归系数为-0.042，但在加入规模控制后变得不显著性；现金流（CF）的回归系数为 0.342，在 1%显著性水平下显著，说明现金流量越高的企业价值也越大；企业规模（Size）的回归系数为-0.049，在 1%显著性水平下显著，说明企业规模越大，企业价值反而越低，这可能与企业成熟程度有关，企业增长潜力看淡与速率变缓。

表 8.5 报告了会计准则变革之后模型 8.1 最小二乘法（OLS）的回归结果。从表中的回归结果看，投资变量（INV）的回归系数为 3.496，且在 1%显著性水平下显著，是会计准则变革之前投资变量（INV）系数的两倍，说明投资（INV）对企业价值（V）具有正向显著影响，而且在会计准则变革之后更加变得显著，

证明了 H_1;① 上市年限变量（Age）对企业价值（V）的影响同会计准则变革之前一样也不显著。财务杠杆变量（Lev）的回归系数为-1.544，在1%显著性水平下显著；现金流变量（CF）的回归系数为2.230，在1%显著性水平下显著，系数也远大于会计准则变革之前，说明现金流对企业价值的影响也在加大；企业规模（$Size$）的回归系数为-0.189，在1%显著性水平下显著，与会计准则变革之前一致。

为了考察多元回归解释变量之间的共线性问题，研究在各方程回归后计算了方差膨胀因子 VIF，结果显示各变量 VIF 值均远小于5，且容忍度都远大于0.1，说明回归模型中各解释变量之间并不存在完全共线性。此外，本章还计算了各方程相应的 $D.W.$ 值，均在2附近，说明模型基本不存在自相关问题。②

综合来看，会计准则变革之后，企业投资对企业价值的影响在加大，这正与 H_1 一致。说明会计准则变革能够引导企业关注投资的价值。

表 8.4 会计准则变革之前方程回归结果

变量名称	变量代号	（1）	（2）	（3）	（4）	（5）
常数项	Intercept	1.118*** （0.000）	1.095*** （0.000）	1.143*** （0.000）	1.141*** （0.000）	2.127*** （0.000）
企业投资	INV	1.707*** （0.000）	1.723*** （0.000）	1.743*** （0.000）	1.674*** （0.000）	1.763*** （0.000）
上市年限	Age		0.005* （0.094）	0.005* （0.073）	0.005 （0.101）	0.005* （0.079）
财务杠杆	Lev			-0.122** （0.011）	-0.105** （0.028）	-0.042 （0.390）
现金流	CF				0.301*** （0.001）	0.342*** （0.000）
企业规模	Size					-0.049*** （0.000）
年份	Year	控制	控制	控制	控制	控制
行业	Industry	控制	控制	控制	控制	控制
	N	2 872	2 872	2 872	2 872	2 872
	Adj.R-sq	0.180	0.180	0.182	0.185	0.192

---

① 该系数比较原理参照 Sahut（2011）*Do IFRS provide better information about intangibles in Europe?*
② 限于本章篇幅和规范要求，并没有具体列示 VIF、*Tolerance* 和 *D.W* 数据。

表 8.5 会计准则变革之后方程回归结果

变量名称	变量代号	(1)	(2)	(3)	(4)	(5)
常数项	Intercept	1.646*** (0.000)	1.545*** (0.000)	2.574*** (0.000)	2.589*** (0.000)	6.475*** (0.000)
企业投资	INV	3.017*** (0.000)	3.032*** (0.000)	3.504*** (0.000)	3.038*** (0.000)	3.496*** (0.000)
上市年限	Age		0.008 (0.305)	0.010 (0.201)	0.007 (0.319)	0.006 (0.394)
财务杠杆	Lev			-2.048*** (0.000)	-1.939*** (0.000)	-1.544*** (0.000)
现金流	CF				2.138*** (0.000)	2.203*** (0.000)
企业规模	Size					-0.189*** (0.000)
年份	Year	控制	控制	控制	控制	控制
行业	Industry	控制	控制	控制	控制	控制
	N	3 590	3 590	3 590	3 590	3 590
	Adj.R-sq	0.228	0.228	0.287	0.306	0.323

注:括号中的数值为经过 White 异方差矫正后的 p 值。***表示在 0.01 的水平下显著(2-tailed),**表示在 0.05 的水平下显著(2-tailed),*表示在 0.1 的水平下显著(2-tailed)。

为了更加直观地呈现企业投资在会计准则变革前后对企业价值的增量影响情况,以及改进前述系数分析可能存在的异方差影响,本章还利用模型(8.2)进行了回归。从表 8.6 回归结果看,企业投资(INV)对企业价值(V)的影响在1%显著性水平下正显著,说明企业投资对企业价值具有正影响。会计准则变革($NCAS$)与投资(INV)的交互项 $NCAS \times INV$ 也在1%显著性水平下正显著,说明随着会计准则的变革,投资(INV)对企业价值(V)具有增量正影响,且增幅显著。由此可以推断,会计准则变革后企业投资的价值创造效应更加显著,与 H_1 一致。

另外,表 8.6 中上市年限(Age)、财务杠杆(Lev)、现金流(CF)及企业规模($Size$)的符号与显著性均与模型 8.1 的回归一致。解释变量之间的方差膨胀因子 VIF 也均远小于 5,容忍度都远大于 0.1,各方程相应的 $D.W.$值也均在 2 附近,说明各模型并不存在完全共线性与不存在自相关问题。[1]

---

[1] 限于本章篇幅和规范要求,并没有具体列示 VIF、Tolerance 和 D.W 数据。

表 8.6　会计准则变革前后整体方程回归结果

变量名称	变量代号	(1)	(2)	(3)	(4)	(5)
常数项	Intercept	1.234*** (0.000)	1.182*** (0.000)	1.781*** (0.000)	1.748*** (0.000)	4.913*** (0.000)
会计准则变革	NCAS	0.313*** (0.000)	0.279*** (0.000)	0.289*** (0.000)	0.333*** (0.000)	0.440*** (0.000)
投资	INV	1.984*** (0.000)	2.005*** (0.000)	2.167*** (0.000)	1.816*** (0.000)	2.102*** (0.000)
准则变革与投资交互	NCAS×INV	0.889*** (0.004)	0.882*** (0.004)	1.046*** (0.000)	1.085*** (0.000)	1.181*** (0.000)
上市年限	Age		0.007 (0.136)	0.009** (0.047)	0.007 (0.110)	0.007 (0.113)
财务杠杆	Lev			−1.277*** (0.000)	−1.198*** (0.000)	−0.920*** (0.000)
现金流	CF				1.477*** (0.000)	1.557*** (0.000)
规模	Size					−0.157*** (0.000)
年份	Year	控制	控制	控制	控制	控制
行业	Industry	控制	控制	控制	控制	控制
	Observations	6 462	6 462	6 462	6 462	6 462
	Adj.R-squared	0.317	0.317	0.349	0.361	0.376

注：括号中的数值为经过 White 异方差矫正后的 p 值。***表示在 0.01 的水平下显著（2-tailed），**表示在 0.05 的水平下显著（2-tailed），*表示在 0.1 的水平下显著（2-tailed）。

8.4　进一步检验：剔除投资效率对价值影响后的检验

8.4.1　样本选择与数据来源

上文的研究结论显示，会计准则变革能够引导企业投资于更具价值创造的领域。为了提高研究的准确性,排除会计准则变革后投资过度与投资不足改善对企业价值的影响,本节又进一步对样本进行了筛选。

要排除投资不足与投资过度改善对企业价值的影响,在样本选择时需要选择那些不受会计准则变革对投资过度与投资不足影响的样本进行研究。为此,本节沿袭了上一章节蒋瑜峰(2010)的划分标准,将 Richardson(2006)模型估计结果划分为投资过度组和投资不足组,按大小又分别将各组等分成五组。然而,与前一章不同的是本节剔除的是各自离 0 最远的四组,即选择上一章节被剔除的样本,即假设认为离 0 近样本公司的投资为最优,发生投资不足与投资过度幅度最小,投资效率改进对企业价值的影响也会很小。

最终,本节选择了 1 292 家公司(488+804),其中投资不足剔除 3 217 家(未剔除前为 4 021 家),剩余 804 家,投资过度剔除 1 953 家(未剔除前为 2 441 家),剩余 488 家。

模型仍沿用上文的模型 8.1 和模型 8.2。

8.4.2 变量描述性统计

由于本处涉及样本的变动,因此也对变量进行了描述性统计。表 8.7 与表 8.8 列示了模型(8.1)中所涉及变量的描述性统计结果,并与未剔除之前的样本进行了比较。企业价值指标(V)在会计准则变革之后的均值和中值均有显著上升,均值和 Wilcoxon 秩检验均为正显著,与未剔除之前的样本变化趋势一致,但本组样本的均值和中值在会计准则变革前后都要稍偏小一点。投资指标(INV)的均值和中值在会计准则变革之后略有下降,均值和 Wilcoxon 秩检验均为负显著,与未剔除之前的样本变化趋势一致,但本样本组的均值和中值在会计准则变革前后都要偏低;本样本组上市年限(Age)要比与未剔除之前的偏高,会计准则变革之前平均偏高 0.786 年,而会计准则变革之后平均偏高 0.450;财务杠杆(LEV)在会计准则变革之后呈上升趋势,均值和 Wilcoxon 秩检验均为正显著,与未剔除之前的样本变化趋势一致,但本组样本的均值和中值在会计准则变革前后都要均要偏高;企业现金流量(CF)的均值和中值在会计准则变革之后略呈下降趋势,均值和 Wilcoxon 秩检验均为负显著,与未剔除之前样本的变化趋势一致,但本样本的均值和中值在会计准则变革前后都要偏低;公司规模指标在会计准则变革之后有微幅增加,均值和 Wilcoxon 秩检验均为正显著,与未剔除之前样本的变化趋势一致,几乎没有差异。

8 会计准则变革对企业投资行为影响的实证检验：基于准则理念变革视角

表 8.7　5 分组变量描述性统计

变量	变革之前					变革之后					均值 T	中值 Z
	均值	标准差	中值	最小值	最大值	均值	标准差	中值	最小值	最大值		
V	1.269	0.422	1.182	0.641	4.063	2.004	1.220	1.701	0.602	10.620	12.930***	15.970***
INV	0.048	0.042	0.04	−0.020	0.246	0.038	0.036	0.030	−0.012	0.308	−4.420***	−4.330***
Age	9.260	2.915	9	2	15	13.420	3.250	13	6	20	23.200***	19.380***
Lev	0.524	0.155	0.535	0.072	0.824	0.545	0.161	0.555	0.081	0.880	2.320***	2.320***
CF	0.030	0.090	0.035	−0.360	0.315	0.020	0.098	0.017	−0.315	0.406	−1.780**	−3.410***
$Size$	21.510	0.862	21.500	19.690	24.490	22.100	1.081	21.960	19.96	25.380	10.180***	9.520***

注：***表示在 0.01 的水平下显著（2-tailed），**表示在 0.05 的水平下显著（2-tailed），*表示在 0.1 的水平下显著（2-tailed）。

表 8.8　5 分组与总样本投资过度变量比较描述性统计

Panel A	变革之前					变革之后				
变量	均值	标准差	中值	最小值	最大值	均值	标准差	中值	最小值	最大值
V	1.269	0.422	1.182	0.641	4.063	2.004	1.220	1.701	0.602	10.620
$V_{(总)}$	1.313	0.445	1.202	0.641	4.063	2.180	1.378	1.773	0.602	10.620
差异	−0.044	−0.023	−0.020	0	0	−0.176	−0.158	−0.072	0	0
INV	0.048	0.042	0.040	−0.017	0.246	0.038	0.036	0.030	−0.012	0.308
$INV_{(总)}$	0.072	0.082	0.046	−0.047	0.488	0.063	0.074	0.040	−0.075	0.449
差异	−0.024	−0.04	−0.006	0.030	−0.242	−0.025	−0.038	−0.010	0.063	−0.141
Age	9.260	2.915	9	2	15	13.420	3.250	13	6	20
$Age_{(总)}$	8.474	2.971	8	2	15	12.970	3.095	13	6	20
差异	0.786	−0.056	1	0	0	0.450	0.155	0	0	0
Lev	0.524	0.155	0.535	0.072	0.824	0.545	0.161	0.555	0.081	0.880
$Lev_{(总)}$	0.478	0.168	0.494	0.067	0.824	0.510	0.175	0.521	0.077	0.880
差异	0.046	−0.013	0.041	0.005	0	0.035	−0.014	0.034	0.004	0
CF	0.030	0.090	0.035	−0.358	0.315	0.020	0.098	0.017	−0.315	0.406
$CF_{(总)}$	0.037	0.087	0.035	−0.358	0.315	0.031	0.094	0.025	−0.315	0.406
差异	−0.007	0.003	0	0	0	−0.011	0.004	−0.008	0	0
$Size$	21.510	0.862	21.500	19.690	24.490	22.100	1.081	21.960	19.960	25.380
$Size_{(总)}$	21.500	0.886	21.430	19.690	24.490	22.100	1.118	21.950	19.960	25.380
差异	0.010	−0.024	0.070	0	0	0	−0.037	0.010	0	0

8.4.3 变量相关性分析

表 8.9 左下角报告了模型中各变量的皮尔逊（Pearson）相关系数。其中，企业价值（V）与投资（INV）在 1%统计显著性水平下正相关，与前文一致。企业价值（V）与企业规模（Size）负相关，但不显著。企业价值（V）与上市年限（Age）在 1%统计显著性水平下正相关。企业价值（V）与财务杠杆（Lev）在 1%统计显著性水平下负相关，与前文一致。企业价值（V）与现金流（CF）在 1%的统计显著性水平下正相关，与前文一致。

表中各解释变量之间相关系数最高的是财务杠杆（Lev）与规模之间（Size）的系数，为 0.318。按照统计经验可以判断各解释变量之间仅存在弱相关关系，解释变量之间存在完全共线性的可能性很小。为了更加全面科学地反映各变量之间的相关性，表 8.9 中还列示了各变量之间的斯皮尔曼（Spearman）秩相关情况，具体数据如表 8.9 右上角所示。

表 8.9 变量相关性分析

Var.	V	INV	Size	Age	Lev	CF
V	1	0.093***	-0.048*	0.161***	-0.130***	0.077***
	.	(0.001)	(0.086)	(0.000)	(0.000)	(0.006)
INV	0.081***	1	0.108***	-0.292***	-0.261***	0.213***
	(0.004)	.	(0.000)	(0.000)	(0.000)	(0.000)
Size	-0.033	0.142***	1	0.223***	0.324***	-0.060**
	(0.233)	(0.000)	.	(0.000)	(0.000)	(0.030)
Age	0.091***	-0.274***	0.224***	1	0.121***	-0.077***
	(0.001)	(0.000)	(0.000)	.	(0.000)	(0.006)
Lev	-0.187***	-0.200***	0.318***	0.122***	1	-0.152***
	(0.000)	(0.000)	(0.000)	(0.000)	.	(0.000)
CF	0.121***	0.186***	-0.064**	-0.069**	-0.176***	1
	(0.000)	(0.000)	(0.022)	(0.014)	(0.000)	.

注：括号中的数值为 p 值。***表示在 0.01 的水平下显著（2-tailed），**表示在 0.05 的水平下显著（2-tailed），*表示在 0.1 的水平下显著（2-tailed）；对角线右上角为 Spearman 检验系数，而左下角为 Pearson 检验系数。

8.4.4 回归结果分析

表 8.10 与表 8.11 分别报告了会计准则变革之前与之后模型 8.1 的回归结果。从表 8.10 和表 8.11 中的回归结果看，投资变量（INV）的回归系数分别

为 3.416 和 6.758,且都在 1%显著性水平下显著,与前文一致,说明投资(INV)对企业价值(V)具有正向影响。从回归系数大小看,会计准则变革后投资(INV)对企业价值(V)的影响更大,说明会计准则变革后企业投资的价值创造效应更明显,与 H_1 一致。

表 8.10 会计准则变革之前方程回归结果

变量名称	变量代号	(1)	(2)	(3)	(4)	(5)
常数项	Intercept	0.986*** (0.000)	0.989*** (0.000)	1.010*** (0.000)	1.014*** (0.000)	1.278*** (0.009)
企业投资	INV	3.311*** (0.000)	3.303*** (0.000)	3.292*** (0.000)	3.328*** (0.000)	3.416*** (0.000)
上市年限	Age		−0.001 (0.927)	−0.001 (0.924)	0 (0.945)	0 (0.975)
财务杠杆	Lev			−0.041 (0.743)	−0.054 (0.663)	−0.035 (0.788)
现金流	CF				−0.265 (0.198)	−0.261 (0.206)
企业规模	Size					−0.013 (0.567)
年份	Year	控制	控制	控制	控制	控制
行业	Industry	控制	控制	控制	控制	控制
	N	494	494	494	494	494
	adj.R-sq	0.165	0.163	0.162	0.163	0.162

表 8.11 会计准则变革之后方程回归结果

变量名称	变量代号	(1)	(2)	(3)	(4)	(5)
常数项	Intercept	1.456*** (0.000)	1.467*** (0.000)	2.355*** (0.000)	2.400*** (0.000)	4.650*** (0.000)
企业投资	INV	7.285*** (0.000)	7.279*** (0.000)	5.563*** (0.000)	5.279*** (0.000)	6.758*** (0.000)
上市年限	Age		−0.001 (0.955)	0 (0.992)	−0.003 (0.856)	−0.003 (0.823)
财务杠杆	Lev			−1.578*** (0.000)	−1.493*** (0.000)	−1.194*** (0.000)
现金流	CF				1.040** (0.011)	1.053*** (0.009)

续表 8.11

变量名称	变量代号	(1)	(2)	(3)	(4)	(5)
企业规模	Size					-0.112***
						(0.009)
年份	Year	控制	控制	控制	控制	控制
行业	Industry	控制	控制	控制	控制	控制
	N	798	798	798	798	798
	adj.R-sq	0.242	0.241	0.276	0.281	0.287

注：括号中的数值为经过 White 异方差矫正后的 p 值。*** 表示在 0.01 的水平下显著（2-tailed），** 表示在 0.05 的水平下显著（2-tailed），* 表示在 0.1 的水平下显著（2-tailed）。

为了更加直观地呈现投资在会计准则变革前后对企业价值的影响，与前文一样，本节也利用模型 8.2 进行了回归。从表 8.12 来看，投资（INV）对企业价值（V）的影响均在 1% 显著性水平下正显著，说明投资（INV）对企业价值（V）具有正向影响。会计准则变革与投资的交互项 NCAS×INV 也在 1% 显著性水平下正显著，说明随着会计准则的变革，投资对企业价值的影响再加大，说明会计准则变革后企业更关注价值的投资，与 H_1 一致。表 8.12 上市年限（Age）、财务杠杆（Lev）、现金流（CF）及企业规模（Size）的符号与显著性均与前文的回归一致。

另外，各方程回归后的方差膨胀因子 VIF 都显示各变量的 VIF 值均远小于 5，且容忍度都远大于 0.1，方程 D.W.值，均在 2 附近，说明回归模型中各解释变量之间并不存在完全共线性且模型不存在自相关问题。①

表 8.12 会计准则变革前后整体方程回归结果

变量名称	变量代号	(1)	(2)	(3)	(4)	(5)
常数项	Intercept	1.262***	1.258***	1.799***	1.794***	3.709***
		(0.000)	(0.000)	(0.000)	(0.000)	(0.000)
会计准则变革	NCAS	0.0127	0.0100	0.0437	0.0654	0.146
		(0.915)	(0.937)	(0.727)	(0.603)	(0.253)
投资	INV	3.329***	3.334***	2.616**	2.494**	3.443***
		(0.004)	(0.004)	(0.022)	(0.029)	(0.003)
交互项	NCAS×INV	3.971***	3.971***	3.897***	3.871***	3.970***
		(0.002)	(0.002)	(0.002)	(0.002)	(0.002)

① 限于本章篇幅和规范要求，并没有具体列示 VIF、Tolerance 和 D.W 数据。

续表 8.12

变量名称	变量代号	(1)	(2)	(3)	(4)	(5)
上市年限	Age		0.001 (0.954)	0.001 (0.953)	-0.001 (0.943)	-0.000 (0.974)
财务杠杆	Lev			-1.010*** (0.000)	-0.964*** (0.000)	-0.753*** (0.000)
现金流	CF				0.629** (0.020)	0.642** (0.017)
规模	Size					-0.097*** (0.001)
年份	Year	控制	控制	控制	控制	控制
行业	Industry	控制	控制	控制	控制	控制
	N	1 292	1 292	1 292	1 292	1 292
	R-squared	0.330	0.330	0.349	0.352	0.358

注：括号中的数值为经过 White 异方差矫正后的 p 值。***表示在 0.01 的水平下显著（2-tailed），**表示在 0.05 的水平下显著（2-tailed），*表示在 0.1 的水平下显著（2-tailed）。

8.5 稳健性检验：基于时间区间调整的检验

8.5.1 样本选择与数据来源

本书的因变量企业市值（V），它的计算方法决定了它易受到股市大盘波动的影响。与第五章不同，第五章中的股票价格采用年初价格平减，能在一定程度上消除大盘波动的影响，而本章的价值除以的基础不受大盘变动，无法消除大盘的影响。因此当公司市值由于受到资本市场系统性风险影响而发生非正常震荡时，必然对本书结论的稳健性造成一定的影响。为此本章分析了我国沪深两市的指数 2000—2012 年走势情况（如图 8.2 所示），发现我国股市在 2007 年年初至 2008 年年末发生了异常振动，且波动幅度巨大，上证指数由 2007 年年初的 2 000 点左右，上升至 2008 年年末的 6 000 点左右，然后又降至 2 000 点左右。造成估计巨大波动的原因，一方面来自宏观环境和投机因素；另一方面也可能是 2007 年年初新会计准则在上市公司开始实施，对于新会计准则的抵触、消化与吸收，需要一段时间，这也可能造成股票市场产生大幅震动。为了排除股票市场大起大落对本书因变量市值计算的影响，本节尝试将 2007 年年初至 2008 年年末样本数据从会计准则变革之后的时间段中予以去除，仍沿用上文的研究思路和模型，进行稳健性分析。

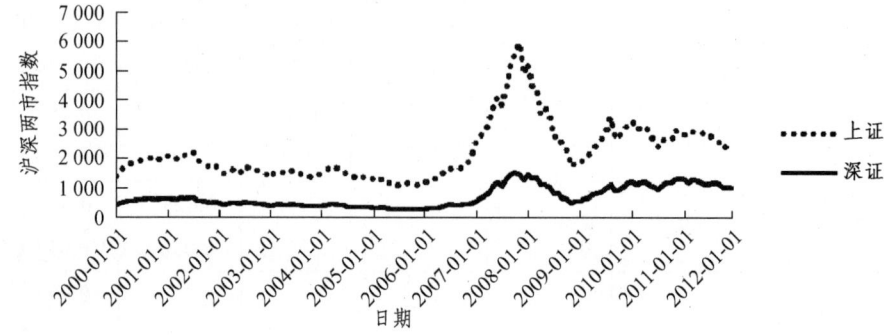

图 8.2　2000 年 1 月 1 日—2012 年 1 月 1 日沪深两市指数走势

剔除 2007 年年初至 2008 年年末之间的公司数据对于会计准则变革之前的样本数并没有变化，而对于会计准则变革之后的样本数，则由 3 590 减至 2 154，最后总样本数为 5 026。

8.5.2　变量描述性统计

由于存在样本量的变动，本部分又对模型（8.1）和（8.2）中所涉及的变量进行了描述性统计分析，分会计准则变革之前与会计准则变革之后，汇报了均值 T 检验和 Wilcoxon 秩检验，并对比了与未剔除前原样本的差异，数据结果列示在表 8.13 和表 8.14 中。由表 8.13 中各指标数据看，在会计准则变革之前，由于样本量并未变动，因此所有指标都与未剔除前的原样本指标一致。

企业价值指标（V）在会计准则变革之前的均值和中值分别为 1.313 和 1.202，而在会计准则变革之后的均值和中值分别为 2.262 与 1.861，均值和 Wilcoxon 秩均呈现正显著，说明本组样本的企业价值指标（V）在会计准则变革之后呈现显著上扬趋势，与未剔除前的原样本变化趋势一致，但与未剔除前的原样本相比，本组样本的企业价值（V）在会计准则变革之后偏高。投资指标（INV）在会计准则变革之前的均值和中值分别为 0.072 和 0.046，而在会计准则变革之后的均值和中值分别为 0.059 和 0.038，均值和 Wilcoxon 秩均呈现负显著，说明投资指标（INV）在会计准则变革之后呈现显著下降，与未剔除前的原样本变化趋势一致，但与未剔除前的原样本相比，本样本组无论是均值还是中值均偏低；上市年限（Age）在会计准则变革之后呈现上升，与未剔除前的原样本变化趋势一致，但与未剔除前的原样本相比，无论从均值还是从中值来分析均要偏高 1 年；财务杠杆（Lev）在会计准则变革之前的均值和中值分别为 0.478 和 0.494，而在会计准则变革之后分别为 0.517 和 0.531，均值和 Wilcoxon 秩均呈现正显著，说明财务杠杆（Lev）在会计准则变革之后呈现显著上升，与未剔除前的原样本变化趋势一致，但与未剔除前的原样本相比，本组样本的均值和中值均略有偏高；企业现金流量（CF）在会计准则变革之前的均值和中值分别为 0.037 和 0.035，而在会计准则变革之变革之后分别为 0.030 和 0.023，均值和 Wilcoxon 秩均呈现负显著，说明企业现金流量（CF）会计准则变革之后呈现显著下降，与未剔除前的原样本变化趋势一致，但与未剔除前的原样本相比，本组样本的均值和中值均偏低；公司规模指标（Size）在会计准则变革之前的均值和中值分别为 21.500 和 21.430，而在会计准则变革之后分别为 22.230 和 22.080，均值和 Wilcoxon 秩均呈现正显著，说明公司规模指标（Size）在会计准则变革之后呈现显著上升，与未剔除前的原样本变化趋势一致，但与未剔除前的原样本相比，本组样本的均值和中值均偏高。

表 8.13 剔除 2007—2008 时间段变量描述性统计

变量	会计准则变革之前					会计准则变革之后					均值	中值
	均值	标准差	中值	最小值	最大值	均值	标准差	中值	最小值	最大值	T	Z
V	1.313	0.445	1.202	0.641	4.063	2.262	1.351	1.861	0.814	10.010	35.210***	37.290***
INV	0.072	0.082	0.046	-0.050	0.488	0.059	0.069	0.038	-0.080	0.372	-5.880***	-5.080***
Age	8.474	2.971	8	2	15	13.970	2.871	14	8	20	65.880***	49.040***
Lev	0.478	0.168	0.494	0.067	0.824	0.517	0.180	0.531	0.077	0.880	7.740***	7.810***
CF	0.037	0.087	0.035	-0.360	0.315	0.030	0.095	0.023	-0.310	0.406	-2.580***	-5.390***
Size	21.500	0.886	21.430	19.690	24.490	22.230	1.152	22.080	20.050	25.380	25.670***	22.990***

注：***表示在 0.01 的水平下显著（2-tailed），**表示在 0.05 的水平下显著（2-tailed），*表示在 0.1 的水平下显著（2-tailed）。

表 8.14 剔除 2007—2008 时间段变量与总样本对比描述性统计

变量	均值	标准差	中值	最小值	最大值	均值	标准差	中值	最小值	最大值
V	1.313	0.445	1.202	0.641	4.063	2.262	1.351	1.861	0.814	10.010
V（总）	1.313	0.445	1.202	0.641	4.063	2.180	1.378	1.773	0.602	10.620
差异	0	0	0	0	0	0.082	-0.027	0.088	0.212	-0.61

续表 8.14

变量	均值	标准差	中值	最小值	最大值	均值	标准差	中值	最小值	最大值
INV	0.072	0.082	0.046	-0.047	0.488	0.059	0.069	0.038	-0.075	0.372
$INV_{(总)}$	0.072	0.082	0.046	-0.047	0.488	0.063	0.074	0.040	-0.075	0.449
差异	0	0	0	0	0	-0.004	-0.005	-0.002	0	-0.077
Age	8.474	2.971	8	2	15	13.970	2.871	14	8	20
$Age_{(总)}$	8.474	2.971	8	2	15	12.970	3.095	13	6	20
差异	0	0	0	0	0	1	-0.224	1	2	0
Lev	0.478	0.168	0.494	0.067	0.824	0.517	0.180	0.531	0.077	0.880
$Lev_{(总)}$	0.478	0.168	0.494	0.067	0.824	0.510	0.175	0.521	0.077	0.880
差异	0	0	0	0	0	0.007	0.005	0.01	0	0
CF	0.037	0.087	0.035	-0.358	0.315	0.030	0.095	0.023	-0.310	0.406
$CF_{(总)}$	0.037	0.087	0.035	-0.358	0.315	0.031	0.094	0.025	-0.315	0.406
差异	0	0	0	0	0	-0.001	0.001	-0.002	0.005	0
$Size$	21.500	0.886	21.430	19.690	24.490	22.230	1.152	22.080	20.050	25.380
$Size_{(总)}$	21.500	0.886	21.430	19.690	24.490	22.100	1.118	21.950	19.960	25.380
差异	0	0	0	0	0	0.13	0.034	0.13	0.09	0

8.5.3 变量相关性分析

表 8.15 左下角报告了模型中各变量的皮尔逊（Pearson）相关系数。其中企业价值（V）与投资（INV）在 1% 的统计显著性水平下正相关，与前文一致。企业价值（V）与企业规模（$Size$）在 1% 的统计显著性水平下负相关，与前文一致。企业价值（V）与上市年限（Age）在 1% 的统计显著性水平下正相关，与前文一致。企业价值（V）与财务杠杆（Lev）在 1% 的统计显著性水平下负相关，与前文一致。企业价值与现金流在 1% 的统计显著性水平下正相关，也与前文一致。由于表中变量之间的相关关系并没有控制其他相关变量的影响，仅为单变量分析，因此两者间的相关关系仅供初步判断之用，更为准确的关系分析有待后续的回归分析。

表中各解释变量之间相关系数最高的是财务杠杆（Lev）与规模（$Size$）之间的系数，为 0.341。按照统计经验可以判断各解释变量之间仅存在弱相关关系，解释变量之间存在完全共线性的可能性很小。与前文一样，为了更加全面与科学反映各变量之间的相关性，表 8.15 中还列示了各变量之间的斯皮尔曼（Spearman）秩相关情况，具体数据如表 8.15 右上角所示。

表 8.15　剔除 2007—2008 时间段变量相关性分析

Var.	V	INV	Size	Age	Lev	CF
V	1	0.115***	−0.020	0.325***	−0.086***	0.094***
	.	0.000	0.154	0.000	0.000	0.000
INV	0.085***	1	0.193***	−0.180***	0.010	0.219***
	0.000	.	0.000	0.000	0.480	0.000
Size	−0.042***	0.166***	1	0.240***	0.344***	0.046***
	0.003	0.000	.	0.000	0.000	0.001
Age	0.270***	−0.166***	0.239***	1	0.132***	−0.060***
	0.000	0.000	0.000	.	0.000	0.000
Lev	−0.143***	0.041	0.341	0.126	1	−0.118
	0.000	0.004	0.000	0.000	.	0.000
CF	0.155***	0.209***	0.042***	−0.039***	−0.113***	1
	0.000	0.000	0.003	0.006	0.000	.

注：括号中的数值为 p 值。***表示在 0.01 的水平下显著（2-tailed），**表示在 0.05 的水平下显著（2-tailed），*表示在 0.1 的水平下显著（2-tailed）；对角线右上角为 Spearman 检验系数，而左下角为 Pearson 检验系数。

8.5.4　回归结果分析

表 8.16 与表 8.17 分别报告了会计准则变革之前与之后模型（8.1）最小二乘法（OLS）的回归结果。从表 8.16 和表 8.17 中的回归结果看，投资变量（INV）的回归系数分别为 1.763 和 2.991，且都在 1%显著性水平下显著，说明投资对企业价值（V）具有正向影响关系。从系数大小来看，会计准则变革后投资（INV）对企业价值（V）的影响更大，与上文一致，也说明会计准则变革后企业投资的价值创造更明显，与 H_1 一致。表 8.16 与表 8.17 中上市年限（Age）、财务杠杆（Lev）、现金流（CF）及企业规模（Size）变量与前文符号与显著性相似。

同样，为了更加直观地呈现投资在会计准则变革前后对企业价值的影响，本节也利用模型 8.2 进行了回归。从表 8.18 看，投资（INV）对企业价值（V）的影响均在 1%显著性水平下正显著，说明投资对企业价值具有正影响。会计准则变革与投资的交互项 NCAS×INV 也在近 1%显著性水平下正显著，与上文一致，也说明随着会计准则的变革，投资对企业价值的影响不断加大，会计准则变革后企业投资的价值创造导向更加显著，与 H_1 一致。另外，表 8.18

上市年限（Age）、财务杠杆（Lev）、现金流（CF）及企业规模（Size）的符号与显著性均与上文模型 1 的回归一致。

为了考察多元回归存在的解释变量之间的共线性问题，研究在各方程回归后计算了方差膨胀因子 VIF，结果显示各变量的 VIF 值均远小于 5，且容忍度都远大于 0.1，说明回归模型中各解释变量之间并不存在完全共线性。此外，本章还计算了各方程相应的 D.W.值，均在 2 附近，说明模型基本不存在自相关问题。①

表 8.16　会计准则变革之前方程回归结果

变量名称	变量代号	（1）	（2）	（3）	（4）	（5）
常数项	Intercept	1.118*** (0.000)	1.095*** (0.000)	1.143*** (0.000)	1.141*** (0.000)	2.127*** (0.000)
企业投资	INV	1.707*** (0.000)	1.723*** (0.000)	1.743*** (0.000)	1.674*** (0.000)	1.763*** (0.000)
上市年限	Age		0.005* (0.094)	0.005* (0.073)	0.005 (0.101)	0.005* (0.079)
财务杠杆	Lev			-0.122** (0.011)	-0.105** (0.028)	-0.0420 (0.390)
现金流	CF				0.301** (0.001)	0.342*** (0.000)
企业规模	Size					-0.049*** (0.000)
年份	Year	控制	控制	控制	控制	控制
行业	Industry	控制	控制	控制	控制	控制
	N	2 872	2 872	2 872	2 872	2 872
	adj.R-sq	0.180	0.180	0.182	0.185	0.192

① 限于本章篇幅和规范要求，并没有具体列示 VIF、Tolerance 和 D.W 数据。

表 8.17 会计准则变革之后方程回归结果

变量名称	变量代号	(1)	(2)	(3)	(4)	(5)
常数项	Intercept	1.840*** (0.000)	1.824*** (0.000)	2.942*** (0.000)	3.005*** (0.000)	8.523*** (0.000)
企业投资	INV	2.286*** (0.000)	2.289*** (0.000)	2.930*** (0.000)	2.424*** (0.000)	2.991*** (0.000)
上市年限	Age		0.001 (0.899)	0.001 (0.918)	−0.003 (0.733)	−0.005 (0.552)
财务杠杆	Lev			−2.172*** (0.000)	−2.057*** (0.000)	−1.436*** (0.000)
现金流	CF				2.255*** (0.000)	2.394*** (0.000)
企业规模	Size					−0.270*** (0.000)
年份	Year	控制	控制	控制	控制	控制
行业	Industry	控制	控制	控制	控制	控制
	N	2 154	2 154	2 154	2 154	2 154
	adj.R-sq	0.196	0.196	0.268	0.290	0.328

表 8.18 会计准则变革前后整体方程回归结果

变量名称	变量代号	(11)	(12)	(13)	(14)	(15)
常数项	Intercept	1.274*** (0.000)	1.246*** (0.000)	1.781*** (0.000)	1.762*** (0.000)	5.659*** (0.000)
会计准则变革	NCAS	0.339*** (0.000)	0.321*** (0.000)	0.327*** (0.000)	0.368*** (0.000)	0.503*** (0.000)
企业投资	INV	1.899*** (0.000)	1.911*** (0.000)	2.065*** (0.000)	1.744*** (0.000)	2.086*** (0.000)
交互项	NCAS *INV	0.448 (0.189)	0.444 (0.192)	0.652** (0.050)	0.701** (0.034)	0.781** (0.016)
上市年限	Age		0.004 (0.443)	0.005 (0.253)	0.003 (0.491)	0.003 (0.501)
财务杠杆	Lev			−1.145*** (0.000)	−1.074*** (0.000)	−0.729*** (0.000)
现金流	CF				1.311*** (0.000)	1.439*** (0.000)

续表 8.18

变量名称	变量代号	(11)	(12)	(13)	(14)	(15)
规模	Size					-0.193*** (0.000)
年份	Year	控制	控制	控制	控制	控制
行业	Industry	控制	控制	控制	控制	控制
	N	5 026	5 026	5 026	5 026	5 026
	Adj.R-squared	0.316	0.316	0.347	0.358	0.384

注：p 值为经过 White 异方差矫正后的数值。***表示在 0.01 的水平下显著（2-tailed），**表示在 0.05 的水平下显著（2-tailed），*表示在 0.1 的水平下显著（2-tailed）。

8.6 本章小结

本章以检验会计准则变革是否通过准则理念的变革影响投资行为为目标，修正参考了 Brio（2003）的企业投资与企业价值模型，以及国内外其他学者相关研究，以我国沪深两市上市公司 2003—2011 年数据，对我国会计准则变革前后企业投资行为的价值创造效应进行了研究。

研究结论显示，投资对企业价值具有显著正影响，表现在各模型企业投资与企业价值回归系数均表现为正显著。会计准则变革对企业投资行为的价值创造效应产生影响表现在，各模型中会计准则变革之前的企业投资与企业价值回归系数要小于会计准则变革之后企业投资与企业价值的回归系数，会计准则变革与企业投资交叉项的系数为正显著。这些结果表示，随着新会计准则的推行实施，准则理念变革能够引导企业的投资行为，引导更注重企业投资的价值创造能力。

为了进一步准确发现会计准则变革对企业投资行为的价值创造引导，本章还考虑到企业投资不足与投资过度的改善可能对企业价值的影响，利用前一章投资不足与投资过度划分标准重分组，筛选了靠近 0 值的最优投资样本组，以去除会计准则变革改善投资过度和投资不足后可能对企业价值的影响，最后的研究结论仍与前文一致。

此外，本章还考虑到 2007—2008 年年末我国股市的异常波动可能会对研究结论的稳健性造成一定影响，于是采用去除 2007 年与 2008 年数据进行了再研究，研究结论与上文一致。

综上可见，新会计准则中有关价值计量与重视价值创造理念等应用能够有效地引导企业追求资本增值，重视资本经营，注重投资的价值创造。

9 研究结论与政策建议

本章是对前述基础理论章节与实证检验章节的归纳与总结,并在此基础上形成针对性的政策建议,最后还对书中研究的不足之处提出展望。

9.1 主要研究结论

本研究在世界各国的 IFRS 趋同大背景下,以我国会计史上最近的一件大事——会计准则的国际趋同为研究对象,探讨了 2006 年新会计准则变革对企业投资行为的影响机理,并结合我国会计准则应用实践进行实证检验。本书按照机理理论推演到经验证据检验的研究方法,由粗到精层层深入的研究方式,以 "会计准则变革研究与企业投资行为研究综述—理论机理的推演—经验数据的检验—研究结论" 的研究路线逐层展开。

首先,本书选择了国内外代表性学术期刊,归纳现有文献中有关会计准则变革的研究领域与企业投资行为的研究领域,总结两个领域的研究现状,发现两个领域的交叉点与连接点,并针对与本书相关的研究内容做好详细综述;其次,根据会计准则与投资行为的特征,从会计、制度与行为的基本关系切入,发现与解释会计准则对投资行为可能产生影响的基础机理。再分别从会计准则的内容形式变革与深层理念变革两个方面分析会计准则的变革,并结合基础机理发现 2006 年新会计准则变革可能对企业投资行为产生的具体影响,最终确定了会计准则通过改善会计信息质量影响企业投资行为,以及会计准则变革通过准则理念变革来引导企业重视影响价值的投资;最后,本书根据影响机理的特征,借助于第 4 章的实证研究,以我国上市公司会计准则变革前后各一段时间(2003—2011)为研究窗口,分别从会计准则变革对会计信息质量的影响,会计准则变革对投资过度与投资不足的影响,以及会计准则变革对价值的投资行为影响等视角检验了影响机理在我国的适用情况。通过上述章节的研究,本书得到如下几个主要结论:

结论一：会计准则变革能够改善企业投资不足与投资过度水平。新会计准则提高了会计信息质量，高质量的会计信息对于提高企业决策评价的科学性，减少管理层过度自信与过度谨慎具有重要作用。此外，高质量的会计信息使基于会计信息的交流与监督机制得以加强，因此对于融资约束的缓解与外部治理机制的加强均有了重要改善，这些改善在一定程度上提高了企业投资效率。

文章借鉴了 Richardson（2006）投资估计模型，利用模型的残差度量投资不足与投资过度，并在控制了其他影响投资效率的变量后，以投资不足和投资过度分别作为被解释变量进行研究。研究发现会计准则变革与投资不足成显著正相关，说明会计准则变革后投资不足能够得到了缓解，会计准则变革与投资过度成显著负相关，说明会计准则变革后投资过度得到了抑制。据此得出，会计准则变革具有缓解投资不足与抑制投资过度行为的影响。

结论二：投资不足企业存在融资约束，会计准则变革能够改善逆向选择缓解投资不足。企业投资不仅仅需要具有很好的投资机会，还需要拥有足量的资金予以配合。企业可以从内部筹集资金，也可以从外部筹集资金。当企业内部资金不足，需要从外部市场融资时，由于存在融资的"柠檬市场"，外部融资者的逆向选择致使企业外部融资成本过高，最终导致企业管理层因外部融资过高而放弃具有正净现值的项目，产生投资不足。

解决该问题的关键在于降低企业内外部信息的不对称程度，在新会计准则能够改善会计信息质量的结论下，本书利用 Richardson（2006）估计结果进行投资不足与投资过度分组，再修正利用 FHP（1988）模型，研究了投资不足组会计准则变革前后的投资现金流敏感性变化情况。研究发现，会计准则变革显著降低了投资不足组的投资现金流敏感系数，验证了会计准则变革能够减轻信息不对称所引起的逆向选择，缓解企业投资不足行为。

结论三：投资过度企业的现金流与投资之间存在相关性（符合 Jensen 的自由现金流量假说），会计准则变革能够改善道德风险，抑制投资过度行为。由于管理层与股东利益函数的不一致性，加上外部股东无法完全监督内部管理层，导致企业管理层的机会主义行为。企业内部管理层具有投资过度倾向，在自由现金流越多的企业，越易发生过度投资，因而产生投资现金流敏感性。

解决这个问题的关键在于减少外部股东对企业内部的监督成本，增强外部监督机制的效率。会计信息作为外部股东监督和约束管理层的主要途径，质量的高低与内容反映的全面性是决定外部股东对内部管理层投资过度约束程度的关键。本书在会计准则变革能够改善会计信息质量的研究结论基础上，利用 Richardson（2006）对投资过度与投资不足的分组，借助于修正的 FHP

（1988）模型，研究了投资过度组会计准则变革前后的投资现金流敏感性变化情况，发现会计准则变革能够减少投资过度下的投资现金流敏感度，说明会计准则变革能够减轻信息不对称所以引起的道德风险，借助于外部治理的改善抑制管理层的投资过度行为。

结论四：企业投资对企业价值具有影响，会计准则变革能够引导企业更重视价值的投资。新会计准则变革的几个重要转变都显示了新会计准则更重视对价值的关注。首先，新会计准则中大量引入了公允价值计量以及市价和现值等以价值为基础的计量模式，引导企业关注交易的价值，而不仅仅是成本。其次，新会计准则中从以损益表为核心的模式转变成以资产负债表为核心的模式，引导关注资产与负债价值的变动，关注所有者权益价值的增值，提倡资本经营。另外，新会计准则对研发的关注，对长效资产投资的支持等也折射出新会计准则引导企业更关注价值和价值创造。

由于企业是否将资金投入在具有价值的领域无法直接衡量，但可以间接借助于投资的实现绩效来衡量。为此本书修正利用了 Brio（2003）模型，并选择了代表性的控制变量，研究会计准则变革前后企业投资行为与企业价值之间的关系，发现会计准则变革前后，投资对企业价值都具有显著正影响，会计准变革后企业投资对企业价值具有正的显著增量影响，证实了会计准则变革能够引导企业投资到更具价值的领域，更关注价值的创造。

9.2 政策建议

建议一：进一步强化会计准则执行者与使用者的理解。

首先，通过培训和宣传等渠道让新会计准则的执行主体了解和理解新会计准则，了解新会计准则变革的具体内容，以便于在实际中进行有效的贯彻与执行。了解新会计准则深层理念变革，以便于融入到企业管理理念中，提高企业经营管理效率。对理念的了解还有助于将被动地、强制地与形式地实施新会计准则转为主动地、自愿地与内在地执行，逐渐将会计准则变革融入到人的认知体系与企业文化中，真正发挥新会计准则的积极作用，展现新会计准则的真实魅力。

通过培训和宣传让会计信息使用者和决策者了解新会计准则。会计准则的变革改变了会计准则的内容，也同样需要决策者改变对财务报告的原有使用方式，培育这些主体正确利用新会计准则进行决策，减少他们对传统会计制度的路径依赖，实现科学决策。企业层面的科学应用加上会计信息使用者的科学使用，双管齐下能够提高会计准则实施的效果。

建议二：减少企业执行新会计准则的成本。

当企业执行新制度成本过高时，就会产生执行的流于形式或者偷懒不执行。降低制度的执行成本能够激励企业自觉执行。新会计准则在准则内容与体系等方面均发生了显著改变，需要企业投入大量的人力、物力与财力。相关政府机构可以通过给予一定的激励来引导企业执行，如提供免费的咨询与服务来帮助企业有效实施，减少企业执行新制度的成本。

建议三：强化对新会计准则执行的监督与审查。

国外有学者提出会计准则的质量高低并不一定能保证会计准则的实施效果。会计准则功能的有效发挥需要有坚实的会计准则执行为条件。流于形式的准则执行，并不能达到会计准则变革的终极目标；相反，可能会造成人力、物力与财力的浪费。因此，需要定期对执行新会计准则的企业进行监督与检查，对于执行不合格或质量差的企业予以处罚和通报，通过增加经济方面与名誉方面的成本来引导企业自律执行。

建议四：引导企业内部管理机制与外部相关法律的配套变革。

会计、组织与社会是一个有机的动态系统，会计制度的变动需要组织内部与外部其他机制或制度的协调变动。会计准则虽然仅对企业会计行为进行规范，但由于企业内部与外部各项机制的有效运作依赖于会计，会计是各项机制运作的基础。当会计准则变革时，各项组织内外部机制也应该根据会计准则变革进行有效的配套调整，改善制度与机制间的协调性。主要表现在：原先的治理机制、治理结构等需要根据新会计准则进行调整，管理控制模式也需要根据新会计准则进行重新设计或修正。

企业制度需要调整，社会制度也需要调整。社会是一个制度的集合，是不同制度安排的耦合复杂系统，制度之间存在直接或间接的相关性和依存性。一个制度的实施效果取决于它的执行与它的环境配合。同样一个制度在不同的环境中，执行的效果是存在很大差异的。本次新会计准则中大量公允价值的引入，使原先以历史成本会计为基础的其他制度与新会计准则产生矛盾，因此需要进行修正。

建议五：加强对会计准则变革非预期效应的研究。

会计作为企业和社会各项交易和契约的基础，会计准则变革的影响也不应该仅停留在会计信息质量与资本市场等领域。会计准则变革对于企业内部各项管理活动，以及企业外部交易市场，甚至宏观社会均会有影响，而这部分非预期效应也应该值得关注。很多时候新制度所产生非预期效应成本不容忽视，需要新的规范制度予以及时修正和补救。

建议六：鼓励财务分析师等信息中介机构的发展。

现有的国内外大量研究显示，财务分析师通过信息收集和信息加工活动，对公司财务信息进行解读与挖掘，将一些深层和专业性强的信息转化成通俗易懂的信息，强化市场对公司披露信息吸收的效率，降低市场交易中的噪音成分，规模化信息处理成本，对有利于改善市场交易效率起到了积极作用。另外，更多的信息中介参与营造了较好的信息传播环境，增强了信息披露的效果。

建议七：要善于利用会计准则等制度手段来实现社会治理。

会计准则执行主体是广大企业，而社会问题治理的对象与切入点也是企业。会计准则具有经济后果，能够影响经济人的经济利益，改变经济人的激励结构，影响企业的行为。而企业与社会又是元素与集合的关系，任何宏观总量都是微观个体的推演与积累，因而会计可以通过企业对社会产生重要影响。政府可通过会计准则调整企业行为引导社会问题的治理。

9.3 研究局限

本书研究了会计准则变革对企业投资行为的影响，从影响机理的推导到经验数据的检验，力求实现完善与严谨，试图全面地研究会计准则变革对企业投资行为的影响。然而，由于将会计准则变革与企业投资行为结合的研究属于尝试性，再加上个人能力有限与现有客观条件的限制，本书还可能存在以下不足之处：

第一，没有直接使用度量会计信息质量的指标来观察会计准则变革前后会计信息质量对投资不足与投资过度的影响，不能直观地发现会计信息质量对企业投资行为的影响情况。其中的一个原因是没有找到一个非常合适的指标能够全面而有效地度量会计信息质量。很多学者采用研究盈余管理中的 Jones、DD 模型或它们的修正模型来度量会计信息质量，而笔者认为盈余管理不能全面代表会计信息质量，更不能代表本书所指的会计信息质量。更有学者指出，盈余管理在某种程度上可以帮助提高会计信息质量的目的，管理层有时利用盈余管理来弥补会计准则等制度所固有的框架形式缺陷，提高会计信息反映企业实际价值的准确性。

第二，其他宏观影响难以排除。本书的时间跨度为 2003—2011 年，新会计准则发布时间为 2006 年 2 月 15 日，实施时间为 2007 年 1 月 1 日，在 2003 年到 2011 年之间的其他制度变革也可能对本研究产生一定的影响。特别是

2005年开始的股权分置改革，2007年到2008年的金融危机，以及国家为应对金融危机所出台的投资刺激政策等都会对我们研究结论产生一定的影响。虽然书中尽可能地考虑用年度与行业变量来排除这些因素的干扰，但由于这些宏观事件发生的时间与会计准则变革时间较为接近，很难排除。

第三，缺乏直接和深入的实地研究来深入发现会计准则变革在企业内部影响的规律。由于本书篇幅与研究时间所限，对于会计准则变革对企业投资行为影响仅采用了大样本经验研究，而没有针对特定的样本公司在会计准则发布前后采用一定时间窗口的实地研究与案例研究。没有实现借助于访谈和问卷等方式，直接观察与间接了解企业投资决策行为的变化及企业经营管理理念与企业经营管理模式等变化。

第四，未区分投资的价值创造与投资的价值实现。企业投资行为可以是通过企业投资行为真实创造引起企业价值的变化，也可以通过改善信息披露让外部相关利益者了解企业真实投资，发现投资的价值。而本书并没有区分投资对企业价值的影响是由于价值创造还是由价值实现所引起的，这对研究结论可能会产生一定的影响。

附录1：各国会计准则变革的历程

1 美国会计准则的形成与发展

第二次世界大战后，不同国家根据自己的国情都制定了本国的会计准则（General Accepted Accounting Principle，GAAP），因此在世界范围内，各国会计准则呈现出纷繁复杂与差异迥然的态势。从这些国家会计准则的影响力来看，美国的会计准则最具影响力。美国是最先提出会计准则概念的国家，也是会计准则发展最为成熟的国家。美国会计准则可以说是世界各国会计准则的典范。

美国会计准则的产生应该从会计地位的变化谈起。18世纪，工业革命将农业经济推进工业经济，社会化大生产的规模日益扩大驱使独资、合资企业组织形式向规模更大的股份有限公司转型。股份有限公司的两权分离（所有权与经营权分离）加大了外部股东对公司内部监督的需求；另外，随着公司规模的扩大与组织层级的增多，企业各项决策对会计信息的依赖与需求也不断攀升。这些转型与需求将当时的会计从单纯的"流水账"簿记推向全面信息提供者的角色，会计的重要性开始受到关注。然而，由于当时美国推崇亚当·斯密（Adam smith）自由放任的经济模式，认为市场"无形的手"会实现自动调控，国家干预纯属多余，为此当时的会计表现出极大的自由涣散。没有强制执行的统一会计制度，企业可以任意选择会计方式，并可自由根据自己的特殊需要建立会计原则和会计方法，会计欺诈与诉讼事件时有发生，当时的会计也常被看作是一门艺术。

会计重要性的提升与会计涣散之间的矛盾到了20世纪30年代末才有了质的转变。1933年美国爆发了经济危机，经济开始步入低谷。为了整治美国经济危机，重塑人们对企业和资本市场的信心[①]。1933年美国总统富兰克林·罗斯福（Franklin D Roosevelt）开始对会计进行政府监管，着手统一会计制度，

[①] 在危机中企业报表的失真与证券交易的紊乱引起了人们判断失误，造成经济秩序混乱，对资本主义资本市场和经济危机推波助澜，诱发整个社会对金融市场和投资丧失信心。

并相继制定了《证券法》与《证券交易法》。《证券交易法》规定所有上市公司都必须执行统一的会计处理方法和程序,并授权证券交易委员会进行会计准则的制定。随后,该委员会形成了所谓的"认可的会计原则"。1938 年美国证券交易委员会又决定由会计职业团体(美国公共会计师协会下会计程序委员会)制定公认会计原则[①]。该准则制定组织的成立标志着美国进入有组织、有意识的制定会计准则阶段。1939 年该组织发布了第 1 号"会计研究公告"(APB NO.1)标志着世界第一份会计准则文件的产生,其后又发布了 50 份文件。然而,由于会计程序委员会的准则缺乏理论框架指导和体系结构存在不一致,再加上准则出台速度缓慢,1959 年美国注册会计师协会设立了会计原则委员会取代会计程序委员会。该委员会主席维尔登•鲍威尔(Weldon Powell)认为,会计准则应该按照假设、原则、准则和研究的思路来设计,并开始发布"会计原则委员会意见书"。1963 年,美国注册会计师协会明确认可了会计原则委员会的权威性,决定会计原则委员会发布的公告对所有会员均具有约束力。然而,"假设、原则"为起点的框架基础其所固有的封闭性在 20 世纪 70 年代滞胀、兼并和物价变动的环境下招致广泛的批评。1973 年一个独立于美国注册会计师协会的新机构——财务会计基金会成立了准则制定的机构——财务会计准则委员会(FASB),开始制定财务会计准则公告和解释文件,并一直延续至今[②]。

除了会计准则制定的组织在不断调整外,不同组织对会计准则制定的方式也在发生变化。20 世纪 30 年代以来,由于受到法律(尤其是税法)的强烈影响,收入费用观得到了广泛接受与应用。然而 1973 年财务会计准则委员会(FASB)一上台就直接否决了收入费用观,提出资产负债表法,认为资产负债法才是唯一一个具有逻辑和概念基础的会计,并于 1980 年 12 月发布了财务会计概念公告第 3 号《企业财务报表要素》(SFAC No.3),将收入、费用、利得和损失等要素的定义建立在资产和负债定义的基础之上[③]。

---

① 来自百度百科。美国注册会计师协会成立于 1887 年,成立时名称是美国公共会计师协会(American Association of Public Accountants,AAPA)。1887 年 8 月,纽约州的法律正式承认美国公共会计师协会。1896 年,纽约立法机构通过了《管理公共会计师职业的法案》,第一次提出"注册会计师"(CPA)称谓。1916 年更名为美国公共会计师协会(Institute of Public Accountants),当时拥有 1 150 名会员。1917 年再次更名为美国会计师协会(American Institute of Accountants)。1936 年,AIA 与 1921 年成立的美国注册会计师公会(American Society of Certified Public Accountants)进行了合并。1957 年更名为美国注册会计师协会(American Institute of Certified Public Accountants)。

② 比 IASC 的成立仅晚几天。

③ 理由如下:损益是一个"价值变动改变",在没有确定"价值"之前是不可能定义"价值变动"的。因此定义资产在逻辑上要比损益更加重要,也意味着资产负债表法是会计的本质基础。

在准则制定模式上，美国是世界公认的规则导向制定模式，然而2001年安然事件将人们对规则导向会计准则模式的反思推向顶峰，认为现有规则导向下的会计信息不能客观反映经济活动[①]。为了稳定资本市场信心，美国国会于2002年通过了《萨班斯-奥克斯法案》（Sarbanes-Oxley Act，SOX，也被称为后安然时代美国会计与审计），该法案要求 SEC 对美国财务报告采用基于原则导向的会计准则体系进行研究[②]。2007 年 8 月美国 SEC 发布"概念宣布"（Concept Release）提出 35 个问题来探讨美国上市公司执行国际财务报告准则（IFRS）（国际财务报告准则是公认的原则导向模式）的可能性。2007 年 11 月 15 日，美国 SEC 开始放松国外上市公司在美国上市的信息披露要求，允许外国私人发行者可以采用国际财务报告准则（IFRS）编制报告，而不一定要使用美国会计准则（GAAP）（SEC Concept Release No. 33-8879，July 2007）。随着国际财务报告准则（IFRS）应用面和影响面的加大，美国财务会计准则委员会（FASB）也开始寻求与国际会计准则理事会（IASB）的合作，并于2008 年 4 月，IASB 和 FASB 在一起更新了它们的备忘录（Memorandum of Understanding，MOU）。2008 年，美国 SEC 公布了"IFRS 趋同路线图"（Roadmap for the Potential Use of Financial Statements Prepared in Accordance with International Financial Reporting Standards by U.S. Issuers），指出如果取得显著成就的话，美国采用 IFRS 的时间将会是 2012 年。在 2010 年，美国 SEC 重新对 IFRS 实施环境又进行了估算，将时间修改为 2015 年。

可见，美国会计准则经历了从无到有，从发展到成熟，从零散到系统的历程；同时，会计准则的制定基础也经历了由原来的假设为起点，发展到现在的环境起点。会计准则的概念基础也经历了从损益表观（收入费用观）到资产负债表观的转变。会计准则制定的模式也正在尝试形成规则导向转向原则导向的趋势。

2 国际会计准则的形成与发展

除了美国财务会计准则委员会（FASB）制定的会计准则具有世界影响外，

---

① 迄今为止，美国财务会计准则委员会（FASB）已制定了一百多项会计准则，其前任会计程序委员会（CAP）和会计原则委员会（APB）分别发布了 51 份会计研究公报和 31 份"APB"意见书，只要未被 FASB 公告所取代则继续有效；除此之外，三个机构还制定了大量的指导书、解释等补充公告；还包括世界通信和施乐等大型公司的财务舞弊事件。

② Benston，Bromwich and Wagenhofer（2006）and Alexander and Jermakowicz（2006）等很多学者将安然事件和规则导向会计准则联系在一起。

国际会计准则理事会（IASB）在本世纪初也开始确立起它的国际地位，由它发布的国际财务报告准则（IFRS）正在全世界范围内广泛使用，目前已经有100多个国家直接采用国际财务报告准则（IFRS）或者采取了实质趋同。

国际财务报告准则可以说是在全球化日益加深的时代背景下催生的。第二次世界大战之后，世界各国均根据本国实情形成了自己的会计准则体系（GAAP）。20世纪50年代，随着国际贸易和外国直接投资（Foreign Direct Investment，FDI）的活跃，公司的活动范围开始超越国界。60年代跨国并购与跨国投资也开始兴起，国家间报表差异对国际间交易产生了高昂的交易成本，严重阻碍了资本的跨国流动，各国在会计制度上寻求统一的需求与日俱增，国际会计准则也应势而生。

20世纪中叶，英国库珀兄弟公司（Cooper Brothers Co.）的资深合伙人，英国和威尔士注册会计师主席（Institute of Chartered Accountants in England and Wales，ICAEW）亨利·宾森（Henry Benson）发起了一个应对分散会计实践的活动。他联系了美国注册会计师协会（American Institute of Public Accountants，AICPA），加拿大注册会计师协会（the Canadian Institute of Chartered Accountants，CICA），苏格兰注册会计师协会（the Institute of Chartered Accountants of Scotland，ICAS）和爱尔兰注册会计师协会（Institutite of Certified Public Accountants in Ireland，ICPAI）共同组建国际会计师研究团。该团体通过印发册子来比较各国之间的会计制度差异，并于1968年发表了第一份研究报告，题为《三国存货的会计和审计方法》[①]。

1972年在悉尼召开的国际会计师大会上，成立了会计职业国际协调委员会。1973年亨利·宾森在和各国会计界领导交流后，组建了国际会计准则委员会（International Accounting Standards Committee，IASC），旨在建立全球统一的会计制度。1975年国际会计准则委员会（IASC）披露了第一个准则ISA No.1（会计准则披露准则）[②]。1975—1987年，国际会计准则委员会（IASC）又发布了25个会计准则。由于国际会计准则委员会（IASC）是一个国际民间组织，没有强有力的政治背景，又受到各国执行力和环境因素等方面差异影响，再加上各成员国各自袒护本国会计实践，国际会计准则并没有得到广泛认可和有效执行。

---

① 三国指美、英、加三国。
② IFRS是有IASB。其中的很多准则以IAS命名，International Accounting Standards（IAS），发布的IAS准则一般是在1973—2001年，是由IASC International Accounting Standards Committee（IASC）。第一个IAS发布于1975年，由IASC发布。在2001年，ISAB囊括了所有IAS并持续发布准则，称其为IFRS。

国际会计准则委员会（IASC）的地位真正确立点是在 21 世纪初。2000 年，证券委员会国际组织（the Technical Committee of IOSCO）在一个工作会议上一次性通过了 40 条国际会计准则，批准跨国证券发行和上市公司使用国际会计准则，这可以认为是国际会计准则地位转折的一个里程碑（IOSCO〔2000〕）。2001 年 4 月国际会计准则理事会（IASB）开始取代以往的国际会计准则委员会（IASC）。2002 年 7 月 19 日，欧盟国会和欧盟总理理事会（European Parliament and the European Council of Ministers）通过了（EC）No1606/2002——实施国际会计准则（the Application of International Accounting Standards），强制要求欧盟国内上市公司在 2005 年 1 月后必须使用国际财务报告准则（IFRS）[①]。此后，国际会计准则理事会（IASB）又与各国会计准则制定机构加紧联系，并得到了世界各国的广泛支持。至今为止，已经超过 100 个国家（或地区）强制或允许使用国际财务报告准则（IFRS）（Tohmatsu，2008）。表 1 中列示一些主要国家实施国际财务报告准则（IFRS）的日程。

表 1　各国国际财务报告准则协同日程

国家	截至 2011 年 12 月
阿根廷（Argentina）	自 2012 年 1 月开始
澳大利亚（Australia）	自 2005 年
巴西（Brazil）	自 2010 年 12 月 31 日
加拿大（Canada）	自 2011 年 1 月
印度（India）	自 2011 年 1 月
中国（China）	自 2007 年 1 月趋同
欧盟（European Union）	自 2005 年 1 月（所有成员国）
法国（France）	自 2005 年 1 月（随欧盟的决定）
德国（Germany）	自 2005 年 1 月（随欧盟的决定）
意大利（Italy）	自 2005 年 1 月（随欧盟的决定）
日本（Japan）	预计 2016 年
墨西哥（Mexico）	自 2012 年 1 月

---

① 应该说，国际会计准则的推进也有欧盟的原因，因为国际会计准则的产生一定程度上也是政治统一的一个理由，欧盟，以及资本市场的全球化 [Flower, 2004a, b; see also Ball (2006)]。

续表 1

国家	截至 2011 年 12 月
韩国（Republic of Korea）	自 2011 年 1 月
俄罗斯（Russia）	自 2012 年 1 月
沙特阿拉伯（Saudi Arabia）	银行和保险公司要求
南非（South Africa）	自 2005 年 1 月
土耳其（Turkey）	自 2005 年 1 月
英国（Britain）	自 2005 年 1 月（随欧盟的决定）
美国（USA）	自 2007 年允许外国企业

数据来源：IFRS 官网，http://www.ifrs.org/use+around+the+world/use+around+the+world.htm。
注：全球 IFRS 的具体使用情况，可以下载 IIFRS 全球使用报告手册。http://www.pwc.com/en_US/us/issues/ifrs-reporting/assets/ifrs_country_adoption.pdf。

3 我国会计准则的形成与发展

与西方会计准则变迁类似，我国会计制度变迁也存在与时变迁现象，而且我国会计制度的变迁更能折射出我国经济体制改革的痕迹，特别是我国由计划经济到有计划的市场经济，再到市场经济的变化轨迹。

1840 年鸦片战争爆发，西式簿记进入中国。1949 年新中国成立，中央政府认为资本主义的会计是压榨劳动人民的工具，摒弃了西方的会计，采取机械式效仿苏联模式，并从 1950 年开始实行分行业会计制度。由于当时企业主要是国有企业，会计的主要作用在于以最低的资金来保证计划的完成，会计成为当时国家监督资金投放与使用的主要工具，当时资产负债表也因此呈现出重要地位。

1979 年开始，中央决定实施"拨改贷"，加强建设单位的经济责任制，企业开始由关注计划完成转向提高投资收益与关注利润。这个时期，利润表开始超越资产负债表，成为最重要的报表。同时，党的十一届三中全会召开，经济体制改革开始深入，除国有性质外的多种经济体制企业开始出现，特别是中外合资、中外合作与外商独资等企业的大量涌现，使得当时实行的按所有制、分行业的会计制度很难在这些企业适用[①]。于是，财政部于 1983 年在

---

① 如乡镇企业、个体私营、中外合资企业、中外合作企业、外资企业与侨资企业等。

广泛征求意见后,出台了《中外合资经营企业会计制度(试行草案)》和《中外合资经营工业企业会计科目和会计报表(试行草案)》,并在1985年3月4日颁布了《中华人民共和国中外合资经营企业会计制度》。这些制度在会计确认与计量等具体规定中更为广泛地借鉴了国际惯例。

《股份制试点企业计会制度》的实行是另一项较为广泛借鉴国际惯例的会计制度改革,其主要内容与外商投资企业会计制度基本相同,只是在个别方面存在差别。1992年,十四大提出确立建立社会主义市场经济体制改革的目标,开始尝试利用企业会计准则来代替分行业分所有制的统一会计制度。1991年11月26日,财政部下发了《关于印发〈企业会计准则第1号——基本准则〉(草案)的通知》,向全国广泛征求意见。在1992年7月的全国财政工作会议上讨论后,1992年11月30日,财政部令签发了《企业会计准则》,同时还有《企业财务通则》。《企业会计准则》对会计核算的基本前提、一般原则、会计要素的确认、计量与报告提出了原则要求。2000年财政部取消了分行业的会计制度,印发了《企业会计制度》,将小企业和金融保险以外的其他所有企业纳入统一的会计制度。财政部"两则""两制"的出台标志着我国会计由计划经济模式转向市场经济模式,开始逐步实现国际会计制度趋同[①]。为了能够更好地适应与支持资本市场的发展,财政部本着"成熟一条,分布一条"的原则,并于1997年发布了首个具体会计准则——《企业会计准则——关联方关系与其交易的披露》,1998年财政部又一次性出台《企业会计准则——投资》等7项具体准则。2001年对《企业会计准则——债务重组》等5项具体准则进行了修订,同时还发布了《企业会计准则——无形资产》等3项具体准则(如表2所示)。

2006年2月15号财政部(中华人民共和国财政部令第33号,财会〔2006〕3号)一次性公布了38项会计准则,标志着我国会计准则完整体系的诞生(如表2所示)。新会计准则要求上市公司于2007年年初开始执行(部分上市公司在2006年选择执行),2008年年初又扩大到中央国有企业、城市商业银行等非上市银行业金融机构,非上市保险公司,以及部分地方国有企业。同时从2007年年末开始,我国会计准则与欧盟、我国香港等其他多个国家与地区签订了等效与互认协议。2010年4月,财政部又出台《中国企业会计准则与国际财务报告准则持续趋同路线》,进一步明确了我国会计准则趋同的时间安排。

[①] 两则是指《企业会计准则》和《企业财务通则》,两制是指13个行业的会计制度和10个行业的财务制度。财政部会计司编写组:《企业会计准则讲解2010》,人民出版社2010年版。

表2 会计准则发布年份与实施日程

年份	会计改革	实施日期
1992	《企业会计准则——基本准则》	1993年1月1号
1997	《企业会计准则——关联方关系及其交易的披露》	1997年1月1日
1998	《股份公司会计制度——会计科目和会计报表》	1998年1月1日
1998	《企业会计准则——投资》	1998年1月1日
1998	《企业会计准则——现金流量表》	1998年1月1日
1998	《企业会计准则——债务重组》	1999年1月1日
1998	《企业会计准则——收入》	1999年1月1日
1998	《企业会计准则——建造合同》	1999年1月1日
1998	《企业会计准则——会计政策、会计估计变更和会计差错变更》	1999年1月1日
1998	《企业会计准则——资产负债表日后事项》	1999年1月1日
1999	《股份有限公司会计制度有关会计处理问题补充规定》	1999年
1999	《企业会计准则——非货币性交易》	2001年1月1日
1999	《中华人民共和国会计法》	2000年7月1日
2000	《企业会计准则——或有事项》	2001年1月1日
2000	《企业财务会计报告条例》	2001年1月1日
2000	《企业会计制度》	2001年1月1日
2001	《企业会计准则——无形资产》	2001年1月1日
2001	《企业会计准则——借款费用》	2001年1月1日
2001	《企业会计准则——租赁》	2001年1月1日
2001	《企业会计准则——固定资产》	2001年1月1日
2001	修订《企业会计准则——现金流量表》	2001年1月1日
2001	修订《企业会计准则——债务重组》	2001年1月1日
2001	修订《企业会计准则——投资》	2001年1月1日
2001	修订《企业会计准则——会计政策、	2001年1月1日
2001	修订《企业会计准则——非货币性交易》	2002年1月1日

续表 2

年份	会计改革	实施日期
2001	《企业会计准则——中期财务报告》	2002 年 1 月 1 日
2001	《企业会计准则——存货》	2002 年 1 月 1 日
2003	修订《企业会计准则——资产负债表日后事项》	2003 年 7 月 1 日
2006	39 项《企业会计准则》	2007 年 1 月 1 日

资料来源：韩晓明：《会计制度变迁与财务报告的价值相关性》。

2006 年以前，我国经历过几次借鉴国际会计制度的尝试，而 2006 年的新企业会计准则体系则完全实现了与国际财务报告准则（IFRS）的实质趋同。新会计准则体系涵盖了几乎所有国际财务报告准则的原则与内容。新会计准则与国际财务报告准则不仅在整体构架体系上保持一致，而且在具体准则上也保持对应。国际财务报告准则体系包括编报财务报告的框架、国际财务报告准则和解释公告，分别与我国会计准则的基本准则、具体准则与应用指南以及解释公告相对应。虽然新会计准则体系吸收借鉴了国际财务报告准则对复杂交易事项的处理经验，与此同时，它也充分考虑了中国国情、转型市场经济的特征及准则作为法律体系组成部分的特点，在新会计准则体系建立时并没有完全照搬国际会计准则体系，而是通过实质趋同的方式。

应该说，新企业会计准则体系与《小企业会计准则》的出台，暗示着我国的会计已走上了全会计准则模式的路线，走上了市场经济的道路。2011 年 10 月 18 日，财政部于财会〔2011〕17 号明确指出自 2013 年 1 月 1 日起在小企业范围内开始施行《小企业会计准则》，并鼓励小企业提前执行，2004 年 4 月 27 日发布的《小企业会计制度》（财会〔2004〕2 号）同时废止。《小企业会计准则》的出台与实施表明中国已经步入全准则时代，会计制度已成为历史。

4 国内外会计准则变革的评述

根据美国会计准则、国际会计准则以及我国会计准则的变革情况，可以发现以下几点共性：

（1）会计地位、会计准则受到重视的程度均在与日俱增。从各国会计的发展，会计准则制定机构的变更，以及会计准则体系的构建，可以清晰地发现会计的职能在不断扩充,会计地位在不断上升,会计受到的重视程度也在不断提高。从美国准则制定机构和准则内容的不断变更,到国际会计准则从无到有,再到各国会计准则的国际趋同,都可以看出会计和会计准则的重要性越来越受到各国重视。

(2) 会计准则需要适应环境的需求,与时变迁。美国股份公司的出现提升了会计的重要性,资本市场的发展提升了会计的地位,资本的国际流动与贸易的国际化加速了会计的国际趋同。我国计划经济向市场经济的转型,经济成分的扩充,国际化的加深等要求会计制度不断变革。无论是会计准则、国际会计准则,还是我国的会计准则,它们的产生与变迁都源于现实的需求与环境的变迁,特别是经济环境的变迁。新的经济业务出现需要新的会计准则予以配套与支持,业务性质变更要求新准则对原旧准则进行高效率的替代,经济国际化又要求会计准则国际趋同。

(3) 会计准则具有经济后果。1978 年斯蒂芬·泽夫(Sephen Zeff)在《"经济后果"学说的兴起》一文中指出会计准则具有经济后果。所谓经济后果就是会计报告将影响企业、政府、工会、投资者和债权人的决策行为,这些个人或团体的行为又可能对其他团体的利益产生影响。从安然事件引起人们对规则导向准则模式的质疑与反思,到美国至今并没有采用国际财务报告准则(IFRS),从世界各国(包括我国)舍弃本国 GAAP 而积极采用国际财务报告准则(IFRS)追逐 IFRS 的品牌经济效益等都可以清晰地发现会计准则具有经济后果。美国一次次尝试向国际财务报告准则(IFRS)靠拢,世界各国之所以采纳或者趋同国际财务报告准则(IFRS),这些行为不仅仅是因为本国会计准则本身的残缺,更有其中的经济利益原因。李刚(2011)指出,事实上规则导向和原则导向各有利弊,同时又有其深刻的政治动因。Ball(2006)指出,会计制度受到经济与政治的共同作用。美国之所以没有采用国际财务报告准则(IFRS),原因也在于采纳新的会计准则会导致原有会计准则下的利益格局发生变化。另外,有的国家采用完全趋同,有的国家采用实质趋同,也是因为会计准则具有经济后果,不同国家历史渊源、文化底蕴和经济发展阶段等的差异,导致会计准则适用的环境存在差异,同一会计准则可能产生不同的效果,因此需要协调、修正与权衡。

(4) 各国会计准则趋同势在必行。共享全球统一的高质量会计准则已成为世界各国的共识。经济全球化反映了更深的经济合作,国际贸易活动的频繁,更广的资本流动,跨国边界投资的活跃,以及更为广阔和复杂的金融交易(Masson,2001)。全球化经济的合作,信息的透明度与信息可比性是根本。各国会计准则的差异加上会计信息质量的不确定性必然对国际资本流动产生高昂的交易成本，影响各国分享国际资本流动经济利益的程度，因此各国无论是积极的还是被动的，在经济利益驱动下都将会选择会计准则的趋同，减少制度对经济造成的摩擦，发挥制度引领经济的积极作用。美国财务会计准则委员会（FASB）与国际会计准则理事会（IASB）几次签订趋同备忘录、我国会计准则2007年的国际趋同调整以及从非洲等第三世界国家也采用国际财务报告准则（IFRS）等都可以验证各国会计准则趋同势在必行。

参考文献

[1] 陈丽花，黄寿昌，杨雄胜．资产负债观会计信息的市场效应检验——基于《企业会计准则第18号——所得税》施行一年的研究[J]．会计研究，2009（5）．

[2] 程新生，谭有超，刘建梅．非财务信息、外部融资与投资效率——基于外部制度约束的研究[J]．管理世界，2012（7）．

[3] 葛家澍．制度、市场、企业、会计[M]．大连：东北财经大学出版社，2008．

[4] 顾水彬，张先治．会计、组织与社会：从微观到宏观的影响传导．中国财务学年会会议论文，2012.11．

[5] 郝颖，刘星，林朝南．我国上市公司高管人员过度自信与投资决策的实证研究[J]．中国管理科学，2005，13（5）．

[6] 姜付秀．管理者背景特征与企业过度投资行为[J]．管理世界，2009（1）．

[7] 李连军．会计制度变迁与政府治理结构[J]．会计研究，2007（6）．

[8] 李青原．会计信息质量、审计监督与公司投资效率[J]．审计研究，2009（4）．

[9] 李焰，秦义虎，张肖飞．企业产权、管理者背景特征与投资效率[J]．管理世界，2011（1）．

[10] 林钟高，徐虹．会计准则研究、性质、制定与执行[M]．经济管理出版社，2007．

[11] 刘玉廷．关于企业会计准则体系建设、趋同、实施与等效问题[M]．北京：人民出版社，2010．

[12] 罗婷，薛健，张海燕．解析新会计准则对会计信息价值相关性的影响[J]．中国会计评论，2008，6（2）．

[13] 唐雪松，周晓苏，马如静．上市公司过度投资行为及其制约机制的实证研究[J]．会计研究，2007（7）．

[14] 辛清泉，林斌，王彦超．政府控制、经理薪酬与资本投资[J]．经济研究，2007（8）．

[15] 叶蓓，袁建国. 管理者信心、企业投资与企业价值：基于我国上市公司的经验证据[J]. 中国软科学，2008（2）.

[16] AHMED A S, M J NEEL, D WANG. Does mandatory adoption of IFRS improve accounting quality? Preliminary Evidence[J]. Contemporary Accounting Research, 2012.

[17] AHMED, A S, C TAKEDA. Stock market valuation of gains and losses on commercial banks' investment securities an empirical analysis[J]. Journal of Accounting and Economics, 1995, 20(2).

[18] ARMSTRONG, C., ET AL. Market reaction to the adoption of IFRS in Europe[J]. The Accounting Review, 2009, 85(1).

[19] ARNOLD P. Global financial crisis: the challenge to accounting research[J]. Accounting, Organizations and Society, 2009, 34(6-7).

[20] BARLEV B, J R HADDAD. Fair value accounting and the management of the firm[J]. Critical Perspectives on Accounting, 2003, 14(4).

[21] BARTH M, W LANDSMAN, M LANG. International accounting standards and accounting quality[J]. Journal of Accounting Research, 2008, 46(3).

[22] BARTH M E. Fair value accounting: evidence from investment securities and the market valuation of banks[J]. The Accounting Review, 1994.

[23] BARTH M E, W H BEAVER, W R LANDSMAN. Value-relevance of banks' fair value disclosures under SFAS No. 107[J]. The Accounting Review, 1996.

[24] BARTH M E, G CLINCH. Revalued financial, tangible, and intangible assets: associations with share prices and non-market-based value estimates[J]. Journal of Accounting Research, 1998, 36.

[25] BEATTY A, K RAMESH, J WEBER. The importance of accounting changes in debt contracts: the cost of flexibility in covenant calculations[J]. Journal of Accounting and Economics, 2002, 33(2).

[26] BIDDLE G C, G HILARY, R S VERDI. How does financial reporting quality relate to investment efficiency?[J]. Journal of Accounting and Economics, 2009, 48(2-3).

[27] BUSHMAN R, A SMITH, F ZHANG. Investment-cash flow sensitivities are really capital investment-working capital investment sensitivities[J]. NBER Working Paper, 2005.

[28] BUSHMAN R M, A J SMITH. Financial accounting information and

corporate governance. Journal of Accounting and Economics, 2001, 32(1-3).

[29] BYARD D, YIN G L I, Y Y U. The effect of mandatory IFRS adoption on financial analysts' information environment[J]. Journal of Accounting Research, 2011, 49(1).

[30] CARTER M E, L J LYNCH, I TUNA. The role of accounting in the design of CEO equity compensation[J]. The Accounting Review, 2007, 82(2).

[31] CHEN H J, S J CHEN. Investment-cash flow sensitivity cannot be a good measure of financial constraints: Evidence from the time series[J]. Journal of Financial Economics, 2011.

[32] CHRISTENSEN H B, E LEE, M WALKER. Do IFRS reconciliations convey information? the effect of debt contracting[J]. Journal of Accounting Research, 2009, 47.

[33] CLARKSON P, ET AL., The impact of IFRS adoption on the value relevance of book value and earnings[J]. Journal of Contemporary Accounting & Economics, 2011.

[34] COSTELLO A M. The impact of financial reporting quality on debt contracting: Evidence from internal control weakness reports[J]. Journal of Accounting Research, 2011. 49(1).

[35] DASKE H, ET AL. Mandatory IFRS reporting around the world: early evidence on the economic consequences[J]. Journal of Accounting Research, 2008, 46(5).

[36] DEFOND M, ET AL. The impact of mandatory IFRS adoption on foreign mutual fund ownership: The role of comparability[J]. Journal of Accounting and Economics, 2011, 51.

[37] DHALIWAL D, ET AL. Internal control disclosures, monitoring, and the cost of debt[J]. The Accounting Review, 2011, 86(4).

[38] ENGEL E, R HAYES, X WANG. The sarbanes-oxley act and firms' going-private decisions[J]. Journal of Accounting and Economics, 2007, 44(1-2).

[39] ERNST, YOUNG. The survey on 2006 annual financial reports of Chinese listed companies—impacts of adopting the new Chinese accounting standards[J]. China Boardroom Briefing, 2007(6).

[40] FAZZARI S, R G HUBBARD, B C PETERSEN. Financing constraints and corporate investment[J]. Brookings Papers on Economic Activity, 1988,

1988(1).

[41] FLOROU A, P POPE. Mandatory IFRS adoption and institutional investment decisions[J]. The Accounting Review, 2012, 87(6).

[42] GRUNDY B D, H LI. Investor sentiment, executive compensation, and corporate investment[J]. Journal of Banking & Finance, 2010, 34(10).

[43] HALL M. Accounting information and managerial work[J]. Accounting, Organizations and Society, 2010, 35(3).

[44] HODDER L, P E HOPKINS, D A WOOD. The effects of financial statement and informational complexity on analysts' cash flow forecasts[J]. The Accounting Review, 2008(83).

[45] HORTON J, ET AL. Does mandatory IFRS adoption improve the information environment? [J]. Contemporary Accounting Research, 2010.

[46] HOVAKIMIAN A, G E HOVAKIMIAN. Cash Flow Sensitivity of Investment[J]. European Financial Management, 2009, 15.

[47] HOVAKIMIAN G. Determinants of investment cash flow sensitivity[J]. Financial Management, 2009, 38(1).

[48] KANG Q, Q LIU, R QI. The sarbanes-oxley act and corporate investment: a structural assessment[J]. Journal of Financial Economics, 2010, 96(2).

[49] KANODIA C, D LEE. Investment and disclosure: the disciplinary role of periodic performance reports[J]. Journal of Accounting Research, 1998, 36(1).

[50] KAPLAN S N, L ZINGALES. Do investment-cash flow sensitivities provide useful measures of financing constraints? [J]. The Quarterly Journal of Economics, 1997, 112(1).

[51] KOSI U, A FLOROU. The economic consequences of mandatory IFRS adoption for debt financing[J]. Working paper, Lancaster University, and University of Macedonia, 2009.

[52] LAMBERT R, C LEUZ, R E VERRECCHIA. Accounting information, disclosure, and the cost of capital[J]. Journal of Accounting Research, 2007, 45(2).

[53] LAMONT O. Cash flow and investment: evidence from internal capital markets. National Bureau of Economic Research, 1996.

[54] LANG M, R LUNDHOLM. Corporate disclosure policy and analyst behavior[J]. The Accounting Review, 1996, 71(4).

[55] LAURA M. The effect of IFRS adoption on trade and foreign direct investments[J]. International Trade and Finance Association, 2008.

[56] LI F. Earnings quality based on corporate investment decisions[J]. Journal of Accounting Research, 2011.

[57] LI S. Does mandatory adoption of international financial reporting standards in the european union reduce the cost of equity capital? [J]. The Accounting Review, 2010, 85(2).

[58] MADSEN P M. Does corporate investment drive a "race to the bottom" in environmental protection? a reexamination of the effect of environmental regulation on investment[J]. The Academy of Management Journal (AMJ), 2009, 52(6).

[59] MALMENDIER U, G TATE. CEO overconfidence and corporate investment[J]. The Journal of Finance, 2005, 60(6).

[60] MCNICHOLS M F, S R STUBBEN. Does earnings management affect firms' investment decisions? [J]. The Accounting Review, 2008, 83.

[61] MORELLEC E, N SCHÜRHOFF. Corporate investment and financing under asymmetric information[J]. Journal of Financial Economics, 2011, 99(2).

[62] MYERS S C. Interactions of corporate financing and investment decisions-implications for capital budgeting[J]. The Journal of Finance, 1974, 29(1).

[63] MYERS S C. Interactions of corporate financing and investment decisions-implications for capital budgeting: reply[J]. The Journal of Finance, 1977, 32(1).

[64] MYERS S C, N S MAJLUF. Corporate financing and investment decisions when firms have information that investors do not have[J]. Journal of Financial Economics, 1984, 13(2).

[65] NELSON K K. Fair value accounting for commercial banks: an empirical analysis of SFAS No. 107[J]. The Accounting Review, 1996.

[66] OZKAN N, Z SINGER, H YOU. Mandatory IFRS adoption and the contractual usefulness of accounting information in executive compensation[J]. journal of Accounting Research, 2012.

[67] REIS R F, P C STOCKEN. Strategic consequences of historical cost and fair value measurements[J]. Contemporary Accounting Research, 2007, 24(2).

[68] RICHARDSON S. Over-investment of free cash flow[J]. Review of Accounting

Studies, 2006, 11(2).

[69] SAWERS K M. Evidence of choice avoidance in capital-investment judgements[J]. Contemporary Accounting Research, 2005, 22(4).

[70] SHIMIN C, S ZHENG, T SONG. Government intervention and investment efficiency: evidence from China journal of corporate finance[J]. 2011, 17(2).

[71] SHLEIFER A, R W VISHNY. Management entrenchment: the case of manager-specific investments[J]. Journal of Financial Economics, 1989, 25(1).

[72] SHLEIFER A, R W VISHNY. A survey of corporate governance[J]. The Journal of Finance, 2012, 52(2).

[73] STEIN J C. Agency, information and corporate investment[J]. Handbook of the Economics of Finance, 2003, 1.

[74] VERDI R. Financial reporting quality and investment efficiency[J]. Workingpaper, 2006.

[75] VOULGARIS G, K STATHOPOULOS, M WALKER. IFRS and the use of accounting-based performance measures in executive pay[J]. Working Paper, Available at SSRN 1883249, 2011.

[76] WU J S, I. ZHANG. The voluntary adoption of internationally recognized accounting standards and firm internal performance evaluation[J]. The Accounting Review, 2009, 84.

[77] ZEFF S A. The Rise of "Economic Consequences"[C]. Division of Research, Graduate School of Business Administration, Harvard University, 1978.

[78] ZEFF S A. The Evolution of the IASC into the IASB, and the challenges it faces[J]. The Accounting Review, 2012, 87(3).